西华师范大学出版基金资助

廖德明 ◎ 著

话语交流中的动态认知

中国社会科学出版社

图书在版编目(CIP)数据

话语交流中的动态认知/廖德明著. —北京：中国社会科学出版社，2015.8

ISBN 978 - 7 - 5161 - 6869 - 1

Ⅰ.①话⋯ Ⅱ.①廖⋯ Ⅲ.①语言交流—语言逻辑—认知逻辑—研究 Ⅳ.①H0 - 05

中国版本图书馆 CIP 数据核字(2015)第 208578 号

出 版 人	赵剑英
选题策划	陈肖静
责任编辑	陈肖静
责任校对	刘 娟
责任印制	戴 宽

出　　版	中国社会科学出版社
社　　址	北京鼓楼西大街甲 158 号
邮　　编	100720
网　　址	http：//www.csspw.cn
发 行 部	010 - 84083685
门 市 部	010 - 84029450
经　　销	新华书店及其他书店
印　　刷	北京君升印刷有限公司
装　　订	廊坊市广阳区广增装订厂
版　　次	2015 年 8 月第 1 版
印　　次	2015 年 8 月第 1 次印刷
开　　本	710×1000　1/16
印　　张	14.75
插　　页	2
字　　数	236 千字
定　　价	56.00 元

凡购买中国社会科学出版社图书，如有质量问题请与本社营销中心联系调换
电话：010 - 84083683
版权所有　侵权必究

目　录

前　言 ………………………………………………………………（1）

第一章　话语交流：从静态到动态 ………………………………（1）
　第一节　话语交流 ………………………………………………（1）
　第二节　话语交流到底是什么样的？…………………………（3）
　　一　话语交流的结构 …………………………………………（3）
　　二　话轮及其话轮的构造 ……………………………………（5）
　　三　话语交流中的 TCU 与 TRP …………………………（11）
　第三节　话语交流到底如何达成？……………………………（15）
　　一　话语交流的达成模式 ……………………………………（15）
　　二　推理前提 …………………………………………………（17）
　　三　推理规则 …………………………………………………（18）
　第四节　话语交流的动态认知模式 ……………………………（26）

第二章　话语交流中的动态认知语境 …………………………（32）
　第一节　语境：从静态到动态 …………………………………（32）
　第二节　动态语境模型 …………………………………………（37）
　　一　语境模型的层次性 ………………………………………（37）
　　二　动态语境模型 ……………………………………………（40）
　第三节　话语交流中的认知语境 ………………………………（45）

— 1 —

一　认知语境的组成 ……………………………………… (46)
　　二　认知语境的建构 ……………………………………… (49)
　第四节　话语交流中认知语境的更新 ……………………… (53)
　　一　认知语境的更新 ……………………………………… (53)
　　二　认知语境的扩展、修正与收缩 ……………………… (58)

第三章　话语交流中的共享信念 ………………………………… (66)
　第一节　交流者所知道的是什么？ ………………………… (66)
　第二节　话语交流中的信念：相互的、共同的与共享的 …… (72)
　第三节　交流者能够取得共享信念？ ……………………… (77)
　第四节　作为共享信念的共同背景 ………………………… (85)
　第五节　共享信念的取得 …………………………………… (94)
　　一　话语宣告 ……………………………………………… (95)
　　二　话语承认 ……………………………………………… (98)
　　三　副语言行为 …………………………………………… (99)

第四章　话语交流中预设的动态认知 …………………………… (108)
　第一节　预设：背景信息还是共同背景？ ………………… (108)
　第二节　说话者预设观 ……………………………………… (112)
　第三节　说话者预设的争议与修正 ………………………… (117)
　　一　信念还是接受？ ……………………………………… (117)
　　二　说话者预设中的顺应 ………………………………… (119)
　　三　西蒙斯的预设 ………………………………………… (124)
　　四　预设的语境更新论 …………………………………… (127)
　第四节　说话者预设的动态认知困境 ……………………… (129)
　第五节　反预设 ……………………………………………… (140)
　　一　新现象：反预设 ……………………………………… (140)
　　二　反预设的触发解释 …………………………………… (143)
　　三　一些问题 ……………………………………………… (147)
　　四　解释的延展 …………………………………………… (150)

第五章　话语交流中的溯因动态认知 …………………………（153）
第一节　皮尔士的溯因：推理还是认知？ ……………………（153）
第二节　溯因形式的嬗变：从推理到认知 ……………………（157）
  一　作为推理的溯因 ………………………………………（157）
  二　作为认知的溯因 ………………………………………（165）
第三节　话语交流中的溯因动态认知 …………………………（170）
  一　语言学中溯因使用的三个模糊问题 …………………（170）
  二　话语交流中作为认知推理的溯因 ……………………（188）
  三　溯因的参数 ……………………………………………（192）
  四　话语交流中溯因的使用 ………………………………（197）

参考文献 ……………………………………………………………（214）

前　言

　　话语交流是日常生活中最常见的一种言语行为，也是语言产生与使用的一种最具体的方式。话语交流中的诸多问题一直以来就是语言学者关注的问题，比如交流中意义的传递、意图的识别、预设、认知推理等，所有这些问题实际上围绕一个核心问题展开，即在话语交流中交流者是如何达成交流的。交流者要达成交流往往涉及两个方面：一是对话语字面意义的理解；一是对话语意图的把握。话语意图可以同于话语字面意义，即理解了话语字面意义就把握了话语意图；话语意图也可以不同于话语字面意义，即理解了话语字面意义并不意味着就把握了话语意图。话语字面意义承载着话语意图，交流者要把握话语意图，必须要能理解话语字面意义，但当话语意图不同于话语字面意义时，仅仅理解了话语字面意义是不够的，还需要交流者能从话语字面意义推导出话语意图。交流者要从话语字面意义推导出话语意图，这就涉及一系列的认知，比如语境认知、溯因认知、互知等，同时，话语交流是一个动态变化的过程，随着话语交流的动态变化，交流者的认知也会随之发生变化，进行更新。因此，本书以话语交流中的动态认知为切入点，力图揭示交流者是如何完成交流、理解话语意图。

　　本书由五大章节构成，第一章着重阐述话语交流中的两个核心问题：话语交流结构和话语交流的完成，由此揭示话语交流不是静态的，而是动态的，并给出了在动态的话语交流中交流者推出话语意图的一个模式。第二章对影响话语交流的认知语境进行了描述，探讨了认知语境的构成、认知语境的建立、认知语境的动态性以及认知语境的更新。第三章对话语交流中的完成问题进行了阐述，话语交流的完成是以交流双方取得共享信念为标志，然而共享信念往往与共同知识、共同信念、共同背景等概念混用，因而区分了这些概念，接着重点探讨了交流者是如何达成共享信念，完成交流的。第四章对一种重要的认知语境——预设进行了详细的考察，指出预设不仅仅是一种背景信息，而且还是说话者关于共同背景的信念，但共同背景不是建立在信念基础之上的，而是建立在接受基础之上的。第五章详细地探讨了话语交流中的溯因动态认知，对溯因来源、溯因的推理与认知形式、溯因在话语理解中的运用等问题进行了刻画。

以往常常从静态的角度来研究话语交流，比如研究话语交流的结构、回指、标记、会话原则、话语关联等，而忽视了从动态的角度来研究话语交流。既然话语交流在本质上就是一个动态的过程，这就注定了必须关注交流者在理解话语意图过程中的动态认知过程。而交流者的动态认知过程是一个十分复杂的过程，本书的研究仅仅是一个尝试，希望能够起到抛砖引玉的作用，引起更多的语言学者对这些问题的研究。

本书的符号使用说明：

$\cup$ 表示"集合的并集"；

$\cap$ 表示"集合的交集"

$\vdash$ 表示"语义蕴含"；

$\bot$ 表示"不一致"；

$\subset$ 表示"集合间的真包含"；

$\Rightarrow$ 表示"广义蕴含关系"；

$\rightarrow$ 表示"实质蕴含"；

$\wedge$ 表示"合取"；

$\vee$ 表示"析取"；

$\neg$ 表示"否定"；

$\oplus$ 表示"信念扩张算子"；

$\ominus$ 表示"信念收缩算子"；

$\leftrightarrow$ 表示"逻辑等值"；

$\forall$ 表示全称量词，$\forall_x$ 表示"任意 x"；

$\exists$ 表示特称量词，$\exists_x$ 表示"存在 x"；

Kp 表示"知道 p";

  由于本人的学术水平与研究能力的限制,书中可能存在一些不足之处,还望读者能够批评指正。本书的写作得到了教育部人文社会科学青年基金项目(09YJC740058)的资助,同时也得到了朋友、同事、亲人无私的帮助,正是由于此,本书才得以顺利完成。

廖德明
2014 年 12 月

第一章 话语交流:从静态到动态

第一节 话语交流

话语交流是两个或两个以上的人在一定的情景中进行交流时发生的连续话语行为,话语交流双方以一方的发话开始,在交流的过程中双方不断依次进行着说与听的转换,最后以一方的不再发话结束。话语交流是人类最原始、最普遍的语言使用形式,所有的人都在进行着话语交流,人类社会的运转也依赖于话语交流。虽然话语交流是如此普遍、重要的话语行为,但是在一个相当长的时间里语言学却忽视了对话语交流的研究,即使到19世纪70年代初对话语交流的研究也寥寥无几,一个显著的证据就是荷兰默东公司于1964—1974年出版了14卷约13000页的《当代语言学趋势》丛书,此书由当时各国著名的语言学家撰文介绍语言学各个领域的进展情况,然而在这部书长达500多页的索引里,"conversation"一词的索引仅仅只有两条,可见当时对话语交流的研究之少[1]。直到19世纪70年代末,语言学家才意识到从话语交流能找到更好理解语言到底是什么以及语言如何工作的关键,[2] 进而开始了对话语交流的重视与研究,使得话语交流成了语言学的一个重要研究对象。在对话语交流的研究中,形成了两种研究范式:话语分析(Discourse analysis)和会话分析(Conversa-

---

[1] 王得杏:《会话研究的进展》,《外语教学与研究》1988年第4期。
[2] Coulthard, M. Discourse analysis in English-a short review of the literature. *Language Teaching*, 1975, 8 (2), pp. 73 – 89.

tion analysis)。

话语分析开端于 1952 年哈里斯（Z. Harris）以研究语言成分在语篇中分布的论文"话语分析（Discourse Analysis）"[1]，此后话语分析开始兴起，1964 年海莫斯（D. Hymes）从社会学的角度对口头交流方式进行研究[2]，奥斯丁（J. L. Austin）[3]、塞尔（J. Searle）[4] 以及格莱斯（H. P. Grice）[5] 将言语作为一种社会行为进行研究，等等。话语分析关注一系列广泛的语言实践，探究对行为倾向进行描述和形式化的方法，话语分析一方面分析处理交流中的衔接与连贯（cohesion and coherence）、回指（anaphora）、信息构建（包括话题/说明（topic/comment）、已知信息与新信息（given/new）、焦点（focus））、话轮转换（turn-taking）、界限标记与高点标记（boundary/peak marking）等，另一方面又处理交流中的推理（inference）、隐含（implicature）、预设（presupposition）、会话原则、关联、言语行为等。列维森（S. C. Levinson）曾将话语分析学家分为两个基本的类别：一是文本语法学家；二是言语行为理论学家，文本语法学家将他们的分析建立在那些来自真实生活中交流的话语上，而言语行为理论学家则将他们的分析建立在人工建构的句子上[6]。

会话分析源于社会学的一个分支民族方法学对会话的研究，是指由萨克斯（H. Sacks）及其同事谢格洛夫（E. Schegloff）和杰弗森（G. Jefferson）所开创的会话分析[7]。会话分析最初主要是对日常生活中自然会话的组织结构进行描述，比如面对面的谈话、电话的闲聊，等等。它通过会话来研究社会行为，试图揭示交互的序列模式（sequential patterns of interaction），并探究当交互进行时参与者如何处理交互，关注交际谈话中四个方面的结构和相互关系：（1）话轮转换；（2）话轮分配与建构；（3）序列以及序

---

[1] Harris, Z. S. Discourse analysis. *Language*, 1952, 28 (1), pp. 1–30.
[2] Hymes, D. Introduction: Toward enthnographies of communication, In J. J. Gumperz & D. Hymes (eds.). *The enthnographies of communication.* American Anthropologist, 1964, 66 (60), pp. 1–34.
[3] Austin, J. L. *How to Do Things with Words.* Oxford: Clarendon Press, 1962.
[4] Searle, J. *Speech Acts.* Cambridge: Cambridge University Press, 1969.
[5] Grice, H. P. Logic and conversation. In P. Cole & J. Morgan (eds.). *Syntax and Semantics: Speech Acts.* New York: Academic Press, 1975, pp. 41–58.
[6] Levinson, S. C. *Pragmatics.* New York: Cambridge University Press, 1983, p. 288.
[7] 刘虹：《会话结构分析》，北京大学出版社 2004 年版，第 10 页。

列组织；(4) 行为①。由于会话分析十分强调研究自然状态下的会话，因此他们坚持研究所依据的材料应该是对自然交流活动的录音或者录像，排斥其他类型的材料；并坚持对某一语句或者行为的后续语句或行为的分析，拒绝分析其他的语境因素②。会话分析研究在交际中被记录、自然发生的交谈（talk-in-interaction），研究这种交际的目的是揭示在交谈中的参与者在他们的话轮中是如何理解以及对另一个人做出回应，关注的焦点是随后的行为如何产生。会话分析不仅仅研究交谈，而且研究在交流中的交谈，交谈会涉及语言，交谈就是语言的口头表达，会话分析不仅仅关注语言，它真正关注的是社会行为的交际结构。

虽然话语分析与会话分析在研究方法和视角上存在一些差异，但是它们都围绕两个核心问题展开：第一个问题是话语交流到底是什么样的？第二个问题是话语交流如何达成？第一个问题要求刻画话语交流的结构，话语交流按照什么样的结构方式进行；而第二个问题则涉及话语交流的达成方式，交流者是如何完成话语交流，达成交际目的的。

第二节　话语交流到底是什么样的？

一　话语交流的结构

话语交流并非像以往一些人所认为的那样杂乱无章，其实话语交流具有一定的结构，按照一定的顺序与方式进行，比如下面的这个话语交流：

例（1.1）　　A：您吃晚饭了没？

　　　　　　B：已经吃过了。

　　　　　　A：那陪我去逛逛吧。

　　　　　　B：好呀。

在这个话语交流中，A问一个问题，然后B回答，A再发出一个邀请，然后B做出回应，A与B交替说话，呈现出 A—B—A—B。在话语交流过

---

① Bhatia, V. K., Flowerdew, J., & Jones, R. H. *Advances in Discourse Studies*. London: Routledge, 2008, p.25.

② 刘运同：《会话分析学派的研究方法及理论基础》，《同济大学学报》（社会科学版）2002年第4期。

程中说话者在依次替换，一个人说完一段话后，另一个人再接着说，依次类推，不会出现一个人一直说下去的情况；另一方面很少会出现两个人同时说话的情况，即使出现同时说话的情况，交流者也会采取措施恢复到一个人说话的状态。这个特征不仅仅这一个话语交流事例具有，几乎所有的话语交流都会具有，这一特征被称为"话轮转换"（turn-taking）。话轮转换是话语交流中的一个基本特征，是话语交流中的核心问题[1]，因为话语交流如何进行的问题实质上就是话轮如何进行转换的问题，话语交流通过话轮转换得到刻画。而话轮转换顺利实现不得不依赖于听话者能否恰当地识别说话者会在何处放弃说话而可以开始自己的话轮，即听话者能够恰当地识别何处可以进行话轮的转换，这个可以进行话轮转换的位置被称为"转换关联位置（transition relevance place，TRP）。

萨克斯等人认为话语交流之所以能够顺利地进行转换，是存在一种支配话轮转换的机制，这种机制就是一套选择规则系统，即一套分配说话权的规则。他们提出了如下规则系统来描述话轮转换如何进行分配[2]：

规则1 适用于任何话轮的第一个话轮建构单位的第一个转换关联位置：

（a）如果在当前的话轮中，现在的说话者选择了下一个说话者，那么被选择的说话者有权而且必须接着说话，其他人无权或不必说话。话轮转换发生在选择说话者后的第一个转换关联位置。

（b）如果在当前的话轮中，现在的说话者没有选择下一个说话者，那么任何话语交流参与者可以自选成为下一个说话者（但不必须）。谁先说话谁就获得下一个说话的权利，话轮转换发生在那个转换关联位置。

（c）如果在当前的话轮中，现在的说话者既没有选择下一个说话者，其他的话语交流参与者也没有自选成为下一个说话者，那么现在的说话者可以继续说话（但不是必须继续说话）。

规则2 适用于以后的每个转换关联位置：

---

[1] Fasold, R. *The Sociolinguistics of Language*. Beijing: Foreign Language Teaching and Research Press, 2000, p. 66.

[2] Sacks, H., Schegloff, E. A., & Jefferson, G. A Simplest Systematics for the Organization of Turn-Taking for Conversation. *Language*, 1974, 50 (4), p. 704.

如果在第一个话轮建构单位的第一个转换关联位置，规则 1（a）和 1（b）都没有运用，而是运用了规则 1（c），当前的说话者继续在说话，那么在下一个转换关联位置可再次运用规则 1（a）—1（c），并且可以在以后的每一个转换关联位置再次运用，直到话轮转换发生为止。

这套话轮转换规则描述了下一个话轮可以通过两种方式进行分配：一是通过当前说话者选择下一个说话者；二是话语交流中参与者自选成为下一个说话者。然而这些规则仅仅是导向性与规范性的，在一些意义上不能外用于一些具体的交谈场合，也不能对参与者提供类似于法律的限制，这些规则仅仅是描述和分析在真实交际语境中的规则使用的情景情况，即对参与者在真实的、局部的话轮转换场合进行导向。它们不能提供出话语交流是如何产生构成的，不能协调说话者进行转换，我们也不能因为这些规则而得到一个话轮[①]。

因此话轮转换更应当涉及两个方面的东西：一是话轮转换的是什么，即话轮转换中的话轮及其话轮的构造；二是在何处进行话轮的转换，即"转换关联位置（TRP）"。第一个方面需要表明的是话语交流的参与者如何生成和构造话轮，而第二个方面需要表明的是参与者如何识别转换关联位置。

二 话轮及其话轮的构造

1. 话轮

话轮是首先由萨克斯等人提出的概念，虽然他们对话轮进行了分析，认为话轮是话语交流中的最小单位，但却从来没有正式对其下过一个定义。埃德蒙森（W. Edmondson）曾用话轮来指一个人作为说话人时所说的话以及话语交流中的某一时刻成为说话人的机会[②]。埃德蒙森实际上指出了话轮的两个特征：一是将一个说话人在一个时刻所说的话看作是一个话轮；二是一个话轮成为说者与听者角色互换的边界，如果发生了角色的互换，那么就标志着一个话轮的结束和下一个话轮的开始。对于埃德蒙森这

[①] Searle, J. Introductory essay: notes on conversation. In D. Ellis & W. Donohue (eds.). *Contemporary Issues in Language and Discourse Processes*. Hillsdale, NJ: Erlbaum, 1986, pp. 7 – 19.

[②] 转引自刘虹《话轮、非话轮和半话轮的区分》，《外语教学与研究》1992 年第 3 期。

个定义，国内学者刘虹认为还不够精确，她提出了衡量话轮的两个标准：一是说话者的话是否连续，即在一个语法语义完成序列的末尾有无沉默，若有沉默，那么说话者的话就不止一个话轮；二是说话者与听话者的角色是否发生了互换。如果发生了，就标志着一个话轮的结束和下一个话轮的开始[①]。

将说话者与听话者的角色是否发生了互换以及说话者连续说的话作为一个话轮的标准是没有问题的，列维森（S. C. Levinson）[②]和梅尔（J. L. Mey）[③]也持这样的一种观点。然而刘虹将有无沉默作为一个话轮结束与否的标准则是欠考虑的，虽然她之后在《会话结构分析》一书里将停顿与沉默区别开来，认为停顿是出现在语法和语义完成句后面的较短的无人说话的情况，而沉默是话轮完成后较长时间无人说话的情况[④]。她认为以往对于停顿与沉默的区分是模糊的，于是她将 2 秒时间以内的视作停顿，而将话轮完成后较长时间无人说话视作沉默，虽然她没有对沉默使用具体的时间标准，但我们可看到她应该是将 2 秒时间以上无人说话的情况视为沉默。

在话语交流中多长时间才算是沉默？按照刘虹所说，2 秒时间内无人说话是停顿，而 2.1 秒时间无人说话就是沉默了。然而这种区分实际上对于话语交流来说毫无意义，沉默本身就是一个模糊的概念，我们是没办法对多长时间才是停顿，多长时间才是沉默给出一个准确的时间界限。在话语交流实践中更是如此，由于某种原因（比如说话人的语速频率、片刻的思维短路以及想结束说话等）而导致超过 2 秒时间的沉默会经常出现。

（1）一种情况是一个说话者沉默一会儿之后，他要接着说下去，这种情况的沉默可能并不表示一个说话者就一定将所说的话说完了，它没有发生说话者与听话者的角色互换，比如：

---

① 刘虹：《会话结构分析》，北京大学出版社 2004 年版，第 46 页。
② Levinson, S. C. *Pragmatics*. New York：Cambridge University Press, 1983, pp. 296 – 297.
③ Mey, J. L. *Pragmatics*：*An Introduction*. Beijing：Foreign Language Teaching and Research Pres, 2001, p. 139.
④ 刘虹：《会话结构分析》，北京大学出版社 2004 年版，第 95 页。

例（1.2）　A：我给他东西吃，他又不吃，你叫我怎么办啊，（沉默3秒），我只好自己将东西吃了。

B：他不吃，你也不能自己把东西吃了啊。

这个事例中，A 在讲话的过程中做了沉默，然后又接着讲话。这种情况说明没有发生说话者与听话者之间角色的互换，而这与刘虹所说的第二个标准"说话者与听话者角色的互换作为了一个话轮的结束和下一个话轮的开始"相矛盾。

（2）另一种情况是一个人讲完话之后沉默，那么会出现两种状况：一是听话者接上，开始讲话，使得交流正常进行，而此时就出现说话者与听话者角色的互换，如：

例（1.3）　A：我给他东西吃，他又不吃，你叫我怎么办啊，我只好自己将东西吃了。

（沉默）

B：他不吃，你也不能自己把东西吃了啊。

二是听话者也不接上讲话，使得沉默一直进行，而这种状况就会使得交流无法正常进行或者标志着交流的结束，比如：

例（1.4）　A：我给他东西吃，他又不吃，你叫我怎么办啊，我只好自己将东西吃了。

（沉默3秒）

（继续沉默）

……

如果沉默出现在一个说话者讲完话之后，那么交流要正常进行的话，就必得另一个人（听话者）接上讲话，而这就恰恰表明了说话者与听话者角色进行了互换。

实际上，刘虹一方面将沉默作为定义话轮的标准，另一方面又在用话轮来界定沉默，这种描述方式本身就存在循环定义的问题。更为重要的是，将有无沉默作为一个话轮的标准，将会为之后话轮转换的阐释带来困境。话轮转换通常被看作是说话者与听话者角色互换的标志，如果沉默出现在一个说话者说完话之后，而交流又要求正常进行的话，此时的沉默就暗示着话轮的转换；如果一个说话者说话的过程中出现沉默，这是否暗示着话轮的转换呢？

如若按照刘虹所说，此时也发生了话轮的转换，但在这里却并没有发生说话者与听话者角色的互换，只是说话者由于某种原因沉默片刻，比如说话者片刻的思维短路。如果是这样，那么以往为话轮转换建立起来的所有机制将是不适合的，因为以往都是将话轮转换视作是说话者与听话者说话权的更替。其实，在一个说话者说话的过程中出现沉默，在那个沉默的时刻，被以往学者称为"给听话者造成可能发生说话权更替的位置"[①]，但是这个给听话者造成可能发生说话权更替的位置并不在真实的转换关联位置（TRP），因为说话者并不想放弃说话权，而选择下一个说话者。萨克斯等人曾指出了话语交流中出现沉默的三种形式：一是话轮内的沉默（intra-turn silence）（不在一个转换相关位置）是一个停顿（pause）；在一个可能完成点（a possible completion point）的沉默是一个间隙（gap）；而在转换关联位置的较长时间沉默则是间隔（lapse）[②]。萨克斯这里所说的话轮内的沉默就是一个说话者说话过程中发生的沉默，比如说话者片刻的思维短路、不自然的掩饰停顿以及发出譬如笑的声音一样，它们都不在转换相关位置。在这个位置，说话者并不会放弃自己的说话权，进而选择下一个说话者，而是会接着说下去；听话者也能意识到说话者不想放弃自己的说话权，有继续说下去的愿望。而间隙和间隔则不同，间隙和间隔都处于一个转换关联位置，在间隙这个位置，说话者可以放弃自己的说话权，也可以继续说下去，而听话者意识不到说话者会不会放弃说话权，可以接上开始自己的话轮，也可以不接上而由说话者继续说话。然而在间隔这个位置，说话者愿意放弃自己的说话权，并且希望听话者能接上说话。

对沉默做出这样一个分析区分之后，我们就能够发现，一个话轮实际上就是一个说话者从发话开始到说话结束所说的话语，它的衡量标准是说话者与听话者角色是否发生了互换，如果发生了互换，就标志着一个话轮

---

① Mey, J. L. *Pragmatics: An Introduction*. Beijing: Foreign Language Teaching and Research Press, 2001, p.139.

② Sacks, H., Schegloff, E. A., & Jefferson, G. A Simplest Systematics for the Organization of Turn-Taking for Conversation. *Language*, 1974, 50 (4), p.715.

结束而另一个话轮开始,比如:

例(1.5)　　A:下雨了,我今天就不出去了,(沉默 2 秒),你和儿子
　　　　　　　　一起出去吧。　　　　　　　　　　　　　　　T₁

　　　　　　B:那怎么行呢?出去办这个事非得要你在场才行啊　T₂

这一个话语交流由两个话轮构成,即话轮 T₁ 和话轮 T₂,而在交流者 A 的话轮中,有一个 2 秒的沉默,这个沉默是话轮内的沉默,不在话轮关联位置,因此我们不能据此认为停顿前面的"下雨了,我今天就不出去了"是一个话轮,而沉默后面的"你和儿子一起出去吧"又是另一个话轮。

2. 话轮的构成单位

萨克斯等人[①]、诺夫辛格(R. E. Nofsinger)和法索尔德(R. Fasold)[②]认为话轮是由不同类型的单位构成(the Turn-Constuctional Unit,TCU),一个说话者最初只被分配一个 TCU,这个 TCU 的结束处就是 TRP。而 TCU 的类型包括句子、从句、短语和词四种形式,TCU 与语法单位是同一的。一个话轮不仅仅可由单一的 TCU 构成,而且它还可以由两个或多个 TCU 构成,即多于一个 TCU 的话轮,例如:

例(1.6)　　A:昨晚你遇到王明了吗?

　　　　→B:遇到谁?

　　　　→A:王明。

　　　　→B:是的。

例(1.7)　　A:昨天晚上 10 点王斌被警察带走了。

　　　　→B:他可是个老实人,他应该不会做违法的事。

　　　　　A:很多人都看见了。

事例(1.6)中的后三个话轮都是由单个的 TCU 构成,一个是由单个的短语构成,另两个是由单个的词构成。事例(1.7)中的第 2 个话轮由两个句子构成,是多于一个 TCU 的话轮。

TCU 通过语法单位来定义,每个语法单位就是一个 TCU,而 TRP 则通

[①] Sacks, H., Schegloff, E. A., & Jefferson, G. A Simplest Systematics for the Organization of Turn-Taking for Conversation. *Language*,1974,50(4),p.702.

[②] 转引自张廷国《话轮及话轮转换的交际技巧》,《外语教学》2003 年第 4 期。

过 TCU 来识别，这样话语交流中一个语法单位的结束处就能被看作是一个 TRP。然而问题在于，TCU 能否仅仅通过语法单位来定义？话语交流中一个语法单位的结束处是否就是一个 TRP？

如果一个话轮仅由单一句子、短语、词构成，那么能够将每个语法单位看作是一个 TCU，然而如果话轮是由复句构成，那么情况就会有一些不同。赖娜尔（G. Lerner）[①] 显示了由带有"如果（if）……，那么（then）……"或"当（when）……，然后（then）……"复句构成的话轮，即使在复句的从句与从句之间有说话韵律的断裂（比如沉默），听话者也会将其整个看作是一个 TCU，而将复句的最后结束处看作是一个 TRP，在此种情况下语法对于标示话轮构成单位具有关键作用。然而一旦丢失前一引导词"如果"或者"当"，只有后一引导词"那么"或者"然后"，当在从句与从句之间有说话韵律的断裂，听话者就可能将其看作是两个 TCU，而将说话韵律的断裂处看作是一个 TRP，例如：

例（1.8） A：如果你没有做好这件事情，那么你会受批评的。
 [*]
 B：我已经做好了这件事情。

例（1.9） A：你没有做好这件事情，[*] 那么你会受批评的。
 B：我已经做好了这件事情。

事例（1.8）中的 A 话轮由"如果……，那么……"形式的复句构成，无论 A 中有没有说话韵律的断裂，听话者都会将其看作为一个 TCU，而在这个 TCU 的最后结束处才会是一个 TRP。而事例（1.9）中 A 话轮也是由复句构成，但它没有"如果"这一引导词，当话轮 A 从句与从句之间没有说话韵律的断裂，那么听话者会将其看作为一个 TCU，这个 TCU 的最后结束处就是一个 TRP。然而一旦话轮 A 中从句与从句之间有说话韵律的断裂，比如从句与从句之间出现沉默，此时听话者就可能将"你没有做好这件事情"看作是一个 TCU，将"那么你会受批评的"看作又是一个 TCU，而将前一个 TCU 的结束处看作是一个 TRP。

[①] Lerner, G. H. On the "semi-permeable" character of grammatical units in conversation: Conditionalentry into the turn space of another speaker. In Ochs et al. (eds.). Interaction and Grammar. Cambridge University Press, 1996, pp. 238-276.

因此语法虽然在 TCU 方面是一个很强的因素,但话语的韵律有时能够阻止可能的语法单位被听见或被解释为独立的 TCU。如果一个话轮是由两个或者更多的语法单位构成,那么这些语法单位能够以一种韵律完整的方式来构成一个 TCU,或者以一种韵律独立的方式构成两个或更多的 TCU[①]。我们不能单独依赖于语法这样一个标准来界定 TCU,TCU 应更多地从语法与说话韵律两方面的相互作用来界定,有必要将 TCU 与语法单位分离开来,这对于话语交流来说是非常必要的。

三 话语交流中的 TCU 与 TRP

如果话语交流中的 TCU 与语法单位相分离,那么就不会导致萨克斯等人所说的情况出现,即 TCU 的结束处就是一个 TRP。一个 TRP 总是预示着一个 TCU 的结束,但一个 TCU 并不必然地在一个 TRP。在单一 TCU 构成的话轮中,一个 TCU 的结束处总是一个 TRP,然而在多 TCU 的话轮中,有非最后 TCU 与最后 TCU 之别。如果一个话轮是可能完整的,那么所有之前的 TCU 就形成一个在 TRP 结束的多单位话轮,但只要一个话轮最后的 TCU 不是完整的,那么话轮就不是完整的,就没有 TRP;如果一个话轮最后的 TCU 是完整的,那么就有 TRP。这就意味着一个话轮以一个 TCU 为最小单位可能在某个地方结束,但它又不必然地在这个地方结束,所有的单位灵活而可扩张,而在一个 TRP 结束的话轮可由一个或更多个 TCU 建立,模型如下:

单一单位话轮:
　　　　[TCU]　　　( )　　　]　　　……)
　　　　　　TRP1　　(TRP2　　TRP3　　……)

多单位话轮:
　　　　[TCU 1]　　([TCU 2]……)　　[TCU $_n$]　　( )　　]　　……)
　　　　　　　　　　　　　　　　　　　　　　TRP1　 (TRP2　TRP3　……)

图 1　TCU 与 TRP 的模型[②]

[①] Selting, M. The construction of units in conversational talk. *Language in Society*, 2000, 29(4), pp. 477 – 517.

[②] Ibid.

话轮的 TCU 具有两个显著的特征：一是它们具有可预测性（project-ability）①。在一个 TCU 的构成过程中，参与者可能预测到它是什么类型的以及它可能在什么位置结束。二是在每个 TCU 的结束之处，都有可能使说话者之间的转换成为合理的，比如：

例（1.10）　　A：为什么你不来看看我爸呢？

　　　　　　　B：----------我太忙了。

　　　　　　　A：我爸特想看见你，（沉默1秒），你这周末过来吧，（沉默1秒），好不好？

　　　　　　　B：好啊，这周末我正好有空。

例（1.10）中的说话者 B 将说话者 A 的话语"为什么不来看看我爸呢？"视作是一种诘问的方式，在说话者 A 还没有说完之前就进行了解释（横虚线表示说话者 B 的话轮"我太忙了"与说话者 A 的话轮中间的"呢？"重合）。尽管说话者 B 对第一个 TRP 的预测被证明是准确的，即在"呢？"之后，然而需要指出的是，说话者 A 的话轮可能会有不同的形式，比如说话者 A 可能会说"为什么你不来看看我爸给你养的小狗呢？"说话者 B 就可能做出不同的回答。因而，当说话者 B 开始交谈时，他不仅仅预测了这个 TCU 的结束之处，而且还显示了对这个话轮表示意义的理解。而说话者 A 的第2个话轮有三个 TCU，而在每个 TCU 的结束之处都有短暂的沉默，而这短暂的沉默都有可能给说话者 B 开始说话的机会，从而发生话轮的转换。这样，每个 TCU 的"边界"可能使得参与者取得发言权并发生话轮的转换，都可能成为 TRP。话语交流过程中的 TRP 并不一定意味着一定会在这个位置说话者发生转换，而仅仅是意味着在这个位置说话者可能发生转换，比如：

例（1.11）（Sprague，2004：357）②

　　　　　　　A：哦，我不知道，[*]我的意思是感恩节对我的家庭来说也是

---

① 萨克斯认为缺乏可预测性的话轮构成单位可能是不可用的，而可预测性指这样一种情况：下一个说话者还没有等到上一个说话者完成一个话轮构成单位时就开始自己的话轮。见 Sacks, H., Schegloff, E. A., & Jefferson, G. A Simplest Systematics for the Organization of Turn-Taking for Conversation. *Language*, 1974, 50 (4), p. 702.

② Sprague, R. J. Pauses, transition relevance, and speaker change in multiple-party interactions. *Communication Research Reports*, 2004, 21 (4), pp. 357 – 365.

很重要的。[*]

B：我知道，[*]但是我们将与他们一起度过犹太新年和逾越节[*]，我认为应与我的父母过感恩节，[*]这才公平。[*]

在这个话语交流中，TRP 出现了 6 次，但说话者转换只发生了一次，即在第 2 个 TRP 处。从这里可以看到，转换关联位置只是"礼貌的说话者[①]"转换的必要条件，而不是充分条件但是话语交流过程中听话者如何识别这些位置就是 TRP 呢？听话者是如何识别 TRP 和非 TRP 的呢？

以往不少研究发现听话者可以通过话语交流中的一些信号来识别 TRP，邓肯（S. Duncan）认为如下信号可以识别 TRP：语调（升或降的音调）、拖长的腔调（drawl）、身体移动（手势的终止）、副语言（音调或声音的下降）以及语法（完全的句法单位）[②]。萨克斯等人（H. Sacks, et al.）认为语法信息是重要的，一个完全的话轮构成单位就是一个语法单位，对话者知道从一个语法的角度这样一个单位就是一个可能的完成点[③]。比提等人（G. W. Beattie, et al.）[④] 以及查斐（W. Chafe）[⑤] 认为语调是基本的，一个语调单位就是一个人需要呼吸时暂停的一个交谈片段，语调可以通过音高的变化、持续、强度以及交谈和沉默的改变来进行刻画。他们通过日常话语交流的分析发现，在一个暂停点，与在话轮最后话语的结束时音调相似，说话者会有一个快速的音高下降，这就导致了随后的暂停。塔奥阿达（M. Taboada）认为话语标记是识别话轮转换的一个重要信号，话语标记可以通过与其他的语法手段一起发挥作用[⑥]。奥尔（P. Auer）研

[①] "礼貌的说话者"是指不强行打断其他说话者说话的人。

[②] Duncan, S. Some signals and rules for taking speaking turns in conversations. *Journal of Personality and Social Psychology*, 1972, 23 (2), pp. 283–292.

[③] Sacks, H., Schegloff, E. A., & Jefferson, G. A Simplest Systematics for the Organization of Turn-Taking for Conversation. *Language*, 1974, 50 (4), p. 702.

[④] Beattie, G. W., Cutler, A., & Pearson, M. Why is Mrs. Thatcher interrupted so often? *Nature*, 1982, 300 (23), pp. 744–747.

[⑤] Chafe, W. *Discourse, Consciousness and Time: The Flow and Displacement of Conscious Experience in Speaking and Writing*. Chicago: University of Chicago Press, 1994, pp. 58–60.

[⑥] Taboada, M. Spontaneous and non-spontaneous turn-taking. *Pragmatics*, 2006, 16 (2/3), pp. 329–360.

究了韵律在于话轮转换之间的关系,指出韵律与语法的结合对于话轮转换的作用①。同时不少人也将沉默看作是识别话轮转换的重要信号,因为话轮的结束点一定是一个沉默,但一个沉默之处却不一定就是一个话轮的结束②。除此之外,注视与手势是面对面交谈中的一个话轮转换识别的信号,注视与手臂都可能成为进行话轮分配的重要信号③。

由此可见,识别话语交流中 TRP 的信号既有语言的(语法与语义)信号,也有副语言的(韵律、沉默、语调、表情、手势等)信号,而将这些信号结合起来才能使识别 TRP 达到最佳的效果。然而有那么多可用的识别信号,我们应该将哪些识别信号结合才能显示出很好的识别效果呢?在话语交流中,结合研究得最多的语法、语调、沉默、插声停顿以及话语标记。福多和汤姆森(C. E. Ford & S. A. Thompson)研究了语法上完全的单位、语调以及语用封闭(pragmatic closure)之间的相互作用,表明了三者是识别 TRP 最常见的信号④。温尔斯莫(A. Wennerstrom)和西格尔(A. F. Siegel)检验了语调、停顿和完全的语法单位之间的交互常常会影响 TRP 的识别⑤。话语的语法与语义属于交流中语言层面的,而说话韵律是交流中的语音层面,这两者是构成话语交流的两个不可缺少的部分,因而这两者对于识别交流中的 TRP 是基础性的,是必须要考虑的识别信号。除此之外,话语标记、语调、沉默也是识别 TRP 的重要信号之一,实质上语调与沉默也属于说话韵律变化的形式,话语韵律的变化会形成语调的变化或沉默,可以将两者融入说话韵律中来考虑,而话语标记与语句的语法和语义联系紧密,可以将其与语法和语义结合。因此,话语交流中话语的语法或

---

① Auer, P. On the prosody and syntax of turn-continuations. In E. Couper-Kuhlen & M. Selting (eds.). *Prosody in Conversation: Interactional Studies*. Cambridge: Cambridge University Press, 1996, pp. 57–100.

② 左岩:《英语会话中的沉默的研究》,《国外语言学》1996 年第 2 期。

③ Lerner, G. H. Selecting next speaker: The context-sensitive operation of a context-free organization. *Language in Society*, 2003, 32 (2), pp. 177–201.

④ Ford, C. E., & Thompson, S. A. Interactional units in conversation: Syntactic, intonational, and pragmatic resources for the management of turns. In E. Ochs, E. Schegloff & S. A. Thompson (eds.). *Interaction and Grammar*. Cambridge: Cambridge University Press, 1996, pp. 134–184.

⑤ Wennerstrom, A., & Siegel, A. F. Keeping the floor in multiparty conversations: Intonation, syntax, and pause. *Discourse Processes*, 2003, 36 (2), pp. 77–107.

语义以及说话韵律的变化都会影响听话者对于 TRP 的识别,而在现实的话语交流实践中听话者也往往是根据这两个因素来动态地识别 TRP,而非静态地、固定地来识别 TRP。

第三节 话语交流到底如何达成?

语言学上一般认为话语交流传达如下三种东西:一是认为话语交流传递的是信息,即传递的是一种讯号、信号;二是认为话语交流传递的是意义、思想;三是认为话语交流传递的是定识、信念。这三种看法都从各自的不同视角领域出发,具有一定的合理性,在某种意义上说都是适当的回答。但正如斯珀波(D. Sperber)和威尔逊(D. Wilso)所指出的那样,在交流过程中说话者不仅仅向听话者传递语句所直显的意义,而且还传递说话者的意图[①]。话语交流实际上传递两个层面的东西:一是话语字面直接表达的意义;二是交流中说话者的意图。这两个层面可以结合在一起,即话语字面直接表达的意义就是发话者的意图;也可以相分离,话语字面直接表达的意义不是说话者的意图。如果话语直接表达的意义就是说话者的意图,那么听话者只要能够正确地理解话语所直接表达的字面意义就能使话语交流顺利地进行下去。但如果话语直接表达的意义并不是说话者的意图,那么听话者就需要再根据话语和语境去理解说话者的意图。因此,话语交流真正要传递的是说话者的意图,交流中的话语字面意义只是意图的载体,意图的传递离不开话语的字面意义,但是意图并不完全是话语字面的意义。这样,话语交流中说话者的意图与话语的字面意义之间就有可能会出现一条鸿沟,如何来弥补两者之间出现的这条鸿沟呢?而这就涉及话语交流是如何达成的问题,即听话者如何通过说话者说出的话语来理解其意图。

一 话语交流的达成模式

"话语交流如何达成"是一个比较复杂的问题,因为这一问题更多地

[①] [法]斯珀波、[英]威尔逊:《关联:交际与认知》,蒋严译,中国社会科学出版社2008年版,第68—79页。

涉及话语交流中说话者与听话者的心理认知，即说话者如何传递他的意图，以及听话者如何来理解说话者所传递出来的意图。话语交流被视作凭借两个过程来实现：一是编码和解码；二是推理，由此形成了两种话语交流的达成模式：一是代码模式；二是推理模式（明示—推理模式）。代码模式运用代码将话语交流看作是编码与解码的过程（见图2），这种模式背后有两个假设：一是人类的语言都是代码系统；二是代码将思想与声音联系起来①。代码模式的优点在于它具有解释性，语句符号确实能够成功地传递思想，而它的缺点在于话语交流不仅仅是对语言的简单的编码与解码，还涉及其他的因素，比如意图、语境等。②

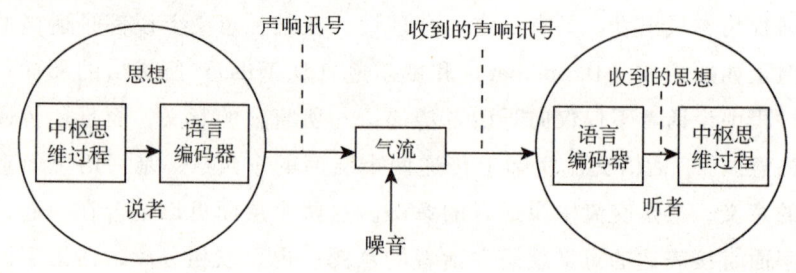

图2　代码模式

正是由于代码模式在描述话语交流中存在这些不足，于是一些语言学家提出推理模式以弥补这种不足（见图3），语言学家格莱斯以及斯珀波和威尔逊提出话语交流是代码模式与推理模式的结合，认为代码模式与推理模式虽然是不同的两种过程，解码过程始于讯号，终于讯号的复原，它们由内在的代码相联系，而推理过程则是从一组前提得出一组结论，结论由前提逻辑地推出。但是话语交流是一个复杂的交际过程，涉及语言的编码和解码，说出的话语字面的意义并不能将说话者的意义（字面义与意图义）完全编码，只是帮助听话者推出说话者的意思，编码—解码过程是为推理过程服务的③。在他们的眼里，代码模式实际上就是一种将听话者视作一个机械操作物理讯号的个体，而推理模式是将听话者视作一个进行认

---

① ［法］斯珀波、［英］威尔逊：《关联：交际与认知》，蒋严译，中国社会科学出版社2008年版，第3页。
② 同上书，第7页。
③ 同上书，第16—34页。

知推理的个体，两者具有不同的机制，而话语交流应是这两个过程的结合，编码—解码过程为推理过程服务（见图4）。

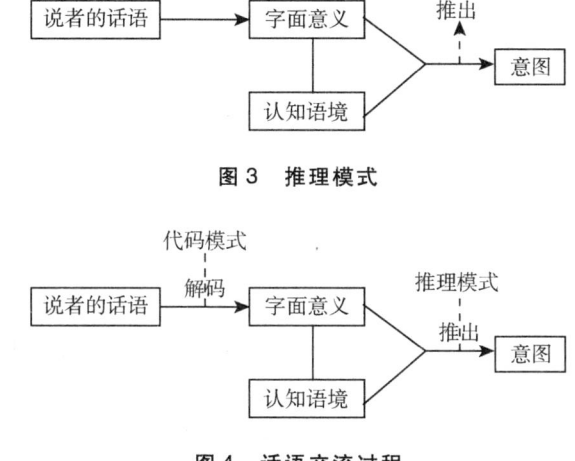

图 3　推理模式

图 4　话语交流过程

因此，话语交流是一个以推理为主的过程，那么这种推理机制到底是怎么样的呢？我们常常将推理看作是从前提按照一定的规则得出结论来的过程，但问题在于，在话语交流中听话者从什么样的前提以及依据什么样的规则来推出说话者的意图。从图3的推理模式可以看到话语交流中听者推理的前提主要有两个：一个是说话者话语的字面意义；二是认知环境，听话者需要充分地理解这两个方面才能在话语交流中做出恰当的推理。

二　推理前提

听话者理解说话者话语的字面意义相对比较容易，听话者只要掌握了基本的语言知识，比如语法与语义等，一般就能理解话语的字面意义。比如：

例（1.12）　我们一起去吃饭吧。

在这个话语中，听话者只要能够确定"我们"、"一起"、"去"、"吃饭"、"吧"的意义（或指称对象），并知道用这些词生成"我们一起去吃饭吧"的语法，那么就能够理解这句话语的字面意义。但话语交流通过说话者与听话者话语的依次替换实现，这决定了话语交流就不仅仅是一个简单的话语，它可能是几个，以至于更多的话语通过一定的说话韵律串联而成。因此，在话语交流的过程中，一些因素会直接影响听话者对话语字面意义的理解，比如听话者对于话语交流中话语停顿、韵律以及转换关联位置的识别都会影响其对话语字面意义的理解。

另外，要明白说话者的意图，说话者仅仅根据这句话语的字面意义还是不够的，还需要对此话语的语境进行认知，否则听话者无法明白说话者意图。如果这一话语没有语境的参与，那么听话者就无法确定说话者到底是哪一种意图，比如上面事例（1.12）就有两种可能性：（1）说话者请客，有所求；（2）平常的一起就餐，无所求，听话者只有在具体的语境中确定了是哪一种意图，听话者才会做出适当的回答：到底是去还是不去。而要确定说话者到底是哪种意图，必须要对此话语的语境进行认知，比如说此话的背景、对此人的了解，等等。因此，对语境的认知在话语交流中的重要作用就凸显出来了，听话者要能够理解说话者的话语意图，需要对此话语的语境进行恰当的认知。那么听话者是如何根据语境来进行认知的呢？要回答这一问题，我们需要对话语交流中语境是什么以及语境认知的方式进行充分的认识。

因此，在话语交流中说话者进行推理的前提有两个：第一个是说话者说出的话语，说话者说出的话语是表达说话者意图的语言载体，听话者会从说话者的话语出发来推导说话者的意图。第二个是话语交流的语境，话语交流所处的场景、交流者所具有的背景知识、交流者的肢体动作、表情等都可能是听话者推导出说话者意图的条件。第一个前提涉及听话者对话语的认知，而第二个前提则涉及听话者对语境的认知，这两个是话语交流必不可少的前提条件，也是我们后面所要关注的焦点。

三 推理规则

话语交流中听话者要能依据说话者的话语以及语境推出说者的意图，必须要遵循一定的原则，那么话语交流应遵循什么样的原则呢？梅尔（J. L. Mey）给出了一个交流原则（The Communication Principle）：人们总是怀着某种意图来与他人交流，当交流时说话者希望尽量能被正确地理解，避免给出错误的想法，无论话语是如何逻辑真（正确）的，如果它误导听话者，或使听话者难以理解，那么话语将不会有真正的效果，即没有交流出心里的东西[①]。交流原则是交流的总原则，指出了交流是要有目的的，即说话者要尽量使听话者理解所交流的东西，否则交流没法进行。然而交流原则仅仅具有导向性，没有给出具体的规则来指导我们的交流如何进行。

格莱斯（H. P. Grice）提出了在话语交流中要遵守合作原则，即量的准则、质的准则、关系准则、方式准则[②]，然而格莱斯的合作原则实际上是话语交流中说话者应该遵守的原则，即要求说话者应该如何说话才利于听话者理解，而不是听话者应该遵循什么样的原则来理解说话者的意图。

量的准则：（1）所说的话应满足交流所需的信息量

（2）不应使所说的话超出交流所需的信息量

质的准则：（1）不要说自知是假的话

（2）不要说缺少足够证据的话

相关准则：说话要有关联

方式准则：说话要清楚、明了

（1）避免晦涩

（2）避免歧义

（3）简洁

（4）有序

格莱斯的合作原则是从交流中的说话者角度来制定，是对交流中说话者进行条件限制，并没有对交流中的听话者进行条件限制，没有制定交流中的听话者应如何做。格莱斯的合作原则能被解释为行为的道德模式，即如何成为一个好的交流者——遵守被给的准则就是一个好的交流者，不遵守被给的准则就是一个不好的交流者，因此格莱斯的合作原则更多的是给出理性的交流者是什么样，即理性的交流者要毫不含糊地、准确地传递出信息。然而在实际的话语交流中，交流者并非总是理性的交流者，并非总是遵守合作原则，可能会有意或无意地违反合作原则。但为什么交流者要违反合作原则呢？虽然格莱斯指出如果交流者违反合作原则，那么就会存

---

① Mey, J. L. *Pragmatics*: *An Introduction*. Beijing: Foreign Language Teaching and Research Press, 2001, pp. 68 - 69.

② Grice, H. P. Logic and Conversation. In Martinich, A. P. (eds.). *Philosophy of Language*. New York: Oxford University Press, 1975, pp. 165 - 175.

在听话者需要去理解说话者真实意图的问题，但是他们没有指出为什么交流者会违反合作原则，也没有给出当交流者违反合作原则时，如何去理解说话者的真实意图。

里奇（G. Leech）提出了"礼貌原则"来对合作原则进行必要的补充[1]，他认为话语交流中交流者违反合作原则是出于礼貌的原因，比如：

例（1.13）（Leech, 1983：80）

  A：我们都想念比尔和阿加莎，难道不是吗？

  B：嗯，我们都想念比尔。

在这个交流中，B只对A问题的部分进行了回答，没有回答完全，违背合作原则中的量准则。B的言外之意是"我们不会想念阿加莎"，如果他要遵守合作原则的话，他就应该说"我们都想念比尔，但不想念阿加莎"，但他并没有如此说。理解像B这样的言外之意，不仅仅需要依靠合作原则，而且还需要一种新的原则：礼貌原则。B是为了礼貌才违背合作原则，意识到这一点才能理解B的意图，因此里奇提出了如下礼貌原则：

1. 策略准则：使他人的付出最小化，使他人的受益最大化。

2. 慷慨准则：使自我的受益最小化，使自我的付出最大化。

3. 赞扬准则：对他人的批评最小化，对他人的表扬最大化。

4. 谦虚准则：对自我的表扬最小化，对自我的批评最大化。

5. 一致准则：使自我与他人之间的不一致最小化，使自我与他人之间的一致最大化。

6. 同情准则：使自我与他人之间的厌恶最小化，使自我与他人之间的同情最大化。

里奇的礼貌原则描述了在话语交流中说话者利益应如何安排（准则1和2），对待他人的态度应如何（准则3—6）。礼貌原则要做到：交流双方要尽量让他人付出最小而受益最大；自己付出最多而受益最小，尊重对方。里奇试图给出一个普遍适用的礼貌原则，然而这也是受到批评最多的地方，不少人批评他没有考虑到语境因素[2]，比如，他的这一个礼貌原则

---

[1] Leech, G. N. & Leech, G. *Principles of Pragmatics*. London：Longman, 1983, pp. 81 – 84.

[2] Mao, L. M. R. Beyond politeness theory："Face" revisited and renewed. *Journal of Pragmatics*, 1994, 21 (5), pp. 451 – 486.

建立在西方文化语境中，而可能不适合东方文化语境；即使在同一文化语境中，不同身份、地位、文化等的说话者与听话者可能预示着有不同的礼貌程度，而不能仅仅是付出/受益两种程度的[1]。

那么有没有普遍适用的礼貌原则呢？在经历二十多年的论争之后，里奇依然认为有一种普遍适用的礼貌原则，即使不同的东西方文化语境对礼貌行为有较大的影响，也不需要不同的礼貌原则[2]。这种文化语境的差异性可以通过使用礼貌极差（the scales of politeness）来表达，礼貌本身有一个程度问题，礼貌的合适程度依赖于其他的价值尺度，这些价值尺度包括：

（1）在S（说话者）和O（他人）之间的纵向距离（按照地位、权力、角色、年龄等）

（2）在S和O之间的横向距离（亲密、熟识、认识、陌生等）

（3）分量和价值：受益多大、付出多大、赞同多大、义务多大等

（4）社会权利与义务的强度（教师对学生的义务、店主对顾客的义务等）

（5）自我领属和他者领属（集体内成员与集体外成员），自我领属与他者领属的成员有程度上的差别。

有两种礼貌的极差：第一种是绝对礼貌极差，独立于语境给予话语在礼貌极差上一种单向序，比如"你能帮助我吗？"、"帮助我"、"你可以帮助我吗？"，礼貌极差为："你可以帮助我吗？"比"你能帮助我吗？"更有礼貌，"你能帮助我吗？"比"帮助我"更有礼貌。这三个话语在礼貌极差上脱离语境，它们的礼貌极差取决于词法形式和语义解释，不取决于语境。第二种是相对的礼貌极差，这种形式的礼貌相对于具体的语境，对语境敏感，在礼貌极差上是一种双向序，在绝对礼貌极差上被认为是很礼貌的可能在不同的情景下就是不甚礼貌的，比如"我可以打断你一下吗？"如果是对独断说话权的家庭成员如此说话，它就可能不是礼貌，而是一种

---

[1] Mey, J. L. *Pragmatics*: *An Introduction*. Beijing: Foreign Language Teaching and Research Press, 2001, p. 80.
[2] Leech, G. *Politeness*: *Is there an East-West Divide? Journal of Foreign Languages*, 2005, 6(3), pp. 1–30.

冷讽刺。

里奇认为将礼貌极差考虑到礼貌原则中就能解决语境差异的问题，他将其称为礼貌的大同策略（Grand Strategy of Politeness）：

礼貌的大同策略：为了礼貌，S（说话者）表达或表明一种给予与O（他者）相关之物高价值的意思，或与S相关之物低价值的意思。

里奇的礼貌大同策略就是要贬己尊人，对与对方相关事物要给予高的评价，而与自己相关事物要给予低的评价。他用不少事例证据表明了，无论是以个人主义为取向的西方社会，还是以集体主义为取向的东方社会，这一个策略都是适用的，在礼貌原则上不存在东西方之分。里奇的这种看法是值得赞同的，无论是在东西方社会，话语交流都需要礼貌原则，可能在具体的言语与行为表达方式上存在差异，但是在话语交流中尊重对方，自我谦虚应是共同的原则。作为东方文化的代表——中国社会也不例外，我国学者顾曰国（1992）分析中国社会的礼貌现象之后，提出了一个被广泛接受的汉语言交流的礼貌原则[①]：

1. 贬己尊人准则：指谓自我或与自己相关事物要"贬"，要"谦"；指谓听者或与听者有关的事物要"抬"，要"尊"。

2. 称呼准则：要用适当的称呼语主动跟对方打招呼。

3. 文雅准则：要选用雅语，禁用秽语；多用委婉语，少用直言。

4. 求同准则：说、听者在诸多方面力求和谐一致，尽量满足对方的欲望。

5. 德、言、行准则：在行为上尽量减少他人付出的代价，增大对他人的益处；在言辞上，尽量夸大别人给的好处，尽量说小自己付出的代价。

从顾曰国的礼貌原则可以看到，顾曰国提出的汉语言交流的五准则与里奇的六大准则差异性很小，顾曰国仅仅是对里奇的六大准则的综合与细化而已。其实，顾曰国的礼貌原则体现出与西方学者提出的礼貌原则相同的目的：充分地尊重对方，自我谦虚，交流才能顺利地进行。

礼貌原则与格莱斯的合作原则结合起来的确可以解释不少单一合作原则解释不了的话语交流现象，比如在交流中不直抒其意，转弯抹角等现象。无论是合作原则还是礼貌原则，它们主要是对交流中说话者的言语行

[①] 顾曰国：《礼貌，语用与文化》，《外语教学与研究》1992年第4期。

为进行了限制,但是话语交流是说话者与听话者互动的话语过程,仅仅对说话者进行限制,显然是不够的,比如:

例（1.14）（Levinson 1983:48—9）（A 与 B 正通过电话交谈有关后两天的安排）

　　A:你现在过来这里行吗?

　　B:嗯,我今天得去爱丁堡,先生。

　　A:嗯,这个星期四如何?

在这个话语交流事例中,B 的话语"嗯,我今天得去爱丁堡,先生",听话者可以通过合作原则和礼貌原则知道其意图是"今天来不了"。当 A 听到 B 的话语后,A 知道 B 可能有两个意图:一是愿意过来,但是今天不行;二是不愿意过来,在进行推辞。然而 A 必须要 B 过来,如果 B 果真今天要去爱丁堡的话,A 知道 B 明天、后天可能无法从爱丁堡回来,但这个星期四能够从爱丁堡回来;如果 B 是在推辞,A 就需要向 B 表明他必须要过来,于是他又再说了一句"嗯,这个星期四如何?"来进行确认。B 在听了 A 的后一句话之后,他知道 A 知道如果自己去了爱丁堡,这个星期四能够回来,他也知道 B 必须要他过去,是不能推辞的。所有这些都超出了合作原则与礼貌原则所能解释的范围,更多地涉及话语交流中的认知语境及其关联的问题。

虽然在格莱斯的合作原则中也提及相关准则,即说话要有关联,但是他的这一准则是针对说话者而提出,而且他的这一个准则没有引起他的重视,显得非常模糊,"什么叫相关,以及相关的特点、性质和它对交际过程的解释力等,在合作原则的四个准则中,格莱斯未能交代清楚,显得模糊不清。"[①] 在格莱斯之后,对交流中的关联准则有两种形式的考虑:

一是在格莱斯的合作原则框架下来考虑关联,比如荷恩（L. R. Horn）和列维森（S. C. Levison）,他们对格莱斯的合作原则进行了缩减与综合。荷恩将其缩减为量准则（Q-principle）和关联准则（R- principle）两个,量准则（Q-principle）来自于格莱斯的量准则下的次则（1）,而关联准则（R- principle）则来自格莱斯的量准则下的次则（2）。荷恩（1996）后来

---

① 何自然、冉永平:《关联理论:认知语用学的基础》,《现代外语》1998 年第 3 期。

又将量准则（Q-principle）表述为：量准则（Q-principle）＝格莱斯的量准则下的次则（1）＋方式准则中的"要避免含糊和歧义"；关联准则（R-principle）＝格莱斯的量准则下的次则（2）＋相关准则＋方式准则中的"要简洁和有序"。而列维森则将其缩减综合为量原则（Q-principle）、信息原则（I-principle）和方式原则（M-principle），量原则（Q-principle）＝格莱斯的量准则下的次则（1），信息原则（I-principle）＝格莱斯的量准则下的次则（2），方式原则（M-principle）＝格莱斯的方式准则[1]。不同于格莱斯的合作原则仅仅针对说话者而言，列维森的各个原则都分为说话者准则（Speaker's Maxim）和听话者推论（Recipient's corollary）。

二是提出新的关联理论，重构关联理论，最突出的就是斯珀波和威尔逊的关联理论[2]。斯珀波和威尔逊对格莱斯的合作原则提出了质疑，认为格莱斯的合作原则中的其他准则要么不适用，要么可以归结到关联原则中来，而格莱斯的关联原则没有得到足够的论述，因而他以单一的关联原则来替换合作原则，并发展了关联原则。斯珀波和威尔逊将话语交流看作是明示—推理的过程：说话者向听话者明示话语的字面意义，来展示自己的意图，而后听话者则需要根据说话者的明示行为和认知语境推出说话者的意图。而要根据说话者的明示行为和认知语境推出说话者的意图，在话语交流中就需要遵守关联原则：

关联原则：每个明示性交流行为都应设想为这个交流行为本身具备最佳的关联性。

关联原则涉及两个方面：一是话语与认知语境的关联，最佳的关联性源自于最好的语境效果，听话者对话语与认知语境的假设以及推理越成功，话语的关联性就越清晰，就越能取得好的语境效果，就越能理解说话者的意图，从而达成交流。二是关联的程度，关联的程度取决于两个因素，一是取决于语境效果能达多大程度，二是取决于所付出的努力能控制在多小限度。这样，关联就成为语境效果和所付出努力的函项，无须表征，更无须运算，只涉及粗略的绝对型关联，比如无关联、弱关联、非常

---

[1] 转引自沈家煊《语用原则、语用推理和语义演变》，《外语教学与研究》2004年第4期。
[2] ［法］斯珀波、［英］威尔逊：《关联：交际与认知》，蒋严译，中国社会科学出版社2008年版，第78页。

关联，不涉及精细的数量型关联。由此，斯珀波和威尔逊得到两种重要的程度关联：最大关联性和最佳关联性，最大关联性就是听者付出尽可能小的努力而获得尽可能最大的语境效果，而最佳关联性则是听者付出有效努力而获得足够的语境效果。人类认知与最大关联性相一致，而交流则只期望具有一个最佳关联性。在具有这样的认识之后，斯珀波和威尔逊将之前只有一条的关联原则改为两条关联原则[①]：

关联的认知原则：人类认知常与最大关联性相一致。

关联的交际原则：每个明示性交流行为都应设想为这个交流行为本身具备最佳的关联性。

无论是对格莱斯合作原则的框架下考虑关联，还是提出新的关联原则，他们发展出了格莱斯合作原则中不具有的三个显著特征：一是不似格莱斯的合作原则仅仅针对说话者，为交流中的说话者提供限制条件，而是逐渐地扩展到听话者，不仅仅说话者在说话时要遵循这一原则，更重要的是听话者在理解说者意图时更应该遵守这一原则；二是注意到了关联性中的语境或语境定识（contextual assumptions）问题，特别是斯珀波和威尔逊的关联理论专门对这两者进行了详细的分析。三是强调了交流中的听话者要理解说话者的意图，需要付出认知的努力，寻找到最佳关联性，而不是去单纯地遵守规则。

从话语交流要能顺利进行的角度来看，合作原则、礼貌原则与关联原则都是必要的，合作原则强调交流的规约性和常规性，其是一个推理原则，会将语境排除在外，而关联原则不仅仅是一个推理原则，且还是一个认知原则，强调交流中认知语境的重要性，但却忽视了交流规约性与常规性的一面，忽视了社会文化的规约性，比如礼貌问题，关联原则就不能解释这样的问题。然而礼貌原则又仅仅是一个社交问题，既不是一个推理问题，也不是一个认知问题，因而礼貌原则的处理也有其局限性。其实，这三个原则可以很好地进行互补，这三个原则放到一起可以弥补上述之中的不足，对于话语交流具有较强的解释力。然而这三个原则对于话语交流还

[①] Sperber, D., & Wilson, D. *Relevance: communication and cognition.* Oxford: Blackwell, 1995, pp. 260–266.

不具有完全的解释力，它们的视角往往局限于对交流中的说话者和听话者进行规范，这就决定了这三个原则仅仅从一种静态的视角来处理话语交流，即仅仅为话语交流中说话者或听话者制定应该遵守的规则，注重于规则的制定，而忽视了话语交流中信息的流动与交流者认知变化的刻画。

现实的话语交流其实是一个动态变化的过程，随着交流的进行，语境也会随之而动态变化，交流者的认知也会随之而动态变化。不断动态变化的话语交流会对认知语境以及交流者的认知状态产生积极的影响，那么话语交流中的认知语境是如何变化的？这种的动态的认知语境又是如何影响意图的理解？交流者的认知状态又是如何动态变化的？……因此，在话语交流中不仅仅需要考虑交流规则的制定，比如合作原则、礼貌原则与关联原则，而且还需要考虑交流者对语境的认知以及交流者信念的变化，只有这样，我们才能够对话语交流做出更深层次的解释。

第四节 话语交流的动态认知模式

话语交流的一个重要特征就是它是一个动态的过程，是说话者与听话者交替说话的过程，A说了，B再说，然后A再说，……这样交替进行下去。在话语交流交替进行的过程中，听话者要理解说话者的意图，不仅仅涉及说话者与听话者的认知能力问题，而且还会涉及之前话语、语境对听话者认知的影响，换句话说，听话者对说话者意图的理解会随着交流中获得的新信息（之前的话语、语境的加入）而变化，反过来，听话者当前的理解又会促进交流的变化。比如下面的一段话语交流：

例（1.15） A1：昨天一个窃贼跑到我们小区来偷东西了。

B1：我们一家人昨天出差了，今天刚刚回来，还没有回家呢，谁家被偷了？

A2：他刚要从一家人窗户翻进去偷东西的时候被小区保安抓住了。

B2：那真是太好了。

在这个事例中，A通过语句"昨天一个窃贼到我们小区来偷东西了"宣告了一个新信息，开始了话题，B在听到这个新信息之后，他会推测A

说这句话的意图，他会根据自己已有的语境（比如常识性知识）知道 A 的意图有两种可能性：一是想告之谁家被偷了；二是想告之有没有抓到小偷。但是 B 不知道到底是哪种可能性，于是他通过进一步的对话来确认。当 A 在听到 B 的话后，他知道此时的 B 还不知道小偷被抓这一信息，于是 A 进一步地宣告小偷被抓这一信息，以使 B 知道。当 B 听到小偷被抓这一信息时，B 之前的认知会发生改变，之前的两种认知可能性变为一种：小偷被抓住了，没有偷到东西。

对于这个话语交流的认知结构，我们可以简要地表示为：

（1）A 宣告了一个话语 U

（2）B 知道 A 宣告话语 U 意图是要么 P 要么 Q

（3）A 宣告 Q

（4）B 知道 P 不存在，Q 存在

通过这样一个交流之后，意图 Q 被共知：A 知道 Q，B 也知道 Q。Q 就成为共享信念[①]，即 A 和 B 所共同知道的内容。

这一个简单的话语交流依靠一连串相互关联的认知能力。首先必须要了解话语 U 的字面意义，了解 U 的字面意义与意图 P 或 Q 之间的关系，这就需要交流者具有把握话语 U 字面意义的语言知识，以及能够从 U 得到可能意图 P 或 Q 的基本能力。其次，成功的交流还需要对不同类型的话语的预设和蕴含进行阐释，因为这意味着在交流的过程中哪些信息会被准确地接受，比如这个交流中，就会产生与此相关的预设和蕴含：

B 的话语"谁家被偷了？"预设了：（1）B 不知道"谁家被偷了"

（2）A 知道"谁家被偷了"

并蕴含了：（1）我家（B 家）被偷了吗？

B 的话语"小偷刚要翻窗偷东西就被抓"蕴涵：没有谁家被偷

进而蕴涵：B 家没有被偷

再次，话语交流实质上是说话者与听话者两者之间的言语行为，话语交流要顺利进行，就要考虑到说话者与听话者的互知问题，即要知道对方

[①] 对于交流中都知道的内容，有不同类似的称呼，比如共享内容（Shared Content）、共同知识（common Knowledge）、共同信念（common belief）以及共享信念（shareed belief）。笔者在后面章节将会详细对此进行阐述。

— 27 —

是否知道了自己的意图。说话者要知道自己说出的话听话者是否能理解了其意图，而听话者也要使说话者明白自己是否理解了说话者的意图。如果知道对方已经知道了自己的意图，那么话语交流就达成了；如果不知道对方是否知道了自己的意图，那么就还需要在进一步的交流过程中来揭示自己的意图。最后最重要的一点就是，在话语交流中伴随着语境信息的更新以及交流者信念的更新与修正。当 A 宣告了话语 U 后，B 在听到话语 U 后，他会思考：为什么 A 要告诉我这样一个事情？他会根据已有的认知语境，比如斯珀波和威尔逊所说的逻辑知识、百科知识以及词汇知识等来作出语境假设。然而对 A 出现的这个话语 U，B 可能会产生不同的语境假设，这些语境假设可能会向不同的方向扩充：P 和 Q。语境假设具有两种可能性，而并不总是唯一的，此时就需要对这两种语境假设进行筛选，但根据 B 已有认知语境没办法对这两种语境假设性进行筛选，他需要获得更进一步的信息来筛选确认，当 A 宣告了 Q 后，B 就筛选掉 P，并进而将 Q 加入自己的认知语境中。在这一系列的过程中，充斥着各种语境假设的产生，语境假设的筛选，语境假设的确定。而在这样一个动态认知过程中，同时也伴随着交流者认知的动态变化。比如在这一个话语交流中，在 A 宣告了一个话语 U 后，B 的认知状态可以图式为：

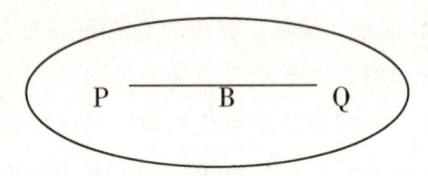

$$(P \text{———} B \text{———} Q)$$

P 和 Q 之间的横线表示交流者 B 最初的认知不确定性：B 不知道是 P 还是 Q。对于交流者 A 而言，由于其知道话语 U 意图是 Q，这表明在交流者 A 的认知世界里如此一条横线不存在。当然交流者 B 在听到 A 的第二句话后，在 B 的认知世界里如此一条横线也就变得不存在了，即 B 也知道了 Q。这样交流者 B 的认知世界就更新为：

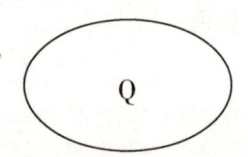

$$(Q)$$

这两个图形形象地显示了两个交流者如何知道 Q，以及在他们之间 Q 是如何变为两个交流者都知道的共享信念。这个过程从语句意义开始，经过相互的交流、信息的更新，使得认知从静态到动态的转变，最后形成两者之间的共享信念，从而完成交流。

因此，话语交流过程实际上是一个交流者随着语境变化而动态认知的过程，其交流模式可以刻画为：

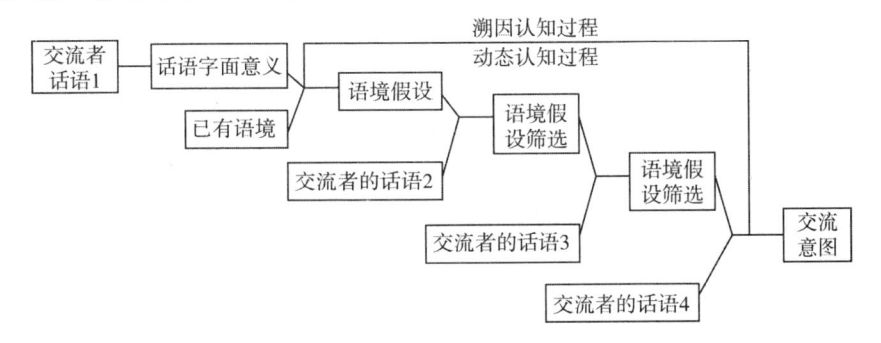

图 5　话语的动态认知交流过程

在这一个交流模式中，不同于以往的模式就在于细化了在话语交流过程中交流者如何根据认知语境推出交流意图，完成交流。如果交流中的话语字面意义与交流意图统一，那么交流者直接理解话语的字面意义就能得到其交流意图，比如：

例（1.16）

　　　A：我有一条可爱的小狗
　　　B：哦，我看见过。

在这个事例中，交流者 A 的话语"我有一条可爱的小狗"，意图向交流者 B 表明他有一条可爱的小狗，A 的话语字面意义与交流意图是统一的，交流者 A 直接用话语明示了他的意图。交流者 B 只要具有足够的语言知识，理解了话语字面意义就理解了其交流的意图。然而在话语交流中，话语字面意义并不总是与交流意图是统一的，当话语字面意义与交流意图不同一时，那么就存在从话语字面意义推知交流意图的问题，比如：

例（1.17）（B 在 A 家聊天，一直聊到很晚）

　　　A：现在已经晚上 12 点了。

B：啊，这么迟了啊，那你休息吧。

在这个话语交流中，话语字面意义与交流意图就不统一，交流者 A 说出这样的话语可能另有意图。当然根据关联原则和礼貌原则，交流者 B 能够推知出 A 的意图：很晚了，我要休息了。但是问题在于交流者 B 具体是如何进行认知推理的呢？关联原则与礼貌原则只是提供了一个导向性的原则，仅仅提供了一些指导认知推理的原则，而没有为话语交流提供一个具体的认知推理机制。其实，在这个交流中，交流者 A 说出话语时，交流者 B 会根据这句话语的字面意义进行思考：他为什么要说这句话？于是交流者 B 根据自己的背景知识生出两个假设：（1）只是告诉时间是 12 点；（2）交流者 A 想结束聊天。接着交流者 B 再根据已有的语境（聊天聊得很晚），对两个假设进行筛选，筛选出合理的假设（2），从而得到交流者 B 的话语意图。

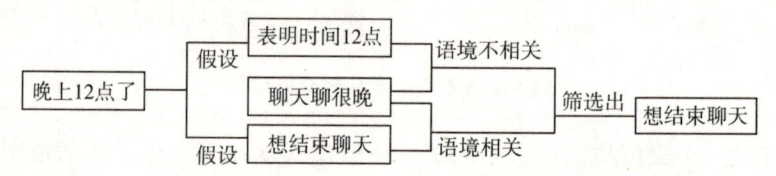

图 6　话语交流的溯因动态认知

在这一个交流事例中，我们通过关联原则与礼貌原则能够解释，只是没有提供一个具体的认知推理机制，而对于下面这个事例，关联原则与礼貌原则则无法解释，比如：

例（1.18）　A1：我刚刚听了天气预报，天气预报说下午天气就清凉了。

B1：我也听说了，你下午有什么打算？

A2：没什么打算，就是觉得上午还这么大的太阳，下午天气就能清凉吗？

B2：天气预报应该是准确的。

当交流者 A 说出话语"天气预报说下午天气就清凉了"，交流者 B 会有两种可能的语境假设：（1）评论天气预报；（2）下午有出去的打算。按照关联原则，要找到与此具有最佳关联性的语境假设，但是到底哪一个才是与这个话语具有最佳关联性的语境假设呢？交流者 B 无法根据已有的语境来确定，只有通过发出疑问"你下午有什么打算？"来获得进一步的信息来进行筛选，当 A 说出"没什么打算，就是觉得上午还这么大的太阳，下午天气就能清凉了吗？"的话时，交流者 B 才能筛选出原来交流者 A 的意图是在评论天气预报。

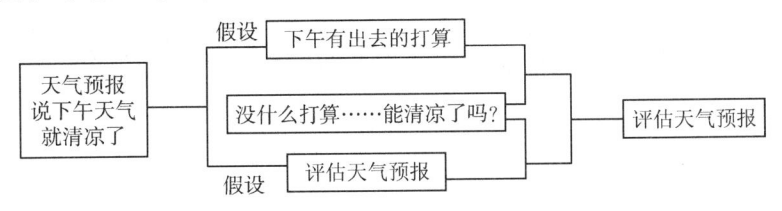

图 7　话语交流的溯因动态认知

只有将交流的达成看作是语境假设的产生、语境假设不断筛选的动态过程，才能解释这样的话语交流过程，而这种语境假设的产生、语境假设不断筛选的动态过程，实际上就是话语交流过程中的溯因认知过程。溯因认知是对语境敏感的一种认知—推理，它从话语交流的话语字面意义出发，根据交流者已有语境，产生语境假设，并进而选择出合适的语境假设，从而得到其交流意图。同时，话语交流中的溯因认知过程也是交流者动态认知的过程，是交流者认知状态的改变、更新，并最终获得共享信念的过程。那么话语交流中的溯因认知运行机制到底是怎么样的呢？话语交流中交流者是如何进行动态认知呢？话语交流者又是如何获得共享信念的呢？这些问题正是后面章节要着力探讨的。

第二章 话语交流中的动态认知语境

第一节 语境：从静态到动态

对于语境关注最早的是魏格纳（P. Wegener），他于1885年首先提出语境这个概念，接着马利诺夫斯基（B. Malinowski）于1923年提出"情景语境"，弗斯（J. R. Firth）于50年代把马利诺夫斯基（B. Malinowski）的语境思想引入语言学，从而使语境成为语言学家研究的重要方面[①]。语言学的很多问题都跟语境有关系，那么语境到底是什么呢？到目前为止还没有达成统一的定义，不同的语言学家对语境的认识与研究途径不一样，就可能形成不同的语境观。胡壮麟认为对语言语境的看法经历了四个阶段，一是一元化阶段，即将一个词或句子的语篇上下文看作是它的语境，语篇内部本身作为语境；二是二元化阶段，语境不仅仅存在于语篇内部，而且存在于语篇外部，即语言使用时的情景，包括使用该话语的直接情景，此前说过的内容以及与该话语相关的信念与预设；三是三元阶段，即上下文语篇、物理情景以及话语者的背景、常识、百科知识等；四是多元化阶段，语境由多种特征体系构成，世界知识、语言知识、集体知识、参与者、背景、正式程度和基调、语篇以及表现[②]。胡壮麟提供了一条以往语境研究自"语言内"向"语言内外结合"的建构变化之路，这条语境的建构之路表明语境构成从一元向多元的变化，预示着语境具有了开放性，而

[①] 转引自廖德明《话语交流中的动态语境模型及其认知》，《西华师范大学学报》2011年第2期。

[②] 胡壮麟：《语境研究的多元化》，《外语教学与研究》2002年第3期。

要穷尽语境内的诸要素就显得非常困难。

语境的这种多元性、开放性预示着要给出一个能解释任何语用现象的详细语境观就显得不可能，否则语境就是一个包罗万象的概念，对于语境就只能从宏观的角度来进行描述，而对于语境的宏观描述，也经历了一个从静态描述向动态描述转化的过程。

邦特（H. C. Bunt）从五个宏观的角度描述了静态语境（如下图）[1]，虽然邦特的语境描述在具体的条目下可能存在不够准确或完善的地方，比如他划分出语义语境、认知语境、物理语境、社会语境以及语言语境五大语境模块，在一定程度上他描述的语境将所有语境因素都囊括在其中。但是在交流中交流者并不会使用所有语境因素，而是有选择性的，这种选择性的标准就是与交流中话语理解相关联的语境因素。

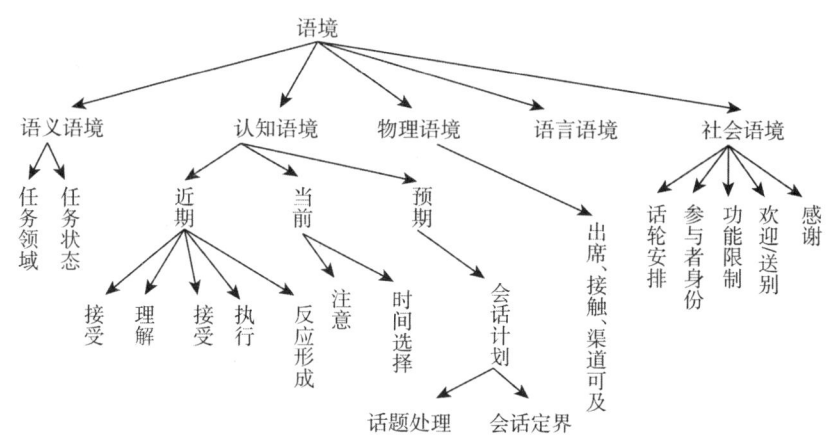

图 8　邦特的静态语境

达斯（N. S. Dash）根据交流中语境与话语相关联的强弱度，将语境划分为四种类型：一是局部语境（Local Context），直接的先前和随后的话语是局部语境；二是句子语境（Sentential Context），话语发生的句子成为句子语境；三是论题语境（Topical Context），所谈论主题或内容成为论题语境；四是整体语境（Global Context），语言之外的现实环境[2]。这四种类型

---

[1] Bunt, H. C. Context and dialogue control. *THINK Quarterly*, 1994, 3 (1), pp. 19 - 31.
[2] Dash, N. S. Context and contextual word meaning. *SKASE Journal of Theoretical Linguistics*, 2008, 5 (2), pp. 21 - 31.

— 33 —

语境与话语的远近关系图如下：

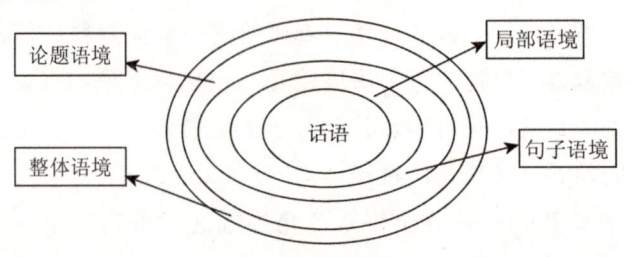

图 9　静态语境的层级性

话语被四个层级的圈包围着，第一个圈是局部语境，对于理解话语来说，它能提供最重要的信息，它是注意的中心。如果局部语境还不能捕捉话语的真正语境意义，那么就需要第二圈的句子语境，从话语发生的句子中抽取信息。如果局部语境和句子语境还是不够，那么就需要从讨论的主题中选取信息。如果前面的都失败，那么最后就需要考虑整体语境，从语言外的世界获取信息以理解话语的语境意义。其从不同层级语境系统提取信息的过程如下：

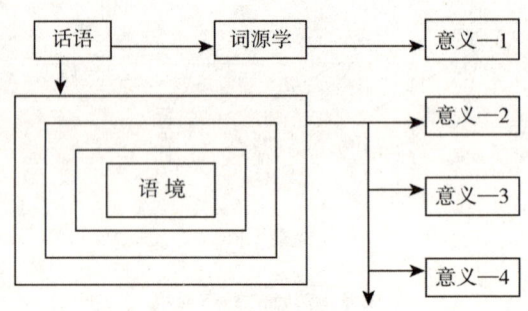

图 10　语境的层级性与意义

达斯按照语境信息抽取的先后顺序对语境进行层级的分类，语言使用者首先考虑语言内的语境，如果语言内的语境无法获得对话语的理解，那么再去考虑语言外的语境。达斯的语境是一种"语言内外"结合的建构之路，但他的语境建构是基于"语言内"的，从"语言内"再到"语言外"的语境。他的这种语境观始终在以语言为视角，从语言内外来界定语境，这样的语境构建虽然注意到了语言之内和语言之外的世界（语言与世界方方面面的联系），但是却忽视了把世界与语言联系起来的是人，语言因人的使用而存在，语境并不是预先已给定的，而是语言使用者主动选择所生成的，所有方方面面只具有成为潜在语境因素的可能，而是否成为特定话语交流中的具体语境构成，最终取决于语言使用者①。

语言使用者就成为语境构建的能动因素，语境是语言使用者根据当前话语交流需要而抽取的信息源，由于话语交流是不断变化进行的，语言使用者对信息的需要也会不断改变，这导致语境会随之而改变。因而，语境不仅仅是语言使用者的语境，是个人的、主观的，而且还是动态的、发展的，"语境是一个动态的，而不是一个静态的概念，它应被理解为持续变化的环境，在更广泛的意义上，它能使交流过程中的参与者交互，在语境中，参与者交互的语言表达变得可理解。②"

范迪克（T. A. Van Dijk）将语言使用者考虑入语境构建中，认为语境是日常经验的特定心理模型，是语言使用者（说者和听者）的心理模型③。语境的心理模型是交谈事件的心理模型与关于这些事件的话语的关键界面，即除了表征一个文本的意义之外，语言使用者还需要建构这个事件文本关于什么的心理模型。语境的心理模型组织我们的话语如何被策略性构建以及适应整个交流情况，它是被储存在片段记忆中的、个人的、主观的，它主要涉及：

（1）场景：事件/时期、空间/地点/环境
（2）参与者（自我、他者）
　　A. 交流的角色（参与结构）
　　B. 社会角色类型、成员或身份
　　C. 参与者之间的关系（权力、友好）
　　D. 共享的和社会的知识与信念
　　E. 意图与目的
（3）交流的和其他的行为/事件

---

① 许力生：《语言学研究的语境理论构建》，《浙江大学学报》（人文社会科学版）2006 年第 4 期。
② Mey, J. L. *Pragmatics*: *An Introduction*. Beijing: Foreign Language Teaching and Research Press, 2001, p. 39.
③ Van Dijk, T. A. *Discourse and Context*. Cambridge University Press, 2008, pp. 58 – 71.

在范迪克的这个语境心理模型中，语言使用者作为一个核心范畴存在，语境的心理模型实际上就是表征语言使用者当前的交流情景，而对于交流情景中的语用使用者来说，语境的心理模型所表征的那些信息是相关联的，语境的心理模型中的诸要素不是孤立的，这些要素以及要素当前动态变化的内容通过语言使用者而关联起来：语言使用者根据当前话语交流而从语境的心理模型中选择与其相关联的表征。像斯珀波和威尔逊的认知语境一样，范迪克的语境心理模型更多的也是一种认知语境，但斯珀波和威尔逊等人的认知语境是对于使用者、话语而存在的，而范迪克的语境心理模型则是将语言使用者、话语嵌入到了认知语境中，而且范迪克的语境心理模型涉及更多的认知范畴，比如参与者、意图、共享知识与信念、意图等。更为重要的一点，范迪克的语境心理模型在交流过程中是动态的，而且是持续更新的，"社会情境的观察可能导致与场景、交流者、进行的行为等相关联的性质建构，这些和其他的解释将会变成当前交流情境的语境模型的部分，接着这些表征又将会对我们会话的形式、礼貌、尊重的类型进行或多或少的限制。"[①]

如果着力于语境的构成和结构，将语境看作是先于话语交流而存在的，对交流者在语言使用上起制约作用，交流者只是被动地被语境所"操控"，那么这种看法就是将语境视作是静态的。如果将语境置于动态变化的话语交流过程中，交流者不是被动地受控于语境，而是可以通过一定的语言手段来"操控"与构造语境，那么这种看法就是将语境视作是动态的。动态语境不仅仅关注在话语交流之前就业已存在的语境，而且关注话语交流过程中的交流者如何通过获取新信息来构造新的语境要素，"发话者能够有意识地操纵'共有知识'来构造有利于实现自己交际目的的语境统一体；受话者能够从'共有知识'中激活相关的要素，并且加入交际过程中随时出现的信息，构造能够有效地理解话语的语境统一体[②]"。斯珀波和威尔逊曾通过一个会话事例来展现这种动态语境是如何建立的[③]：

例（2.1）：

---

① Van Dijk, T. A. *Discourse and Context*. Cambridge University Press, 2008, p. 73.
② 何兆熊、蒋艳梅：《语境的动态研究》，《外国语》1997年第6期。
③ 同上。

A1：你晚餐喜欢吃什么？（正拿着一杯咖啡和一本杂志）

B1：你呢？

A2：我想吃一顿丰盛的晚餐，你认为呢？（正翻阅着杂志）

B2：我不知道，我是太疲倦了。

A3：我也是太"疲倦"了，但我是饿极了。（停止翻阅杂志并抬起头）

B3：咱们出去，好吗？你什么时候能准备好？

A4：读读这个有关我们昨天看的一个电视秀的文章。（微笑着）

交流者 B 要理解 A3 这句话"我也是太'疲倦'了，但是我是饿极了"，需要 A2 这句话提供的信息，即他想吃一顿丰盛的晚餐。同时交流者 A 停止翻阅杂志并抬起头，这表明交流者 A 希望能同意她的提议。当然，交流者 B 要理解 A3 这句话还需调用在交流之前已有的常识知识——一个人饿极了，她一定想吃一顿丰盛的晚餐。这样交流者理解 A3 的语境就建立起来了：（1）交流的上文；（2）交流中的动作；（3）常识知识。斯珀波和威尔逊当时将这种话语交流中的语境建立称为"扩展语境"：当一个回合的话语交流完成时，这个回合的信息就构成一个即刻语境，成为下一回合话语交流所需语境的一部分。话语交流者通过三种方式对这个即刻语境进行扩展，一是将上文中出现的相关信息纳入；二是从已有的百科知识中激活相关语境要素；三是加入话语交流中的相关的行为环境信息。实际上，这种扩展语境过程就是一种语境动态变化的过程，多回合的话语交流必然会伴随着语境的动态变化。

第二节 动态语境模型

一 语境模型的层次性

语言学家马丁（J. R. Martin）指出静态语境模型试图尽量为交流的结果提供模型，表征过去独立的某个时刻的整体交流形态，而动态模型则力图为交流的过程进行建模，表征在连续的时刻所显现出来的交流状态[①]。

[①] Martin, J. R. Process and Text: two aspects of human semiosis. Systemic Perspectives on Discourse, In J. D. Benson & W. S. Greaves (eds.). *Systemic Perspectives on Discourse*. Norwood: Ablex, 1985, pp. 248 – 274.

在语境的静态模型里，语境被断定是固定于交流中，这就意味着在交流中语境的范围、内容与方式是整体不变的；而在语境的动态模型里，语境被断定是随交流中每个因素（比如时间变化、主体认知等）的改变而改变的。

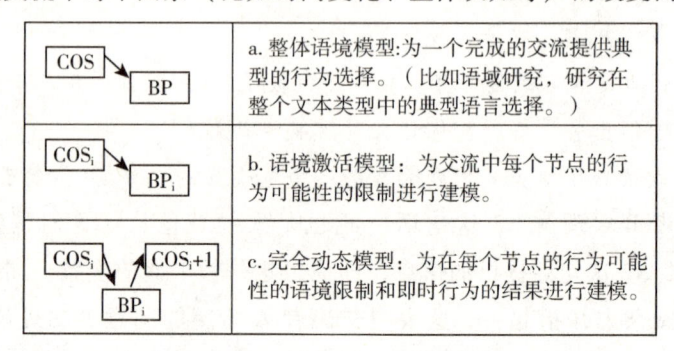

COS → BP	a. 整体语境模型：为一个完成的交流提供典型的行为选择。（比如语域研究，研究在整个文本类型中的典型语言选择。）
COS_i → BP_i	b. 语境激活模型：为交流中每个节点的行为可能性的限制进行建模。
COS_i → COS_{i+1}, BP_i	c. 完全动态模型：为在每个节点的行为可能性的语境限制和即时行为的结果进行建模。

图 11　语境动态性的层次

（COS 代表语境，BP 代表行为可能性，i 代表某一时刻）

上图显示了三种形式的语境模型：a，整体模型；b，语境激活模型（或不完全动态模型）；c，完全动态模型。a 表示典型的语境静态模型，在那里，语境被断定对于文本来说是整体不变的，它主要用于语域研究。b 显示了在交流的每个节点上何种选择对于话语参加者是有用的，它表征了在时刻 i 节点的语境，在此节点语境激活了一个特别的行为可能性。它允许在交流中有一系列的语境，每一个语境激活不同的行为可能性。c 显示在被选择行为执行之后获得了一个新语境，这个新的语境又变成了一个新的行为可能性的激活者。它一方面揭示对于被给的语境何种行为选择是有用的，或者接下来能够发生什么；另一方面展现在选择行为之后的语境是怎么变化的。

由此可见，语境的静态模型与动态模型表现出很大的不同，具体可以归纳如下：

静态与动态模型的区分

	静态	动态
被问及的问题	我们能有何种类型的交流？	我们接下来做什么？
被建的模型	逐点决定过程形成的交流形态	每个交流节点形成的选择
表示的选择	在对交流结构进行归类过程中的选择对分析者是开放的	在交流的每个决策点的选择对话语参加者是开放的
分析的对象	语言的结果（文本）	语言的过程

第二章 话语交流中的动态认知语境

语言学家贝尔瑞（M. Berry）在1981年首先给出了一个基本的静态交流模型①（有人指出他的模型是最早的关于交流结构的动态模型，但是大部分人主要是对他的这个模型进行静态的解释，认为它的动态性是比较少的）。

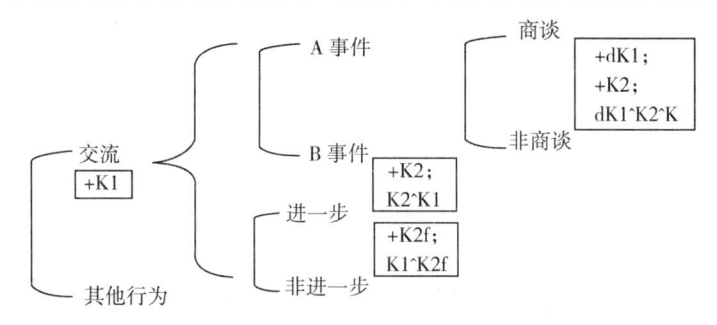

图12 贝尔瑞的静态交流模型

这个网络区分了两种类型的行为结果：交流（exchange）和其他行为（other activities），而此网络只为交流提供模型，其他行为则不涉及。A事件（A event）代表被先知的参与者（K1）激发的交流，B事件（B event）指被后知的参与者（K2）激发的交流，一个商谈的交流（a negotiated exchange）则是指先知者试图引发其他参与者也能知道。而这里的每一步通过选择后续选项得以实现，即后知者发出声音对先知者所说的表示接受。比如下面三个会话：

1. K1 T：伊丽莎白二世是英国女王。
  K2f S：哦
2. K2 S：谁是英国女王？
  K1   T：伊丽莎白二世
  K2f S：哦
3. dK1 T：谁是英国女王？
  K2   S：伊丽莎白二世
  K1   T：对
  K2f S：哦

---

① Berry, M. Towards layers of exchange structure for directive exchanges. *Network*, 1981, 2, pp. 23 – 32.

事例中的会话 1 和 3 就是由先知者（K1）发起的，而会话 2 则是由后知（K2）发起的。由于会话 1 中 K1 陈述的是一个事实，很自然地 K2 就知道了此事实，于是发出声音"哦"表示接受，既 K1^K2f。会话 2 是由 K2 发起的，K2 要比 K1 后知，所以他发起的方式是疑问，由于 K1 知道，所以直接说出答案，在 K1 说出来之后，K2 发出声音以表示也知道了，即 K2^K1^K2f。会话 3 采用的是商谈的形式，虽然 K1 知道那个事实，但是他并没有直接说出来，而是通过疑问来引发，由 K2 来回答，从而推动会话的进行，即 dK1^K2^K1^K2f。

这个模型通过实现规则（realisation rules）把系统特征与它们的结构实现连接起来，这种模型的实现规则主要由两种类型的算子构成：

1. 插入算子，比如 +K1、K2 等。结构必需的元素
2. 级联算子，比如 K1^K2f、K2^K1^K2f 等，以间接方式出现的元素。

二 动态语境模型

1. 贝尔瑞（M. Berry）的"礼貌的共同合作"模型

静态语境模型主要是交流的选择模型，它不处理在交流中谁在做决定，这就让我们没法看到到底谁造成了交流。而动态语境模型则展现了在交流的每一节点上的选择对每个参与者都是开放的，表征了在交流的每个节点上的行为可能性。因此贝尔瑞在他的静态语境模型的基础上构建了他的"礼貌的共同合作"（polite consensus collabrative）模型[①]，这个模型考虑到了如何表征行为对语境的影响，即把选择的行为可能性与变化的语境连接起来，因此是一个比较典型的动态模型，如图 13 所示。

这个模型是围绕交流的第一步选择来进行的（即 ai 的选择），因为 ai 的选择将会决定 dK1、K1、K2 的出现。如果参与者在每次选择之后表示支持，那么这个结构就会像预测的那样展开，问题之后回答，回答之后支持，……，依次进行下去。如果参与者在每次选择之后表示不支持，那么被期望的模式就会被打破，前面的那种预测结构就必须要改变。贝尔瑞认

[①] Berry, M. Systemic linguistics & discourse analysis: a multi-layered approach to exchange structure. In M. Coulthard & M. Montgomery (eds.) . *Studies in Discourse Analysis*. London: Boston-Henly: Routledge & Kegan Paul, 1981, pp. 120 – 145.

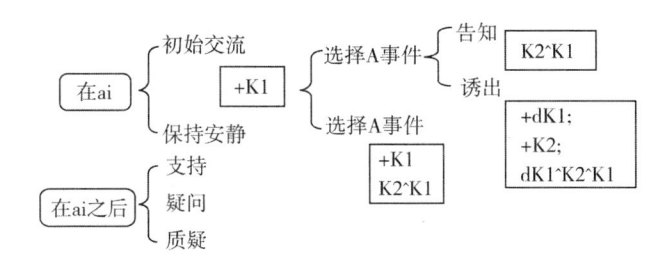

```
           ┌初始交流         ┌选择A事件    ┌告知   ┌K2^K1
     ┌在ai ┤         +K1    ┤             ┤诱出   │
     │    └保持安静         └选择A事件    │       │+dK1;
     │                                    │+K1    │+K2;
     │                                    │K2^K1  │dK1^K2^K1
     │    ┌支持
     └在ai之后┤疑问
              └质疑
```

图 13　贝尔瑞的礼貌的共同合作模型

为必须对此种预测进行修正与转化，比如：

4. dK1　　Q： 在英国，有最高塔顶的是哪一个大教堂？
　 K2　 　C： 是索尔兹伯里吗？
　 K1　 　Q： 是的。
　 K2f K2 C： 是它吗？
　 K1　 　Q： 是的。

在这个事例中，参与者在 K2f 这一步的时候，没有选择支持，而是选择了疑问，于是预想的 dK1^K2^K1 K2f 结构就被改变了，变成了 dK1^K2^K1^K2^K1，第四步 K2f 就必须被 K2^K1 所替换。

2. 唐诺（O'Donnell）的语境限制模型

唐诺认为贝尔瑞的交流模型是一种比较普遍的模型，后来的很多模型都要依赖于他这个模型，但是贝尔瑞的模型没有深入地表示语境对交流的影响。因此唐诺在充分考察贝尔瑞的交流模型的基础上，根据交流发展的可能状态而形成的系统网络[1]，提出了动态交流语境模型（见图 14）。

这个语境网络模型表示了正在进行中的交流的四种信息：1. 交谈状态：它是指交谈话语发展的程度，这些状态能够从贝尔瑞的设想的节点标记中得到：PB：没完成，PC：不支持，PS：支持。2. 产物：交谈的产物是行为与信息。3. 知道状态：根据正在交谈的话语确定先知者，或者是后知者。4. 话者转换：根据当前交流知道是谁的话轮转换，选择有自己的话轮转化（正在做行为决定的参与者的话轮转换），或者他者的话轮转换（其他的参与者）。知道状态与话者转换反映了语境网络中交流主体的性

---

[1]　O'Donnell, M. A Dynamic Model of Exchange. *Word*, 1990, 41 (3), pp. 293-328.

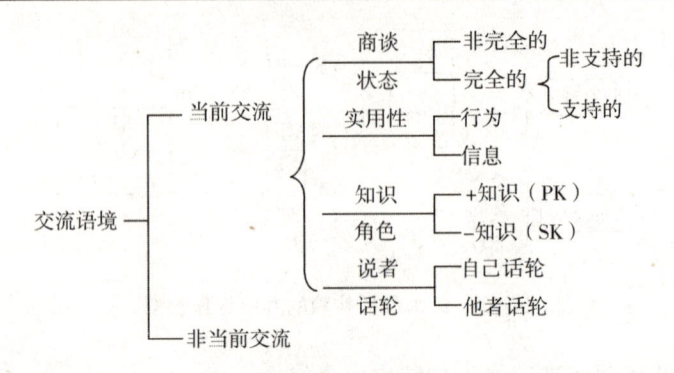

```
                          ┌─ 商谈 ┬─ 非完全的   ┌─ 非支持的
                          │ 状态 └─ 完全的     └─ 支持的
              ┌─ 当前交流 ┤ 实用性 ┬─ 行为
              │          │       └─ 信息
              │          │ 知识 ┬─ +知识（PK）
交流语境 ─────┤          │ 角色 └─ －知识（SK）
              │          │ 说者 ┬─ 自己话轮
              │          └ 话轮 └─ 他者话轮
              └─ 非当前交流
```

图 14　唐诺的语境限制模型

质，每个参与者都做出不同的选择。虽然有时参与者做出相同的选择时混乱会发生，但通常参与者会做出互补的选择。

每个交流都有它自己的语境，当我们完成当前的交流，开始新的交流时，新的交流语境就被激活。在完成这个交流的时候，之前交流的语境又会重新进入。下表详细地描绘了这种情况：

之前状态	选择	步骤	之后状态
非当前交流	激发 引起的多极性 行为交谈	约翰：想去看电影吗？	命题：去看电影 产物：行为 交谈状态：未完成 话轮转换：彼特 知道状态：SK：约翰
新的交流语境	激发 引起的内容 信息交谈	彼特：什么电影	命题：什么电影 产物：信息 交谈状态：未完成 话轮转换：约翰 知道状态：SK：彼特
命题：什么电影 产物：信息 交谈状态：未完成 话轮转换：约翰 知道状态：SK：彼特	回应 建议 提供内容	约翰：杰迪回归	命题：什么电影 产物：信息 交谈状态：不支持 话轮转换：彼特 知道状态：PK：约翰 　　　　　SK：彼特
命题：去看电影 产物：行为 交谈状态：未完成 话轮转换：彼特 知道状态：SK：约翰	回应 建议 提供多极性	彼特：不错，听上去不错。 （回应之前的语境）	命题：什么电影 产物：行为 交谈状态：未完成 话轮转换：约翰 知道状态：PK：彼特 　　　　　SK：约翰

第二章 话语交流中的动态认知语境

3. 威诺格拉德（T. Winograd）的过渡网络模型

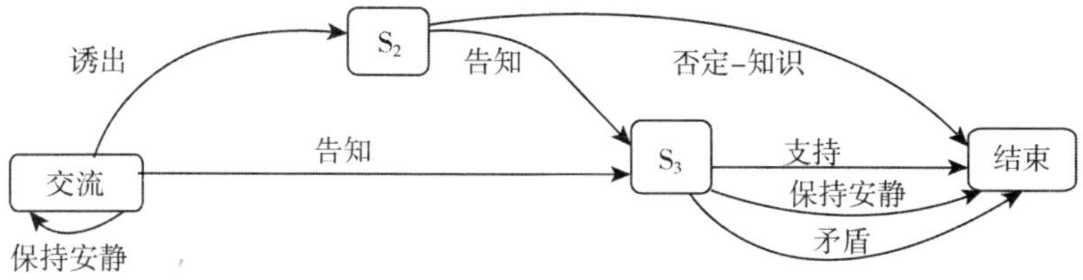

图 15　威诺格拉德的过渡网络模型

威诺格拉德也在贝尔瑞模型的基础上提出了过渡网络模型[①]，在开始状态，参与者有三种选择：引出话题、提供信息与保持沉默。如果参与者选择保持沉默，那么同样的选择依然对他们是有效的。如果他们不选择保持沉默，他们就会进入下一个新的状态，具有进一步行为选择的可能性。在网络中的状态就表示语境，在交流中每一个语境处于不同的发展层面，线条表示被语境激活的行为可能性，线条选择就说明从一个状态向另一个状态转化，行为可能性实现了变化。比如选择引起话题（elicit）就会造成状态 S2 向状态 S3 转化。

4. 温托拉（E. Ventola）的流程图模型

温托拉用流程图来表示交流中语境的变化[②]，如图 16 所示。

这个流程图使用两种成分：一是菱形，表示选择；一是长方形，表示选择的实现。比如在参与者发出疑问（Are they Negotiating?）时，则是表达一种选择，如果肯定（yes）选择则说明参与者知道下面要做什么了，如果否定（no）则说明参与者不知道下面会怎么样，则又会发出疑问，引出话题，进入下一状态。而菱形所代表的选择又有两种类型的：一是与语境有关的问题，（比如，构成 K2?），一是可以代表真实的行为决定，（比如，我正商谈?）。

虽然这个模型对语境选择与行为选择没加以区分，但是它包含了大量的选择，能够表示更加复杂的选择决定。同时，这个流程图还把参与者的选择决定与选择决定的实现分离开来，先知者（K1）使用左面的网络，而

---

① Winograd, T. *Language as a Cognitive Process*-Volume I: Syntax. Reading, MA: . Addison-Wesley, 1983, pp. 60–66.

② Ventola, E. *The Structure of Social Interaction: A Systemic Approach to the Semiotics of Service Encounters*. London: Frances Printer, 1987.

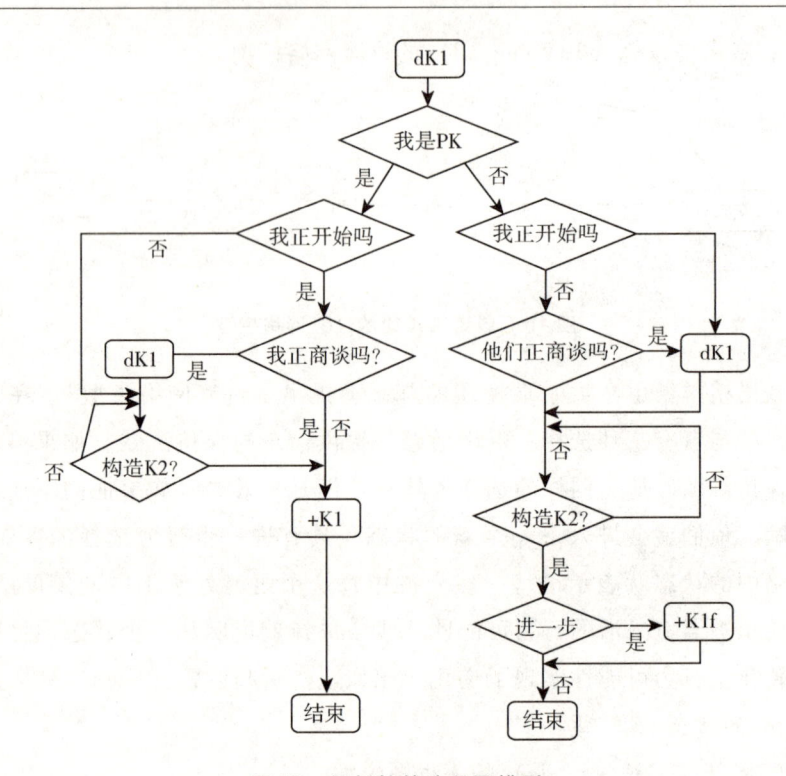

图 16　温托拉的流程图模型

后知者（K2）使用右面的网络。因此，这个流程图使得参与者必须要等到另一个参与者实现了一个步骤之后才能进行下一个步骤，这样就更能显示出谁促成了整个交流的进行。

目前的语境动态模型，都是从主体的选择可能性出发的，主体的选择可以被看成一种状态，也可以被看成一种行为，因此模型就主要对状态和行为的阶段与变化进行表征与刻画。在我看来，把话语交流中的语境解释为状态与行为，这是极其重要的，一是对于状态的描述与行为的刻画这方面的技术处理比较成熟了；二是利于进行形式语言建构与程序语言设计，可以建构成这样的程序运算：（a）连续的内容——符号表述。（b）假设性的选择：IF...THEN...ELSE...。（c）循环反复：WHILE...DO...。贝尔瑞的模型是最基本的模型，唐诺、威诺格拉德和温托拉的模型都是在其基础上发展出来的，而贝尔瑞的模型里最重要的一点就是把话语的内容解释为事件（A event 和 B event），而事件可以从两个方面来进行表征：知识与信息。在对话中的知识与信息，实质上就是参与主体的一种信念，因此可以将其纳入主体认知的范畴。唐诺、威诺格拉德和温托拉的模型则更进了一步，讨论了造成话语知识与信息变化的行为，即行为变化→知识变化→认知变化→语境变化。

目前的模型存在的不足主要体现在：一是比较理想化，把参与者想象为比较理性的主体，但实际交流过程中往往并不总是这样，而是更加复杂、随意，比如在交流中的撒谎、欺骗，或者参与主体推理欠缺等。二是目前的模型考虑较多的是参与主体的选择对语境变化的影响，很少具体考虑周围客观环境（比如时间的变化、场合的变化，而不应该仅仅把交流放到当前时刻来分析语境）与参与者过去的知识背景（比如长期记忆到的知识和交流中即时获得的知识）对语境变化的影响。三是没有考虑到交流中语境实际上可以被参与主体认知化。交流中语境的动态性受许多变量参数的影响：周围环境、时空位置、主体认知、行为序列、话题内容等。但在所有这些变量中，参与主体是处于轴心位置，其他变量都是围绕它展开：主体所处周围环境、主体所处时空位置、主体选择行为序列、主体的话语内容等，参与主体把所有的变量参数串联起来，所有这些变量都可以内在化于参与主体的大脑中，被参与主体认知化，这样交流中的语境就成了一种认知语境。因此参与主体的认知语境就成为语境动态性研究的中心，正如语言学家汉森（R. Hanson）指出的那样，虽然语境因素是客观存在的，但是由于实施语言交际的是人，因此语言反映哪些客观事实，在很大程度上取决于人对事物的关注，得到反映的事实是经过人过滤之后的事实[①]。

第三节 话语交流中的认知语境

话语交流中的听者或说者理解话语的活动实际上是一种心理活动，当说话者说出一句话时，这句话的信息被听话者的听觉输入大脑，再通过听话者的大脑活动，最后听话者输出对这句话的理解信息，在交流中的所有

---

① Hasan, R. What's going on: A Dynamic View of Context. In C. Cloran, D. Butt on G. Williams (eds.). *Ways of Saying: Way of Meaning.* London: Cassel, 1996, pp. 37–50.

信息以及对信息的理解都会被内在化于交流者的大脑，是交流者认知化的结果。作为话语理解的环境自然也会被内在于交流者的大脑，是交流者认知化的结果，这样语境就变为了存在于交流者大脑中的一个心理结构体，存在于交流者大脑中的假设，即认知语境（认知环境）。

认知语境首先由斯珀波和威尔逊提出，他认为一个人的全部认知环境就是他能感知或推出的所有事实之集合，它不但包括当事人在自己所处的物质里所知道的全部事实，而且还包括它有能力进一步了解的所有事实[1]。斯珀波和威尔逊的认知语境标示出了语境是认知的，他们的这种认知语境观影响深远，之后不少人沿着他们的路线从两个方面对认知语境进行了深入的阐释：组成与建构。

一　认知语境的组成

斯珀波和威尔逊虽然没有直接提出认知语境包括哪些因素，但他们认为认知语境包括对外部世界感知的信息、从短期记忆和长期记忆中抽取的信息以及从两种信息中推导出来的信息，并在之后提出储存在记忆中的信息有三种类型的：逻辑信息、百科信息和词汇信息。而何自然则更进一步，直接将认知语境看作是由这三种类型的信息构成[2]。其实，我们从斯珀波和威尔逊对于逻辑信息、百科信息和词汇信息的描述可以看到，逻辑信息是一组演绎规则，相当于逻辑思维层面的信息，而百科信息是概念的外延和指谓信息，即例示该概念的物体、事件和特征，相当于社会、自然等世界层面的信息，而词汇信息是类似生成语法所规定的句法和音系信息，相当于语言层面的信息[3]。这样，斯珀波和威尔逊的三类信息就涉及逻辑思维层面的信息、世界层面的信息以及语言层面的信息，那么在交流中涉及的认知语境就仅仅包括这些信息吗？既然认知语境是对语境的大脑认知内在化的结果，那么以往的语境构成要素也应该成为认知语境的组成

---

[1] ［法］斯珀波、［英］威尔逊：《关联：交际与认知》，蒋严译，中国社会科学出版社2008年版，第49页。
[2] 何自然：《语用学与英语学习》，上海外语教育出版社1998年版，第126页。
[3] ［法］斯珀波、［英］威尔逊：《关联：交际与认知》，蒋严译，中国社会科学出版社2008年版，第114—119页。

第二章 话语交流中的动态认知语境

部分。上下文信息、情景信息、文化信息是以往语境的构成要素，它们被大脑认知内在化后，也能成为认知语境的构成。

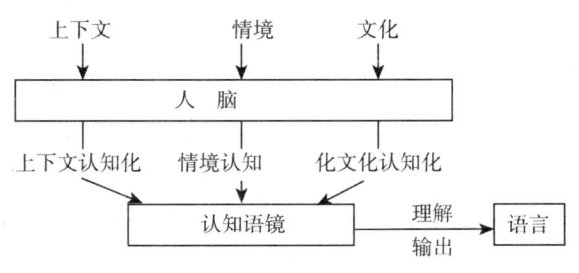

```
  上下文    情境    文化
    ↓       ↓      ↓
  ┌──────────────────┐
  │      人  脑       │
  └──────────────────┘
  上下文认知化 情境认知 化文化认知化
    ↓       ↓      ↓
  ┌──────────────────┐   理解
  │     认知语镜      │ ──────→ 语言
  └──────────────────┘   输出
```

图 17　认知语境[①]

将上下文信息、情景信息、文化信息加入到斯珀波和威尔逊的三类信息中，由于其有交叉的部分，比如词汇信息与上下文信息，文化信息与百科信息，这就需要对其重新进行适当的梳理分类，这种分类既要能将上面提到的语境信息项目纳入，又不会导致交叉重合。熊学亮将认知语境看作是具体语言使用过程中所涉及的情景语境（具体场合）、语言上下文知识（工作记忆）和背景信息（知识结构）三个语用范畴构成[②]，他将这三种语境的使用情况表列为：

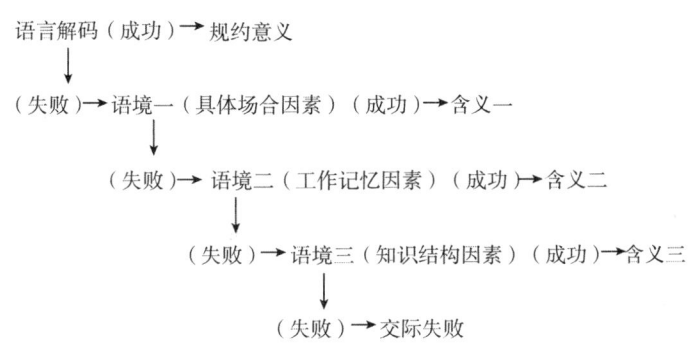

```
语言解码（成功）→规约意义
    ↓
（失败）→语境一（具体场合因素）（成功）→含义一
            ↓
        （失败）→语境二（工作记忆因素）（成功）→含义二
                    ↓
                （失败）→语境三（知识结构因素）（成功）→含义三
                            ↓
                        （失败）→交际失败
```

图 18　三种认知语境的使用情况[③]

熊学亮在这里引入了背景信息这一概念，他将背景信息看作是一种知识结构，而知识结构是指已存入人的大脑记忆中的待激活的知识单元。但

---

① 许葵花：《语境研究的认知渐进性探源》，《美中外语》2005 年第 1 期。
② 熊学亮：《语用学和认知语境》，《外语学刊》1996 年第 3 期。
③ 熊学亮：《单向语境推导初探（上）》，《现代外语》1996 年第 2 期。

是他仅仅对背景信息的性质进行了描述，而对于背景信息具体应该包括哪些信息则没有提及。

　　背景信息是夏佩尔提出的一个概念，他最初是指在科学活动中被当作"理由"使用的科学知识，只有那些本身是恰当的，与对象相关并能有效解释它的信念才是背景信息[①]。之后这一概念被广泛使用于各个领域，成为解释说明不可缺少的条件因素，那么话语交流中的背景信息如何来界定呢？学者石英曾认为交流中双方的背景信息是指交流双方的社会知识结构及双方的个人背景知识，而社会知识结构则是指各自对社会现象具有的百科知识系统，个人背景知识是指对个人背景（如性别、年龄、职业、职位等）相应的话语特征的认识和经验[②]。石英的这一看法仅仅是从社会这一层面出发，展示了背景信息的一些社会结构特征，然而却忽视了其他一些特征，比如为什么仅仅是社会知识结构呢？难道个体具有的自然知识、逻辑知识以及语言知识就不算吗？我们在前面提到，逻辑信息相当于思维层面的信息，而百科信息则相当于社会、自然等世界层面的信息，而词汇信息相当于语言层面的信息。个体记忆中储存的这三种信息正好体现了思维、世界、语言的三角划分（见图19），而这种信息的三角划分也正好体现了语言的语义三角关系（见图20），而交流中的话语意义也通过这样一种三角关系得以展现。

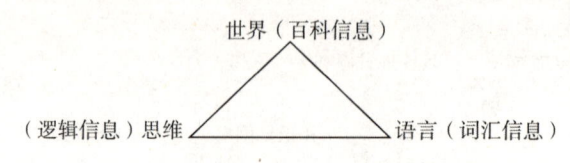

图 19　信息的三个层面

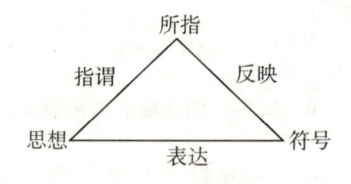

图 20　语义三角

[①] 陈方：《库恩的"范式"与夏皮尔的"背景信息"的比较》，《华南师范大学学报》1997年第2期。

[②] 石应：《交际双方背景信息对话语交际的制约》，《修辞学习》2000年第5期。

因此，将交流者的背景信息划分为这三种类型的信息是适当的，这样我们就可将交流中的背景信息定义为：

背景信息（简记为 B）：交流者用于理解话语（字面意义或意图）而已具有的相关逻辑信息、百科信息以及词汇信息。

这样我们就将背景信息进一步明确化了，背景信息就是那些业已存入大脑中待激活的逻辑信息、百科信息以及词汇信息，一旦与这些信息相关联的话语出现，那么这些信息就可能被激活。明确了背景信息之后，这样认知语境就涉及三个方面：上下文知识、情景信息和背景信息。

二 认知语境的建构

明晰认知语境的组成是为了更好地对认知语境进行建构，到目前为止有两条建构认知语境的路径：一条路径就是将认知语境的建构看作是依次对草案、图式与心理表征的操作，以学者熊学亮为代表；另一条就是将认知语境的建构看作是语境假设的过程，以斯珀波和威尔逊、胡霞等人为代表。

熊学亮将西方的草案理论、图式理论与心理空间理论结合起来，认为认知语境在操作上可以系统化成知识草案（knowledge script）、心理图式（psychological schema）和社会心理表征（socio- psychological representation）三种语言隐性内容的推导机制[①]。社会生活中时常发生的事件、活动和行为常以"知识草案"的形式存储下来，比如"开门"、"教室内考试"等，知识草案被看作是固定的认知意义单位、供语言使用时选择。当知识草案在具体的情景场合中被交流者经验式的进行排列组合，就形成行为的心理图式，比如"考试"与"监考员"就可排列组合成一个心理图式。而社会心理表征是带有社会、文化、政治色彩的心理单元，它能影响只是草案的选择和心理图式的组合。比如下面这个会话事例：

例（2.2）（熊学亮，1996：3）

  A：去看电影吗？

  B：明天要考试

熊学亮认为在这个事例中首先"看电影"和"考试"这两个知识草案

---

① 熊学亮：《语用学和认知语境》，《外语学刊》1996 年第 3 期。

被激活,而在"看电影"这个草案内部又包含"去电影院"、"买票"、"入场"、"找座位"等子知识草案,而每个子知识草案又包含子子知识草案,而知识草案与知识草案之间有各种结构关系,比如顺序、因果等。同样,"考试"这个知识草案也会以相同的方式激活,"考试"这一个知识草案包括"准备"、"应考"等子知识草案,就会形成"明天要考试"和"今天要准备"的关联,而这是一个情景化的心理图式,而这些知识草案的共同特征都是"花时间"。同时,由于不同的社会文化知识在社会心理表征层次上进行交际准则的排列,而在中国社会文化里有这样一个心理表征方式:交际中的礼貌>交际中的一致性。因此这个情景化的心理图式是可以存在的,这个情景化的心理图式就正好成为推导出"明天要考试"这句话在语境中的含义是"不去看电影"的基础。

熊学亮运用知识草案、心理图式和社会心理表征对认知语境进行操作具有较强的合理性与解释性,但是在这其中有两个方面没有解释清楚:一是知识草案是复杂的框架系统,当"考试"这个知识草案被激活时,由于"考试"这个知识草案会包含许多子知识草案,比如包括"考生"、"准备"、"应考"、"入考场"、"监考员"等,交流者为什么会选择"准备"、"应考"来形成"明天要考试"和"今天要准备"的关联,而不选择其他的子知识草案来形成关联呢?是通过一种什么方式来选择呢?这里应该有某种选择机制存在,然而熊学亮没有解释清楚。二是将社会心理表征视作是包含文化和意识形态的一种倾向,社会心理表征就成了不同文化知识进行排列的载体,即不同的文化有不同的心理表征方式,比如交流中一致性和礼貌性,在不同的社会文化中心理表征方式可能不一样,中国人的心理表征顺序就是礼貌性>一致性,而西方人的心理表征顺序则是一致性>礼貌性。问题在于,这里是选择中西方文化的显著性差异来说明心理表征的顺序性,然而在同一文化中交流者的心理表征也会有顺序性问题,同一文化中交流者的心理表征的顺序性如何来进行说明?这里应该有交流者自身差异性影响在里面,比如交流者关系的远近、交流者自身文化素质等,都可能会导致心理表征的顺序性,而这些熊学亮没有考虑到。

斯珀波和威尔逊给出了另一条认知语境的建构之路,他们将认知语境的操作与建构视作是语境假设及其证实的过程。当交流者接收到话语信息时，交流者为了理解话语的意图，需要从自己潜在的认知语境中进行搜寻，选择与话语信息有关联的信息，形成理解当前话语意图的语境假设。当交流中新出现的话语信息以下面的方式发生作用时，便会产生语境效果：（1）新出现的信息证实了这个语境假设；（2）新出现的信息与这个语境假设不一致；（3）新出现的信息与这个语境假设结合产生语境隐含[①]。如果出现前一种语境效果时，那么交流者理解话语意图就成功，如果出现后两种语境效果，交流者又会再根据新出现的信息从潜在的认知语境中进行搜寻，又形成语境假设，依次进行，直到成功理解话语意图为止。比如：

例（2.3）（刘澍心，2006：133）

父亲：怎么才回来？

儿子：搞卫生。

父亲：昨天不是搞了吗？

儿子：有个同学病了，我代他搞。

父亲：哦。

这个会话事例语境假设过程可以表列为：

语境假设过程（刘澍心，2006：134）

	认知语境假设	话语	交际意图
父亲	应该早就放学了	怎么才回来？	询问、责备
儿子	父亲在责备我	搞卫生	解释、申辩
父亲	不会天天搞卫生	昨天不是搞了吗？	询问
儿子	父亲不相信我	有个同学病了，我代他搞	解释
父亲	帮助同学是对的	哦	理解和歉意

黄华新和胡霞进一步发展了斯珀波和威尔逊的认知语境操作与建构的思想，他们将认知语境的操作与建构看作是交流者通过自己的认知能力，根据对当前物理环境的模式识别、运用图式识别中的知识形成语境假设的过程，涉及模式识别、图式激活、知识选择和假设形成四个阶段[②]。

[①] 刘澍心：《认知语境观述评》，《中南大学学报》2006年第1期。

[②] 黄华新、胡霞：《认知语境的建构性探讨》，《现代外语》2004年第3期。

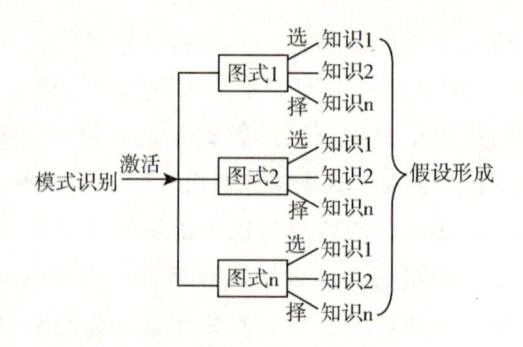

```
                    ┌─────┐  选 ┌知识1
                 ┌──│图式1│────┤知识2
                 │  └─────┘  择 └知识n
                 │
                 │  ┌─────┐  选 ┌知识1  ┐
模式识别──激活──┼──│图式2│────┤知识2  ├ 假设形成
                 │  └─────┘  择 └知识n  ┘
                 │
                 │  ┌─────┐  选 ┌知识1
                 └──│图式n│────┤知识2
                    └─────┘  择 └知识n
```

他们特意举了一个会话事例来说明：

例（2.4）（黄华新、胡霞，2004：253）

（元宵节前，高校教师 C 有学生 A、B，B 已毕业留在 C 的高校工作，但回老家未归）

    A：B 什么时候回来啊？

    C：可能过了中秋节回来。

    A：噢。

在这个事例中，A 知道 C 的意思是"B 要过了元宵节回来（而非真的中秋节才回来）"，由于 A 确信自己理解了 C 的话，所以也没有纠正 C 的话。黄华新和胡霞认为在这里 A 能够识别 C 话语的三个模式：语音模式、时间模式（元宵节）和 B 的工作模式，由此而激活了 A 大脑中如下相关的图式结构：

B 的角色图式：教师、有寒暑假、放假后要上班、……。

元宵节图式：正月十五、吃汤圆、游玩、……。

回来图式：出发时间、到达时间、交通工具、……。

由于一个图式会包含很多知识，交流者在建构认知语境的过程中，只会选择那些与话语相关的图式知识作为语境假设，而不相关的则被遗弃。A 在对图式激活后的知识选择后，就会形成语境假设：

    元宵节来了

    要上班了

    B 需要回来上班

    B 不可能在老家待到中秋节

A 通过这样的认知语境建构就可得到：B 过了元宵节回来，而非中秋节。

我们可以发现，黄华新和胡霞将认知语境的建构看作是：模式识别 +

心理图式＋相关心理图式知识选择＋语境假设，将心理图式理论与语境假设结合起来，即将熊学亮的认知语境建构方式与斯珀波和威尔逊的建构方式综合在一起。然而他们没有考虑到交流者做出的语境假设可能并非单一的，可能是多个相关的，比如在他们列举的这个事例中，除了上面那个语境假设之外，还可能形成如下语境假设：

  元宵节来了

  要上班了

  B 需要回来上班

  B 可能中秋节回来

  B 在老家无法回来上班

A 通过这样的认知语境建构又可得到：B 在老家一定有重要事情在办，办的时间还可能较长。而对于这两个语境假设到底选择哪一个，还需要在出现的新信息情况下看其语境效果。因此按照这样的认知语境建构路径，一个比较完整的建构过程应是：

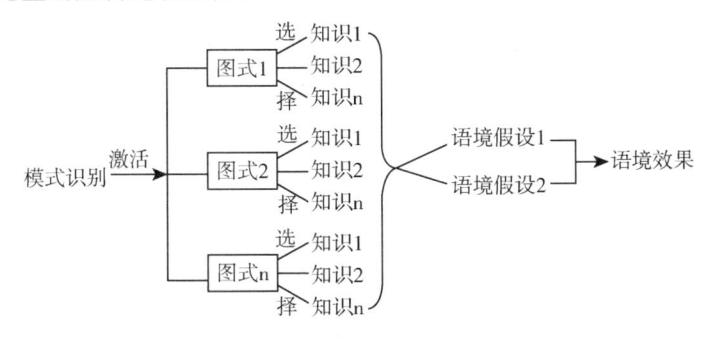

模式识别 →激活→ 图式1 →选择→ 知识1／知识2／知识n；图式2 →选择→ 知识1／知识2／知识n；图式n →选择→ 知识1／知识2／知识n → 语境假设1／语境假设2 → 语境效果

在这两种认知语境的建构中，虽然都提到了认知语境的建构是动态、变化的过程，但是在具体的建构过程中却没有将认知语境的动态性展现出来，为了展现认知语境建构的动态性，下面我们将提出另一种认知语境的建构路径：认知语境的更新。

第四节　话语交流中认知语境的更新

一　认知语境的更新

在话语交流过程中，交流者说出的话语在与他的认知语境交互过程中

会导致认知语境的更新,即这个话语会变成为交流者认知语境可用的信息,比如:

例(2.5):

  A1:我今下午去爬山,你去不?
  B1:天气预报说今下午会有暴风雨。
  A2:真说有暴风雨?
  B2:真的。
  A3:那下午就只能待在家里了。

  在这一个交流事例中,与话语 A1 相关的认知语境应是"今下午天气会不错(至少不会有暴风雨)",然而当交流者 B 说出 B1 后,由于这一信息与交流者 A 已持有的认知语境"今下午天气会不错(至少不会有暴风雨)"不一致。在交流者 A 进行了确认之后,交流者 A 具有的认知语境就会被更新,他会放弃之前持有的"今下午天气会不错(至少不会特有暴风雨)"这个语境信息,而将"今下午会有暴风雨"这一新信息加入到自己的认知语境中来,进而根据这个新加入的语境信息得到其"只能待在家里了",这就使得交流者 A 的认知语境得到更新。

  斯珀波和威尔逊曾提及在交流中有一种"语境的扩展",他认为语境的扩展有三种方式:一种方式是"回到过去",将先前一些演绎过程中已被使用过或推导过的信息加入到即刻语境;另一种方式参照已经出现在语境中的概念或是在加工过的信息中的概念,再加入那些概念下的百科条目;第三种方式是加入即时观察到的周围环境的信息①。他的这种扩展语境实质上就是认知语境的更新,然而扩展语境仅仅是认知语境更新的一种表现形式。不少学者在提及认知语境更新时,往往将认知语境更新看作是认知语境的扩展,比如罗伯特(C. Robert)在提及认知语境更新时,也是将认知语境更新视作认知语境的扩展②,他指出要解释"一个农夫有一只驴,他用它来犁地"这样一句话,那么这句话包含两个话语:

---

  ① [法]斯珀波、[英]威尔逊:《关联:交际与认知》,蒋严译,中国社会科学出版社 2008 年版,第 187—189 页。
  ② Robert, C. Context in Dynamic Interpretation. In L. R. Horn & G. Ward (eds.). *The Handbook of Pragmatics*. Oxford: Blackwell, 2002, pp. 197 – 220.

（a）一个农夫有一只驴。

（b）他用它来犁地

在一个语境中 C 中解释这个事例，我们首先就要用话语（a）的信息通过如下方式来更新语境 C：

输入语境 C：被交流者分享的命题信息，包括一个说者 S 正在说的命题

（熟悉实体以及话语指称的集合）

输出语境 C+（a）：在语境 C 中的命题信息加上 S 在语境 C 中说出（a）的命题和"拥有一只驴的一个农夫"的信息。

（在语境 C 中的话语指称、一个农夫的指称和那只驴的指称的集合）

我们在解释（b）时，话语的认知语境就是 C+（a），即用（a）更新后的语境。用这样更新后的语境，我们就能很好地来考虑话语（b）：（b）中的代词"他"就会指涉"农夫"，而"它"则指涉那个农夫拥有的那只驴。

认知语境的扩展显然是一种认知语境的更新，然而由此就将认知语境的更新仅仅视作是认知语境的扩展，则忽视了话语交流中认知语境动态变化的其他形式，比如：

例（2.6）（在看了一个讲座通知后）

    A1：我们得快点去占位置，不然会没座位了。

    B1：这个讲座已经被取消了。

    A2：真的吗？

    B2：真的，讲座人亲自说的。

    A3：太可惜了。

在这个交流事例中，要理解交流中的话语 A3"太可惜了"，那么就得将交流者 A 的认知语境看作经历了一个语境收缩：与 A3 相关的初始语境为"今天有一个讲座"，因此他要快点去占座位，然而当交流者告知"这个讲座已经被取消"，并被提供合理证据后，交流者 A 的初始语境"今天有一个讲座"就被放弃，从而其认知语境得到更新，由此发出"太可惜了"的惋惜话语。

莫冉提、荷扎尔和邦特（R. Morante, S. Keizer & H. Bunt）曾经提及过

与认知语境收缩相似的情况①。他们将认知语境的更新分为四个机制：创造（creation）、接受（adoption）、加强（strengthening）和删除（cancellation）。他们认为创造是分配一个解释给所说的，当一个话语被听话者 A 作为某种类型的一个交流行为时，如果 p 是这个交流行为的前提条件，那么 A 将会相信 p 具有，除非 p 与 A 具有的其他信念相矛盾。如果 b 是处理前一个话语导致的信念，那么 A 将会相信 b，除非 b 是与 A 具有的其他信息相矛盾。接受是一个交流者将其他交流者的信念或目的作为他自己的信念或目的，比如当一个话语被听话者理解为是交流行为的信息时，产生了一个对 A 有用的信息 p，如果 A 不具有与 p 相矛盾的信念，那么 A 将会接受这个信息作为他自己的一个信念。加强意味着从一个弱的信念改变为一个强的信念，即从表达说话者对于一个话语理解和接受的期望这样的弱信念改变为听话者对于这个话语提供明示或暗示的肯定回馈这样的强信念。而删除则意味着从认知语境中移走一个信念或目的，当一个信念或目的已经被满足，或被证实是不可满足的，这个信念或目的则被删除。

他们的认知语境中信念的创造、接受和加强的这三个过程可以视作是认知语境的扩展，而删除则可以视作是认知语境的收缩。比如：

例（2.7）：

  A1：我应将要打印的这些纸放哪里呢？

  B1：打印机口。

  A2：谢谢。

  B2：对不起？

  A3：谢谢。

  B3：不用客气。

交流者 A 在 A1 中问了一个问题，而问题一般会有两个前提条件：一是说话者想知道某事；二是说话者相信听话者具有这个信息。于是，在这个事例中，A 想知道要打印的纸放哪里，并且 A 相信 B 知道要打印的纸放哪里。A 说出 A1 之后，A 期望 B 已经理解了他的话语，这就被视作一个

---

① Morante, R., Keizer, S., & Bunt, H. A dialogue act based model for context updating. In R. Artstein & L. Vieu (eds.). *Proceedings of the 11th workshop on the semantics and pragmatics of dialogue.* Trento, Italy, 2007, pp. 9–16.

第二章 话语交流中的动态认知语境

弱信念，因为 A 还没有从 B 处收到任何肯定的回馈。这种被期望的理解也意味着这种期望是被 A 与 B 相互相信的。所有这些都是认知语境中信念的创造，即包括 A 的认知语境中信念的创造，也包括 B 的认知语境中的信念创造。B1 是交流者 B 对 A1 问题的回答，B 对于 A 的问题给出了一个明示的肯定回馈，A 现在就可以得到 B 理解了 A1，因为 B 给出了一个相关的回答。这种理解的结果导致了信念：A 相信 B 相信打印的纸应放到打印机口。除此之外，A 也已经成功地评估了 B 的回答，并且假设了 B 是合作的以及是这方面的专家。于是 A 就接受了被 B 给出的信息，并且相信打印的纸应放在打印机口，现在 A 就获得了 A1 中要求的信息，于是 A 就删除了"想知道要打印的纸放哪里"这一目的。

同样，对于话语 B1 又会产生期望理解的效果，即 A 与 B 都相信 B 期望他的话语 B1 被理解是相互被相信的，而这种期望也是一个弱信念。理解 B1 包括理解这一回答，以及明示的肯定回馈的效果。这样，在 A 与 B 的认知语境中又创造了信念，并被接受。话语 A2 是 A 感谢 B 的话语，他用期望的理解效果来更新他的认知语境，即他期望 B 将会解释 A2 为给 B1 提供暗示的肯定回馈。这就意味着 A 期望 B 相信 A 完全理解了 B1。然而 B 没有成功地加工 A2，当根据交流行为缺乏对 A2 的一个解释时，在 B 的认知语境中就没有信念被创造。在成功地将 B2 解释为一个否定的回馈行为之后，A 不得不删除他期望 B 理解 A2 这一信念，作为 B2 的结果，A 用 A3 重复了 A2。

A3 具有如 A2 同样的效果，但是不同在于它对 B 的认知语境产生了不同的效果，因为现在 B 正确地理解了它。这种"谢谢"的功能能够创造一种在社会语境中称之为"回应压力"的效果，于是"谢谢"也就具有明示的肯定回馈，导致 B 相信 A 完全理解了 B1，于是 B 就在他的认知语境中创造了信念，因为 B 现在成功地加工了 A3，他也创造了 A 期望 B 完全理解 A3 这一信念。在 B3 中，B 用一个感谢淡化功能来回应 B 的感谢，解除了在 A3 之后创造的回应压力。这个交流行为也蕴含着肯定回馈，导致了在 A 的认知语境中理解的回应效果：A 现在相信 B 理解了 A3。

话语交流中的认知语境不仅仅能够扩展、收缩，而且还能够修正，比如：

例（2.8）：

    A1：今天已经星期五了，我们今天得去看老师。

    B1：你记错了，今天才星期三。

    A2：是吗？（看了一下日历），那我们今天应去图书馆还书。

在这个交流事例中，交流者 A 的初始语境是"星期五得去看老师，今天是星期五，所以今天得去看老师。"然而当交流者 B 告知"今天才星期三"，交流者在看了日历确认后，这个新信息被加入到交流者 A 的认知语境中，由于这个加入的新信息与他之前的初始语境存在不一致，那么必得放弃初始语境中的"今天是星期五"。交流中的认知语境得到更新后，交流者 A 再根据已有语境"星期三应去图书馆还书"，而今天是星期三，因此得到话语"我们今天应去图书馆还书"。这个交流事例中的认知语境更新，不是单纯的扩展认知语境，而是涉及认知语境的修正：加入新信息到已有认知语境中，同时放弃初始语境中与新信息不一致的信息。

因此，认知语境更新具有三种形态：认知语境的扩展、认知语境的收缩以及认知语境的修正，这三种形式就是认知语境在话语交流中发生动态变化的典型形式，下面我们将就这三种形式的认知语境更新做进一步的描述。

二　认知语境的扩展、修正与收缩

认知语境扩展是认知语境更新的一种突出形式，在话语交流中交流者会将交流进程中出现的新信息加入到已有的认知语境中，从而构造一个新的认知语境来推动话语交流的进行。那么认知语境扩展是在什么基础上进行扩展的呢？斯珀波和威尔逊认为认知语境扩展是在即刻语境（the immediately given context）的基础上进行扩展，即刻语境是指一个回合的交流结束，这个回合交流的话语意义[1]。而罗伯特则认为认知语境扩展是在初始语境（the initial context）的基础上进行扩展，而初始语境是被交流者所共享的命题信息，包括说者正在说的命题[2]。比如：

---

[1] 转引自何兆熊、蒋艳梅《语境的动态研究》，《外国语》1997 年第 6 期。

[2] Robert, C. Context in Dynamic Interpretation. In L. R. Horn & G. Ward (eds.). *The Handbook of Pragmatics*. Oxford: Blackwell, 2002, pp. 197–220.

第二章 话语交流中的动态认知语境

例（2.8）（A与B两人在画廊看画，在一幅画前停下）

　　A1：你看它怎么样？

　　B1：画得非常好。

　　A2：好在什么地方？

　　B2：色彩柔和、人物形象生动。

按照斯珀波和威尔逊的看法，认知语境扩展是在A1和B1的话语意义基础上的扩展，A1和B1的话语意义构成即刻语境，这样要理解A2，就需要在A1和B1的基础上进行扩展：(A1+B1)+共有知识。而按照罗伯特的看法，初始语境就是交流者共享的命题信息，即在理解A1时交流者所共享的命题信息，这样要理解A2，就需要在共享信息的基础上进行扩展：(共享信息)+A1+B1。从这里可以看到，两者对于语境扩展的基础存在不同看法，一个是将交流中一个回合的话语意义本身作为认知语境扩展的基础，而另一个将交流中交流者共享的信息作为语境扩展的基础。斯珀波和威尔逊将一个回合的话语意义本身作为语境扩展的基础会存在问题，在关于同一个主题的话语交流过程中，每句话的理解都会存在一个认知语境扩展，比如他举的一个交流事例：

例（2.9）：

　　A1：你晚餐喜欢吃什么？（正拿着一杯咖啡和一本杂志）

　　B1：你呢？

　　A2：我想吃一顿丰盛的晚餐，你认为呢？（正翻阅着杂志）

　　B2：我不知道，我是太疲倦了。

　　A3：我也是太"疲倦"了，但我是饿极了。（停止翻阅杂志并抬起头）

　　B3：咱们出去，好吗？你什么时候能准备好？

　　A4：读读这个有关我们昨天看的一个电视秀的文章。（微笑着）

要理解A3，B就需要A2提供的信息，此时A2话语意义本身就成了斯珀波和威尔逊所说的即刻语境，在A2的基础上，B还要考虑A所使用的非语言手段，比如强调了"疲倦"，停止翻阅杂志并抬起头的动作，同时B还需要使用共有常识——饥饿想吃丰盛的东西。同样，要理解A4，需要在上文提供的话语信息基础上，再考虑行为环境中的信息（微笑）以及共有常识。因此，理解交流中的每句话就会有一个认知语境扩展，理解

A3，需要在 A2 的基础上进行一个认知语境扩展，理解 A4，需要在上文话语基础上进行一个认知语境扩展。造成这样一种现象的原因在于，他们使用交流中新出现的话语作为认知语境扩展的基础，在一个变化的认知语境基础上进行扩展，固然表现了它的动态性，但也为我们捕捉认知语境扩展带来了不确定。其实，我们发现在这个话语交流事例中，无论是理解 A3 还是 A4 的一个认知语境扩展，往往都会涉及他们所谓的"共有常识"，共有常识是交流者都知道的常识，是一个相对稳定的信息。如果在共有常识的基础上来刻画认知语境扩展则会更适当，罗伯特正是考虑到这一点，他将认知语境扩展的基础建立在交流者共享的命题信息上，他将初始语境看作是被交流者共享的信息，并且包括说话者正在说的命题。然而罗伯特的这种看法也存在两个问题：一是将初始语境看作是被交流者共享的信息显得十分模糊，被交流者共享的信息既有话语相关的信息，也有与话语不相关的信息，而在话语交流中交流者实际上只抽取与话语相关的信息。如果将所有被交流者共享的信息都视作是初始语境的话，那么这样的初始语境是无法捕捉的，它将会是一个开放的集合。二是他的初始语境还包括说话者正在说的命题信息，然而他的认知语境扩展又是通过说者正在说的命题信息来扩展，比如他举的一个事例：

（a）一个农夫有一只驴。

（b）他用它来犁地。

他的初始语境应是：共享的信息 + （a），然而他又认为认知语境扩展是通过在共享的信息中加入（a）来进行，这必然使得它的初始语境与语境扩展这两个概念纠葛不清。

我们认为认知语境扩展是在初始语境基础上进行的，而初始语境的描述要避免出现上面提及的问题，就需要首先选择一个相对稳定的已有认知语境来做初始语境，一个选择就是交流者双方都共享的认知语境，即共享的信息（或共有常识），而且这个共享的语境还必须是与话语相关的，即相关的共享语境。但这还是不够的，共享的信息是交流中交流者双方都知道的信息，但交流中的语境信息并不是交流双方事先都知道的，交流者对语境信息的抽取原则是对自己理解话语有帮助，而不会局限于共享的信息，如果仅仅将其限制于共享的信息，则可能会丢失一些东西，比如下面

第二章　话语交流中的动态认知语境

这个交流事例：

例（2.10）　　A1：很多人都说王东的小说写得好，可读性强。

B1：就是，他的小说写得好。

A2：我读了感觉一般，没什么特色。

B2：啊，不会吧。

在这个交流事例中，交流者 B 在理解话语 A1 时，他抽取的初始语境实际上是命题信息：王东的小说写得好，可读性强。但是对于交流者 A 来说，这个作为初始语境的命题信息并不被 A 所相信，这样这个命题信息是被 B 所相信而不被 A 所相信，因此这个命题信息就不是交流者所共享的信息。实际上，交流双方常常从各自已有的语境出发来理解话语，而各自已有的语境中，有一些是共享的语境，而有一些却不是，比如：

（《三国演义》第四回）

二人（操与宫）潜步入草堂后，但闻人语曰："缚而杀之，何如？"操曰："是矣！今若不先下手，必遭擒获。"遂与宫拔剑直入，不问男女，皆杀之，一连杀死八口。搜至厨下，却见缚一猪欲杀。

在这个交流事例中，说话者的已有认知语境为：有客人来，自己作为主人当杀猪待客，盛情款待；而听话者曹操的已有认知语境为：自己为被追杀之人，有人想杀自己。这里就发生了说者与听者的已有认知语境不共享的情况，其实在日常交流过程中交流者对于同一个话语都会具有不同的已有认知语境（这就造成误解），交流双方往往是从自己的已有认知语境出发来理解话语，这就带来了作为初始语境的第二个选择：背景信息（或背景信念）。

由于在交流的过程中存在着说话者与听话者，说话者与听话者在理解话语时都会使用各自的背景信息，在背景信息中有一些是共享的，而有一些则是交流者私自具有的，而另一方不具有的。由于背景信息可能是交流者私人具有的，这些背景信息是被交流者相信的，但是相信的并不是真的，这就决定了交流者用于理解话语的背景信息也并不是必然真，只是被交流者相信是真的信息。

那么是否初始语境就仅仅包括交流中交流者的背景信息呢？我们知道理解话语需要一种非常重要的语境，那就是情景语境，那么情景语境是否能视作初始语境呢？情景语境常常指话语发生时的实际情景，包括交流者双方（地位、关系）、场合（时间、地点）、事件以及说者的方式、态度、行为等，比如我们上面的一个会话事例：

例（2.11）（A与B两人在画廊看画，在一幅画前停下）

  A1：你看它怎么样？

  B1：画得非常好。

  A2：好在什么地方？

  B2：色彩柔和、人物形象生动。

在这个交流事例中，A是第一个说话者，A1是说话者说的第一句话，而B是作为第一句话的听话者，B要理解A1这句话，除了相关的背景信息外，还需要这一话语发生的具体情景语境（两个人在画廊看画，"它"所指为面前那幅画，以及A1这个问题是在问B，而不是在问其他人）。在这个简单的交流事例中，我们呈现的是一种静态的情景语境，仿佛是已经存在了的语境。其实，情景语境是一种即时语境，是话语产生当时及前后发生的情景，只有说话者在说出一句话后，与这句话相关联的情景才会被呈现到听者面前。同时情景语境随着交流的进行随时会变化与转移，比如我们前面列举的斯珀波和威尔逊的交流事例，随着交流的不断深入，情景语境不断呈现、变化：正拿着一杯咖啡和一本杂志→正翻阅着杂志→停止翻阅杂志并抬起头→微笑着。这样将情景语境加入初始语境是不合适的，因为在话语交流中情景语境往往是即时的，随时可能会呈现的。相反地，它恰恰是扩展语境的一个因子，是构建新语境的一个要素。

通过这样的描述之后，我们就可以将话语交流中的初始语境定义为：

初始语境C：交流过程中交流者用于理解话语U所需的相关背景信息。

初始语境是进行认知语境扩展的基础，初始语境相当于一个初始集合，而认知语境扩展就是不断地向这个初始集合中加入信息，使得这个集合不断地扩展。

认知语境扩展C^+：在初始语境C中加入交流者A所说的命题p的信息及其说命题p时的情景语境。

第二章 话语交流中的动态认知语境

将交流者说命题 p 时的情景语境简记为 S_p，由此可得到：

语境扩展 $C^+ = C + S_p + p$

这里加入的交流者 A 所说的命题 p 的信息具有一个特征，那就是不能与初始语境 C 中的信息相矛盾。如果加入的 p 的信息与初始语境 C 是不一致的，就会导致交流中交流者认知状态的混乱，而混乱的认知状态对于一个理性的人来说是不可接受的，他会通过进一步的交流来消除这种混乱的认知状态，比如：

例（2.12）　A1：今天天气咋这么热呢，太热了。

　　　　　　B1：今天已经立夏了。

　　　　　　A2：不对啊，今天还没到立夏啊。

　　　　　　B2：今天是立夏，你去看日历吧。

　　　　　　A3：是立夏。（看着墙上的日历）

在这个交流事例中，当交流话语 B1 出现时，在交流者 A 的初始语境中他认为今天不是立夏，这样 B1 就与他的初始语境产生了不一致。但是交流者一般不会让这种不一致存在，他会通过进一步的话语交流来确认到底是自己的初始语境存在问题，还是 B1 存在问题，从而消除这种不一致。最后他通过进一步的话语交流，确认了是自己的初始语境中的信息存在问题，会将初始语境中存在问题的信息移除，并加入 B1 这一信息。此时，认知语境更新就不再是认知语境扩展，而是认知语境修正。

认知语境修正 C＊：在初始语境 C 中移除与交流者 A 所说的命题 p 的信息不一致的信息非 p，然后再加入命题 p 的信息及其说命题 p 时的情景语境。

将与 p 不一致的信息非 p 记为"$\neg p$"，将交流者说命题 p 时的情景语境简记为 S_p，由此可得到：

认知语境修正 $C* = C - (\neg p) + S_p + p$

在话语交流中的认知语境修正不仅仅要移除初始语境中的一些信息，而且还要加入新的语境信息。当然，交流中的交流者移除初始语境中的信息并加入新的语境信息并不是随意、盲目的，他一般要求在话语交流过程中对移除的信息和加入的信息提供证据或解释。当在随后的话语交流过程中提供了证据或解释并使交流者信服之后，他才会不得不检查自己的初始语境，然后移除这些不一致的语境信息，并加入新的语境信息。如果在话语交流过程中无法提供证据或解释，不能使交流者信服，那么交流者往往不会放弃自己初始语境中的这些信息，加入与之不一致的新信息，比如：

例（2.13）：

  A1：今天天气咋这么热呢，太热了。

  B1：今天已经立夏了。

  A2：不对啊，今天还没到立夏啊。

  B2：我记得今天是立夏。

  A3：我也记得今天不是立夏。

在这个交流事例中，当话语 B1 出现时，在交流者 A 的初始语境中是"今天不是立夏"，他的初始语境中的信息与话语 B1 不一致，但此时交流者会要求对这一信息进行确认，要求提供证据和解释。这就推动着交流的进一步进行，由于交流者 B 没有提供进一步的证据或解释，使得交流者 A 信服，因此交流者 A 会选择相信自己初始语境中的信息，而不对自己的初始语境进行修正。认知语境修正预设了听者的认知语境与说者的认知语境之间存在不一致，这种不一致往往会推动话语交流的继续进行，直到出现令听者信服的新信息来消除这种不一致，比如：

例（2.14） A1：小王，今天这么早就下班了？

    B1：我今天没上班。

    A2：为啥呢？……

    B2：今天身体不舒服，这不正看病回来呢。

    A3：哦……

交流者 A 通过认知语境的修正来生成话语，在交流者 A 的初始语境中"小王今天应该上班"，所以 A 通过第一句话进行询问来进行证实，然而 B 的回答使得新的信息出现：B 今天没有上班。作为一个理性的主体，一般不会毫无理由地就接受这样一个新信息而修正自己的认知语境，往往要求对方提供理由支持，于是 A 通过 A2 来询问原因，B 提供原因之后，A 才会修正自己的认知语境。在某种程度上来说，成功的交流就是交流者双方不断地修正自己的认知语境的过程。

话语交流中除了认知语境的扩展和修正之外，还存在认知语境的收缩：

认知语境收缩 C^-：在初始语境 C 中移除交流者 A 的命题 p 信息，再加入说命题 p 时的情景语境。

可以简记为：

认知语境收缩 $C^- = C - p + S_p$

认知语境收缩实际上就是单纯地放弃自己初始语境中的一些信息，由于初始语境是交流者的背景信息，要放弃交流者背景信息中的一些信息，这说明交流者不再相信这些信息了，比如：

例（2.15）　A1：我们今天看见校园内两车猛烈相撞，两车都撞翻了。

　　　　　　B1：那车里的人一定受伤了。

　　　　　　A2：车里没有人受伤。

　　　　　　B2：这也太神奇了！居然没有人受伤。

在这个交流事例中，B2 语境的建立实际上就是一个认知语境收缩的过程，当 A1 被说出时，在交流者 B 的初始语境中会有这样的信息：

两车猛烈相撞，那么车里会有人受伤

<u>校园里两车猛烈相撞</u>

车里会有人受伤

然而当 A2 被说出之时，交流者 B 的初始语境中的信息被动摇，他需要放弃初始语境中的这一信息，即认知语境发生了收缩，这样他才会发出"太神奇的"的感叹，这说明交流者 B 没有想到会这样，感到非常的惊讶。

第三章 话语交流中的共享信念

话语交流要能够顺利地完成，必须要求说话者的话语信息要为听话者所知道，即对于说话者 A 与听话者 B，说话者 A 说出的话语命题 S，命题 S 需要为听话者 B 所知道，这个 S 是为交流者双方所共同知道、共享的。目前不少的语词已经使用于来指称这种共享的信息，比如"共享知识（shared knowledge）"、"相互知识（mutual knowledge）"、"共同背景（common ground）"、"共同知识（common knowledge）"、"共享内容（shared content）"、"相互信念（mutual belief）"以及"共享信念（shared belief）"等。对于这些具有差异性的称呼，一个很自然的疑问就是：它们是否是同一的？它们到底有何不同？在这一章笔者将从两个层级来进行分析：一个是交流者双方所知道的到底是知识、信念、背景还是内容，这就需要对这四个称呼进行梳理与辨析；二是交流者所知道的那些到底是共享的、共同的还是相互的，如何来对此进行界定。因此，笔者将首先从这些问题出发，确立共享信念的合法地位，然后论述交流者能否具有共享信念，最后刻画交流者是如何获得共享信念，完成交流的。

第一节 交流者所知道的是什么？

李盖尔（B. P. H. Lee）曾对知识、信念做出过区分，他首先区分了知识与信念，他认为虽然在不同的文献中常常将知识与信念交换着使用，但

第三章 话语交流中的共享信念

是两者的区别在于个体怎样可靠地具有它们①，比如：

小约翰可能相信他的小学老师是蜘蛛侠。

小约翰相信他的小学老师住在学校附近，小约翰曾看见他每周末都走出校大门回家，而不是驾车。

小约翰确信他的小学教师是在南非受的教育，因为他的老师有一天在班上曾提及此。

小约翰知道他老师的儿子叫哈利，小约翰曾几次在学校的操场与他交谈和玩耍。

他认为根据说话者对其具有的信息确定性的主观评定，以及所持证据的性质来区分知识与信念，但问题在于说话者对其具有的信息的确定性进行主观评定很难将两者区分开来，比如上面的事例实际上将信息的确定性分为了四个等级：可能相信、相信、确信和知道。到底哪一个是信念，哪一个是知识呢？李盖尔没有指出来，他只是指出了说话者应根据听到的、观察到的、二手信息或者直接体验的证据来确立不同程度的确定性。根据说话者自己主观的确定性评定是无法区分信念与知识的，因为在说话者心里，他相信的东西就是他认为是真的东西，换句话说，他相信的东西就是他认为是知识的东西。

评定知识与信念应该有某种客观的标准存在，柏拉图曾提出了一个影响深远的知识观，将知识看作是确证了的真信念②，葛提尔将柏拉图的这个知识观形式地定义为如下③：

"S 知道 p"当且仅当：

（1）p 是真的

（2）S 相信 p

（3）S 相信 p 是经过证实的

这个定义指出了知识的两个特征：一是知识要是信念，S 知道 p 说明 S 相信 p；二是 p 必须要是真的。对于知识是否就是信念的问题，即"S 知

---

① Lee, B. P. H. Mutual knowledge, background knowledge and shared beliefs: Their roles in establishing common ground. *Journal of Pragmatics*, 2001, 33 (1), pp. 21 – 44.
② 柏拉图：《泰阿泰德篇》，商务印书馆 1963 年版，第 116 页。
③ Gettier, E. L. Is justified true belief knowledge? *Analysis*, 1963, 23 (6), pp. 121 – 123.

道 p"是否意味着"S 相信 p"还存在不少争议,笔者在这里不打算就此问题更多地涉及,笔者只想提及的是第一个特征,即 p 是知识,那么 p 是真的。知识的这一个特征毫无争议,只有确认为真的命题才能称为知识,假的命题不是知识,知识是要经过确证的。

然而信念则不一样,信念常常被看成是一种命题态度①,个体对于一个命题往往会持有某种态度,一个命题无论真假,主体都可以选择相信它,比如"小王相信世界上有鬼","世界上有鬼"这个命题是假的,然而小王依然可以相信它。信念可以形式地定义为:

"S 相信 p"当且仅当:

(1) S 肯定 p。

(2) S 肯定 p 是有理由的。

这样,知识与信念的区别就显现出来了:(1)信念是针对命题的态度而言的,是个体对命题持有的态度,而知识是对命题而言的,知识是真的信念,真信念是指命题内容的真实性。(2)知识是确证了的命题,不存在可靠性程度问题,而信念则不一样,存在可靠性程度问题。(3)知识的话语表现形式是"S 知道 p",而信念的表现形式是"S 相信 p"。

明确知识与信念的区别,有利于我们解决话语交流中的一个语言问题:话语交流中交流者双方具有的是知识还是信念的问题?

在交流的过程中说话者说出话语 S,话语 S 会传递出两种形式的信息:一个是话语字面意义;另一个是话语意图。如果话语字面意义与话语意图一致,那么话语的字面意义就是说话者的意图,听话者只需理解话语字面意义即可;如果字面意义与话语意图不一致,那么听话者就不仅仅需要理解话语的字面意义,而且还需要理解话语的意图。比如:

例(3.1)　　A:我们今天去打球,好不好?

　　　　　　B:我有事去不了。

在这个话语交流中,交流者 A 和 B 说出话语的字面意义就是其话语意图,但是下面的话语交流的事例则不一样。

例(3.2)　　A:我们现在去打球,好不好?

---

① 陈嘉明:《信念与知识》,《厦门大学学报》2002 年第 6 期。

B：我刚刚吃了饭。

在这个交流事例中，交流者 B 说出话语的字面意义就不是其话语意图，听话者还必须要根据他的这句话的字面意义去推知其话语意图：刚刚吃了饭，而刚吃了饭一般不宜剧烈运动，打球是剧烈的运动，因而不去打球。

那么在话语交流中话语传递出的到底是知识还是信念呢？我们在上面的事例可以看到，虽然在话语交流过程中话语传递出了两种形式的信息，但是话语传递出的字面意义信息实质上是为传递出话语意图服务的，在日常交流中的说话者之所以进行话语交流，其目的不仅仅在于传递出话语的字面意义，更重要的在于表达自己的看法、意图。如果仅仅从传递话语的字面意义而言，将话语传递出的东西视作是知识也可行，然而如果话语承载着说话者某种看法或者意图，那么就应该将话语传递出的东西视作是信念。

知识是真的信念，而信念只是主体自己的看法或者意图，可以是真的，也可以是假的，而在话语交流中说话者通过话语传递出来的看法或意图，仅仅是说话者自己对事情的一种主观认识，这种认识可能是假的，但这种假的认识也可能是说话者持有的信念，要传递出的东西。比如：

例（3.3）　A：我不敢晚上一个人在家，我怕有鬼。

　　　　　B：你怕什么怕，那有什么鬼啊。

在这个话语交流中，交流者 A 传递出了一个看法：有鬼，而且交流者 A 也相信有鬼的存在，交流者 A 传递出的这种信念是假的，我们就只能将其看作是信念，而非知识。这是话语字面意义与话语意图一致的情况，下面是一个话语字面意义与话语意图不一致的事例，比如：

例（3.4）　A：听人说连一根针掉在地上你都会管。

　　　　　B：乱说，是谁说的。

在这个话语交流中，交流者 A 话语的字面意义是说一根针掉地方这么小的事交流者 B 也会管，而其话语意图是想说交流者 B 做事非常认真。交流者 A 传递出的话语字面意义不是真的，它是为了表达的需要而夸大出来的事实，它不应是交流者 A 要传递出来的知识，而只是信念而已，并且交流者 A 说的这个话语是为显示他的意图服务的，交流者 A 意图说明交流者 B 做事非常认真。而对于交流者 A 的这一意图，它是真的，因而它既可以视为一个信念,也可以视为一个知识,这个话语交流用一个假的事实(夸大的事实)来传达一个真的意图。另一方面,也会存在用真的事实来传达一个假的意图,比如一个医生 A 与一个病人进行了如下一个交流:

  例(3.5) A:你的血糖血脂都挺高,高血压。

       B:我经常进行锻炼的。

  在这个话语交流事例中,交流者 B 话语的字面意义在于表达自己经常进行体育锻炼,而现实中他也的确经常进行锻炼,因而这是一个真的事实。但是这个交流者 B 的话语意图在于表明他不可能会得高血压,然而医生却诊断他得了高血压,因此交流者 B 的话语意图不是真的,这个话语交流用一个真的事实来传达了一个假的意图。

  从上面我们可以看到,在日常的话语交流中无论是从话语字面意义层面还是从话语的意图层面,传递出的信息有真有假,并不全是真的,因此将其视作是说话者的信念更适当,而不是知识。从理性的角度,听话者都期望说话者传递出来的信息是真的,但在现实的话语交流中却仅仅传递出的是说话者的信念,并不能保证必然是真的。认识到这一点很重要,日常的话语交流往往比较自由,交流者说出的话语只是对某事件的看法、观点的表达以及传递意图,不必要求交流者说出的话语都要是真的。

  说话者在交流中传递出的是信念,而非知识,那么听话者知道的是什么呢?从形式上来看,听话者知道交流者传递出的信念,如果用 p 来表示交流者传递出的信念,那么就变成了听话者知道 p,而在前面我们提到听话者知道 p 意味着:

  (1) p 是真的

  (2) S 相信 p

  (3) S 相信 p 是经过证实的

  于是就有 p 是真的,那么听话者知道的就应是知识,而非信念。然而问题在于,在听话者知道 p 中的 p 表示的是交流者传递出的信念这一事实存在,而非这个信念本身的真假,比如:

  例(3.6) A1:你的血糖血脂都挺高,高血压。

       B1:我经常进行锻炼的。

       A2:我们已经检查了,确实是高血压。

第三章 话语交流中的共享信念

B2：真是难以置信。

在这个话语交流事例中，交流者 B 说出 B1 时，传递出交流者 B 的一个信念：他不会得高血压。交流者 A 通过推理知道了交流者 B 的这个信念，交流者 A 知道的是：交流者 B 传递出了信念以及这个信念是什么这样一个事实，因而交流者 A 知道这一个事实是指交流者 A 获知了交流者 B 不会得高血压这一个信念。交流者 A 获知了交流者 B 不会得高血压这一信念，并不意味着交流者 B 不会得高血压这一信念本身就是真的。简而言之，A 知道 B 的信念，即 A 知道 B 相信 S，就是 A 获知了 B 相信 S，B 相信 S 存在，而从 A 获知了 B 相信 S，并不能确定信念 S 到底是真是假。比如在上面的事例中，交流者 A 知道交流者 B 相信他不会得高血压，若用 S 表示"他不会得高血压"，可得到交流者 A 知道交流者 B 相信 S，若再用 p 来表示"交流者 B 相信 S"，那么就可得交流者 A 知道 p。很明显，p 和 S 是处于两个不同的层面，交流者 A 知道 p，意味着 p 是真的，即交流者 B 相信他不会得高血压，但并不意味着 S 是真的，即他真的不会得高血压。正是如此，当交流者 A 在知道了交流者 B"他不会得高血压（S）"这一信念之后，提供了证据来说明"他不会得高血压（S）"是假的，于是他才会说出 A2 这样的话语。

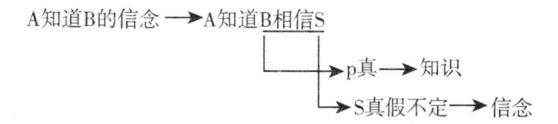

```
A知道B的信念 ──→ A知道B相信S
                    ├─→ p真 ──→ 知识
                    └─→ S真假不定 ──→ 信念
```

因此，在话语交流中说话者传递出自己的信念，而听话者知道的也是说话者的信念。如果说话者传递出的是真的信念，那么这种信念就是知识，而听话者知道的自然也是知识；如果说话者传递出的是假的信念，那么这种信念就不是知识，而听话者知道的自然也不是知识。信念要成为知识，说话者必须要提供足够的证据来证实自己的信念，然而日常的话语交流，并不一定以传递知识为目的，或以获得知识为目的，而可能是交换彼此的看法、感受、意图为目的，并不会非要去提供证据来真实自己的信念。更为重要的是，在话语交流过程中重要的是听话者要能揭示说话者的意图，理解说话者的意图，他只需要知道说话者的信念就能促进话语交流的顺利进行，而不必非要去深究说话者这个信念到底是否是真的，从这个意义上来看,说话者信念的真假对于日常话语交流的顺利进行就变得弱化了,因此话语交流中应使用"信念"一词,而不应使用"知识"一词,即在话语交流中交流双方知道的是对方的信念,而非知识。

第二节 话语交流中的信念:相互的、共同的与共享的

目前一些人试图对"共同的"、"共享的"以及"相互的"信念做出区分。李盖尔将共同信念视作是一个特定群体(团体)的成员由于他们具有非常相似的背景或教育而共同持有的信息,比如笔者接受伦敦在英国南部而爱丁堡在英国北部这个信息成为笔者母亲(一个从来没有到过英国的新加坡人)和笔者之间的共同信念,即使我们以前从来没有谈及这两个城市的相对位置,原因在于笔者母亲和笔者都有相似的童年与学校经历。但是一旦我们谈及了一起到两个城市度假,以及是否我们租车或乘火车到伦敦,那么关于这两个城市位置的信息就是我们共享内容的一部分①。李盖尔的共同信念与共享信念的区别比较细微,他将共同信念视作是由相似的教育、经历等而共同具有的信念,是长期持有的信念,而共享信念则是用于交流时被抽取的共有信念,是在交流过程中被创造出的信念。克里克尔也做了类似的区分,克里克尔将共同信念看作是两个或更多的人在相似的条件下(比如文化、亚文化、地域和教育)成长而导致共同具有的信念;共享信念则是被用于进一步交流的、协商的共同信念②。那么相互信念又是什么呢?李盖尔将相互信念视作是两个或更多人100%确定是共同具有的信念,这个100%从技术上来说建立在状态的无穷倒退基础上,比如A相信p,B相信A相信p,A相信B相信A相信p,……。从李盖尔对相互信念的描述来看,相互信念与共同信念和共享信念的区别在于确定共有的程度不一样,即一个信息的共享确定度不同,相互信念是100%确定共有,会涉及无穷倒退问题,而共同信念与共享信念则要弱一些,不会

---

① Lee, B. P. H. Mutual knowledge, background knowledge and shared beliefs: Their roles in establishing common ground. *Journal of Pragmatics*, 2001, 33 (1), pp. 21–44.

② 转引自 Hinds, J. Misinterpretations and common knowledge in Japanese. *Journal of Pragmatics*, 1985, 9 (1), pp. 7–19。

涉及无穷倒退问题。

共同信念：群体（团体）成员长期共同持有的信念

共享信念：交流或谈论而形成的共同信念

相互信念：100%确定共有的信念

从这里可以看到，李盖尔和克里克尔对三者的区分还是显得很模糊，首先是共同信念与共享信念，将共享信念视作是用于交流和协商的共同信念，这说明话语交流中存在的是共享信念，而非共同信念，问题在于：共同信念存在于何处？我们在话语交流中、博弈中经常会讨论到共同信念，如果共同信念不存在于话语交流中，那么交流的双方又是如何知道一个信念是共同信念呢？其次是根据共享度来进行区分，而共享度很难量化，相互信念是100%确定共有，如何100%确定共有？特别是共同信念与共享信念，它们的共享确定度如何来划分，这一点他们自己也没有能够给出。实际上，从对话语交流中共同信念、共享信念以及相互信念的处理，可以很清晰地看到两者的差异。

里斯蒙（L. Lismont）和莫蒙金（P. Momgin）[1]、博南诺（G. Bonanno）[2]以及奥伦（A. Orléan）[3]都将共享信念定义为：

p 是一个群体 G 中的共享信念，当且仅当，群体 G 中的每个成员相信 p

而共同信念则定义为：

p 是一个共同信念，如果群体中的每个成员相信 p，每个成员相信其他的每个成员相信 p，每个成员相信其他的每个成员相信其他的每个成员相信 p，……，以至无穷。

玛戈尔（G. Meggle）对共同信念与相互信念做了一个详细的区分，如果 a 是群体 G 中的一个成员（记为 $a \in G$），共同信念（记为 CB）可以定义为：

(1) $CB_1(G, p) \equiv \forall_a (a \in G \rightarrow B(a, p))$

p 是 G 中一阶的共同信念，当且仅当，G 中的每个成员相信 p。

---

[1] Lismont, L., & Momgin, P. On the logic of common belief and common knowledge. *Theory and Decision*, 1994, 37 (1), pp. 75 – 106.

[2] Bonanno, G. On the Logic of Common Belief. *Mathematical Logic Quarterly*, 1996, 42 (1), pp. 305 – 311.

[3] Orléan, A. What is collective belief? In P. Bourgine (eds.). *Cognitive Economics*. Springer-Verlag Berlin Heidelberg, 2004, pp. 199 – 212.

(2) $CB_{n+1}(G, p) \equiv CB_1(G, CB_n(G, p))$

p 是 n+1 阶的共同信念，当且仅当，"p 是 G 中 n 阶的共同信念" 是 G 中 1 阶的共同信念。

(3) $CB(G, p) \equiv \forall_n (CB_n(G, p))$

P 是 G 中的一个共同信念，当且仅当，p 在各阶都是 G 中的共同信念。

那么，相互信念是什么呢？他认为共同信念涉及群体中的每个成员自身相信 p，而相互信念则不涉及，相互信念仅仅蕴含关于他人的信念，比如假设两个人的群体 G = {a, b}，两阶的共同信念为：

1 阶：$B(a, p) \wedge B(b, p)$

a 相信 p，并且 b 相信 p

2 阶：$B(a, p) \wedge B(b, p) \wedge B(a, B(b, p)) \wedge B(b, B(a, p))$

a 相信 p，b 相信 p 并且 a 相信 b 相信 p，b 相信 a 相信 p

而两阶的相互信念为：

1 阶：$B(a, B(b, p)) \wedge B(b, B(a, p))$

a 相信 b 相信 p，b 相信 a 相信 p

2 阶：$B(a, B(b, B(a, p))) \wedge B(b, B(a, B(b, p)))$

a 相信 b 相信 a 相信 p，并且 b 相信 a 相信 b 相信 p

玛戈尔对共同信念与相互信念区分很明显：在相互信念中没有更高阶建立的共同背景，即群体中每个成员都相信 p，而在共同信念中则有[①]。

从这里我们就能很清晰地看到共同信念、共享信念和相互信念三者的区别：

共享信念：群体 G 中每个成员都相信 p

共同信念：每个群体中的每个成员相信 p，每个成员相信其他的每个成员相信 p，每个成员相信其他的每个成员相信其他的每个成员相信 p，……，以至无穷。

相互信念：每个成员相信其他的每个成员相信 p，每个成员相信其他

---

① Meggle, G. Mutual Knowledge and Belief. In G. Meggle (eds.). *Social Facts & Collective Intentionality*, Special Issue of Grazer Philosophical Studies, 2002, pp. 205-223.

的每个成员相信其他的每个成员相信 p，……，以至无穷。

共享信念是群体中每个人都相信的信念，而共同信念和相互信念都会关涉他人的信念，关涉他人的信念在理论上会导致一个无穷倒退的问题。与共同信念和相互信念相关的无穷倒退问题最早在格莱斯的《意义》一文中被提出，希弗（S. R. Schiffer）对其进行了如下的梳理[①]：

S 说出话语 x 意味某些东西，当且仅当 S 说出 x 意图：

（1）x 有某种特征 f。

（2）某个听话者 A 识别 x 是 f。

（3）A 从 x 是 f 这个事实至少部分地推出 S 说出 x 意图下面的（4）。

（4）S 的话语 x 在 A 身上引起了某种反应 r。

（5）A 对 S 意图（4）的识别至少会成为 A 发生反应 r 的部分原因。

希弗通过一个反例来展示格莱斯的意义理论会涉及一个信念的无穷倒退问题，这个反例是显示 S 如何让 A 相信 A 正在考虑买的房子感染鼠疫，S 在 A 完全看见的情况下释放一只大老鼠进入这个房子，但是 A 不知道 S 想要 A 看着 S，S 的意图是 A 应推出这个房子感染了鼠疫。除此之外，S 还进一步想要 A 认识到老鼠到来的性质，以及老鼠的存在不能视作是这个房子感染鼠疫的一个真实或自然的证据。但是 S 知道 A 将会相信 S 不会如此努力让 A 相信这个房子感染了鼠疫，除非 S 有非常好的理由认为这个房子感染了鼠疫，因此 S 期望并意图使 A 从 S 释放老鼠的意图是让 A 相信这个房子感染了鼠疫这一事实推出这个房子是感染了鼠疫。

这个反例显示了 S 在与 A 交流的极小条件是：S 不仅想要 A 识别他让 A 考虑 p 的意图，而且他还想要 A 识别 B 想要让 A 识别 B 想要让 A 考虑 p 的意图。这就暗示着进一步的一个条件需要被假定，这个条件就是 S 有意图使：

（6）A 识别 S 的意图（3）

然而更进一步的反例又可以被构造出来显示需要更进一步的条件被给出，即 S 意图使：

（7）A 识别 S 的意图（5）

---

① Schiffer, S. R. *Meaning*. Oxford: Oxford University Press, 1972, pp. 12–18.

(8) A 识别 S 的意图（7）

原则上，这种反例可以无穷地构造下去，就需要添加无穷个条件来处理这无穷多的反例。对于这种交流中意图的无穷倒退问题，需要在共同信念或相互信念的概念下来进行处理，也即是说交流会涉及共同信念或相互信念。而对于共同信念或相互信念的无穷倒退问题，从理论上来讲这个问题的确存在，然而从现实的话语交流来看，这个问题可能并不存在。因为在现实的话语交流中交流者并不会有那么多复杂的、无穷的意图，并且会在倒退几步之后就可完成，比如布朗（G. Brown）给出了一个事例[1]，后经李盖尔进行改造[2]，具体如下：

给两个人 A（男）与 B（女）两张略有不同的地图，告诉他们 A 的地图是精确的，而 B 的地图是过期的，A 的任务是通过在 B 的地图上的标记物来描述路线来引导 B。他们两人对坐在一个桌子上，彼此能看见，但不能看见彼此的地图，口头进行交流。

	B	B/A	B/A/B
A1：你直接从那个平静的海滩下面开始。	+	+	
B1：好的。	+	+	+
A2：在沼泽地低端往下移一点点，……。			

B 下的"+"表示 B 相信海滩的所指物在 B 的地图上，B/A 下的"+"表示 B 相信 A 相信海滩是在 B 的地图上，B/A/B 下的"+"表示 B 相信 A 相信 B 相信海滩在 B 的地图上。当 A1 被说出时，B 相信 A 相信她的地图上有海滩的标记物（B/A +），B 当然知道她自己的图上有没有海滩标记物，因为地图就在她面前。当 B1 被说出时，B 的这一回答表明在 B 的地图上有海滩标记物，因为她说出了"好的"（B +）。当 B 说出"好的"时候，她实际上正在告诉 A 她已经找到了海滩的位置，这就是 B 现在相信 A 相信 B 相信海滩在 B 的地图上（B/A/B +）。当 A2 被说出时，表明交流者 A 放弃关于地图上海滩的确认，而转向地图上沼泽的确认，这预

---

[1] Brown, G. *Speakers, listeners and communication: Explorations in discourse analysis.* Cambridge: Cambridge University Press, 1995, pp. 224–225.

[2] Lee, B. P. H. Mutual knowledge, background knowledge and shared beliefs: Their roles in establishing common ground. *Journal of Pragmatics*, 2001, 33 (1): 21—44.

示着关于海滩的确认已经被成功的交流,也即是说,A 和 B 都承认海滩是共同信念。

从这个话语交流的事例可以看到,在现实的话语交流中建立共同信念往往通过几步的倒退就可以完成,而不是无穷的倒退,共同信念对于交流者而言根本不是什么问题。李盖尔也通过一些真实的交流事例数据来进一步地证实了话语交流不需要共同信念的无穷倒退,仅仅需要有限的几步倒退就可以建立共同信念。然而他们在建立共同信念的过程中却提出了另外一个问题,那就是交流者可能在交流过程中会有自己的共享信念概念,交流者对于一个特定信念的共享意义可能并非同一的。比如在布朗的话语交流的事例中,由于交流者 B 与交流者 A 所使用的地图不完全同一,B 可能会对"海滩"的所指有所误解,共享信念"地图上的海滩"对于交流者 A 与交流者 B 而言可能意义会不一样。那么在话语交流中到底能够取得共享信念吗?

第三节 交流者能够取得共享信念?

对于话语交流中说话者与听话者能否取得共享信念语言界一直以来有争议,有两种截然相反的观点:

一种认为交流者不能取得共享信念,只能取得与说话者相似的理解。伯泽伊登霍特(A. Bezuidenhout)就认为在交流中我们仅仅需要识别与说话者和听话者有关的话语内容,以及在这两个内容之间具有的一种相似关系,交流中不能找到说话者与听话者共享的内容,只能找到说话者表达的思想与说话者得到的思想之间的相似关联度[1]。卡斯东(R. Carston)也认为交流的成功很少在于听话者完全复制说话者意图交流的东西,一个话语会允许大量相似的解释,而非唯一的,只需给出其中的一种,理解就是成功的,也是足够好的[2]。他们的观点可以描述为:

非共享信念:一个说话者说出一个话语 S,意图交流命题 p,听话者不

---

[1] Bezuidenhout, A. The Communication of De Re Thoughts. *Noûs*, 1997, 31 (2), pp. 197 – 225.
[2] Carston, R. Explicature and Semantics. in: S. Davis & B. Gillon (eds.). *Semantics: A Reader*. Oxford: Oxford University Press, 2001, p. 76.

能直接把握 p，但他能把握与 p 不同但相似的命题 $q_1 \cdots q_n$。

另一种认为交流者能取得共享信念，否认听话者仅能取得最大相似的理解。坎佩乐尼（H. Cappelen）和兰珀尔（E. Lepore）专门对此进行了论证，他们从如下几个方面进行了批判[①]：

首先，非共享信念的理念不能解释日常中的话语交流，比如小王说了一个话语 S，对于他说的可以表示为：

例（3.7）　小王说了 p。

如果听话者将小王的话语解释为断定了 p，那么听话者通过这句话 S 的表达就会有一个信念。假如按照非共享信念的观念，归属于听话者的命题与说话者意图交流的那个命题不是同一的，只具有相似性，那么非共享信念的拥护者只能有两种解释：（1）这句话字面错误；（2）即使小王没有交流命题 p，这句话也能真。然而这两种解释可以通过下面的事例说明是有问题的：

例（3.8）　小王所说的也是小明所说的。

当说出例（3.8）时，我们在声称存在一个唯一的命题即是小王断定的，也是小明断定的。但根据非共享信念，小王说的命题与听话者获得的命题只具有相似，而非唯一，同时小明说的命题与听话者获得的命题也只具有相似，而非唯一。听话者所获得的小王所说的命题与小明所说的命题就不会是唯一的，这样就会出现矛盾。

其次，非共享信念者认为"一个说话者 A 说了 p"这样的话语在交流中不需要同一性，而只需要相似性，即：

（1）"A 说了 p"相同于"A 说了相似于 p 的东西"

（2）"A 说了 B 所说的"相同于"A 说了相似于 B 所说的东西"

（3）"A 和 B 同意"相同于"A 与 B 赞同相似的思想"

（4）"A 理解 B 说的"相同于"A 理解了与 B 表达的命题相似的命题"

然而问题在于，相似性不具有传递性，而同一性具有，比如考虑下面

[①] Cappelen, H., & Lepore, E. Relevance Theory and Shared Content. In N. Burton-Roberts (eds.). *Advances in Pragmatics*, Palgrave Macmillian, 2006, pp. 115–135.

的语句：

如果 A 说了 B 所说的，B 说了 C 所说的，接着 A 说了 C 所说的。

这个语句是成立的，是因为同一性在里面发生作用。如果话语内容没有同一性，只具有相似性，即 A 说了相似于 B 说的，B 说了相似于 C 说的，那么就不能得到 A 说了相似于 C 说的。这个句子就是不成立的，然而这个句子恰恰是成立的，这说明相似性的观点是错误的。另外，相似性的观点也不能解释下面这样的句子：

他没有说 p，然而他说了相似于 p 的东西。

这句话本身是成立的，但是根据相似性观点，"他没有说 p"相同于"他没有说相似于 p 的东西"，于是这句话就变为：他没有说相似于 p 的东西，然而他说了相似于 p 的东西。这句话就变得不成立，很明显是相似性观点出现了问题。

接着，坎佩乐尼和兰珀尔认为非共享信念不能处理像下面这样的语句：

（1）我同意吉姆所说的。

（2）这个是真的。

（3）这个是有问题的/不可接受的/不理性的。

（4）这个是没有证据的。

这是因为：

● 在说出（1）或（2）的时候，说话者并不是同意与吉姆赞成的命题相似的命题，而是同意吉姆所表达的同一命题。

● 在说（3）或（4）的时候，说话者并不是在评价与吉姆所断定的命题相似的命题，而是在评价与吉姆所表达的同一命题。

要评价他者所说的，需要确定他说了什么，然而非共享信念的理论对他者所说的报道实践的解释却不成功，这种不成功会直接对我们说话内容的评价造成如下影响：（1）大量的语句不一致。如果非共享信念是真的，那么接着当我们认为我们正在评价他者意图交流的东西时，我们真正地是在评价与那个命题相似的一些命题。因此当我们认为我们正在评价他者所说的时，其实我们不是。当我们正在收集一些证据和论证来驳斥他的断定时，我们也不是。我们的评价总是远离我们的目标。我们从来不会真正达成一致或不一致——我们总是错过我们真正的目标。（2）变化的真值。在

一个解释语境 C_1 里，话语"吉姆所说的是真的"能够是真的；在另一个解释语境 C_2 里，它能够是假的。假设在语境 C 里，A 说了语句 S 意图交流 q，在语境 C_1 里，p 是充分相似于 q 的，因为 q 是真的，所以语句"A 所说的是真的"是真的。在另一个解释语境 C_2 里，p 是充分相似于 r 的，r 是假的，因此语句"A 所说的是真的"是假的。因此在 C_1 里，A 所说的是真的，但是在 C_2 里却是假的。他话语的真值将会随语境改变而变化，这是非共享信念蕴含的两个本质问题，它们将导致在交流中一种状况的真却不能用于被交流，没人能够理解或者评价它是否是真的还是假的。

紧接着，坎佩乐尼和兰珀尔认为在一些语境里，如果我们相信例（3.7）是真的（我们也相信小王是诚实的），那么我们就能推出小王是相信 p 的。因此在一些语境里，例（3.7）和例（3.8）的真将会使我们推出小王和小明都是相信 p 的。

如果非共享信念理论正确的话，这个程序就会出现问题，因为我们最后得到的解释命题不是说话者意图交流的那个命题，而是与说者意图交流的那个命题相似的命题。我们肯定不会相信所有那些与我们相信的命题相似的命题，如果我们相信的话，我们就会相信每个东西。非共享信念理论对此的解决策略只能有两个：

（a）认为我们使用这个程序进行的信念归属是错误的。

（b）宣称这个信念报道"A 相信 p"是真的，即使 A 不赞成 p。

但是无论选择哪一个解决策略，都会推出相反的结论，因此如果非共享信念是真的话，那么把断定的内容归属于信念的使用就将会陷入危险之中。同时信念共享的语言实践是与其他出现在非语言生活的实践（比如行为、活动、信念等）紧密结合在一起的，如果关于有共享信念是错误的，那么一些关于非语言实践的基本信念与理解也会陷入危险之中：

• 协调行为（Coordinated Action）。在不同语境中的人常常被要求做同样的事，他们会接受同样的指令、同样的规则、同样的法律和习俗。如果这样的事情存在，这样的指令发挥作用，那么我们就有理由断定有大量的话语表达同样的内容。

• 群体考虑（Collective Deliberation）。当我们尽量跨语境地发现某些事是否是如此时，我们常常断定在跨语境中存在稳定的内容。假设情报局工作组关注 A 是否知道 B 是间谍，他们不能确定 A 是否知道，他们会在较长的时间内在不同的背景下来研究这个问题。如果他们正在尽力研究的这个问题，即 A 是否知道 B 是间谍，在不同的背景下是变化的，那么这种跨语境的群体考虑就将是毫无意义的。

• 个人本身考虑（Intra-Personal Deliberation）。假设 A 自己正在尽力决定是否 p 是如此，但是他还不确定。总的来说，他有时会想到证据来支持 p，有时会想到证据来否认 p。这就依赖他如何看待这些证据，依赖于他把什么东西作关联性考虑，就如在人际交流中，这就预设了一个他正在考虑的稳定的内容。

• 证实信念（Justified Belief）。我们的大部分知识是建立在证据基础之上的，听到一个可信的人断定了 p，就有好的理由相信 p。如果我们认为 A 说的每一件事情都是真的，他说蝙蝠都是瞎子，我们就有好的理由相信蝙蝠是瞎子。但是仅仅我们能够说他所说的，这才是可能的，而这首先需要我们理解他所说的，获得与他所说的同一的内容，而这必须存在跨语境的共享内容。

• 行为理由（Reasons for Actions）。一个紧密相连的现象是：他人所说的常常为我们的行为提供理由，人们在另外一个语境中所说的能够为行为提供理由，仅仅我们能够理解他所说的，证实它，相信它。

话语内容的稳定性与非言语活动之间的相互关联是重要的，我们相信我们能够给许多人同样的指令，我们相信他人所说的能够证实我们的信念，我们也相信我们能评价他人所说的，而这需要有一个共享内容来承担这些非言语的行为。而那些认为在跨语境中没有共享内容的理论将会使这些非言语行为建立在错误的信念基础之上，会使我们的言语与非言语行为之间的关系产生混乱。

最后，坎佩乐尼和兰珀尔不仅仅反驳了相似性的观点，而且还提出了支持共享信念的理由，比如当你从邻居小王那里听到下面的句子：

例（3.9） 今天马上要举行选举了

如果你听到这句话，下面将会是真的：

a. 你将会理解邻居小王说的

b. 你能通过如下两种方式告诉我们小王说的：

b_1. 你能通过说出例（3.9）来重复它，如果你能说出例（3.9），那么你就已经在说出例（3.9）中说了邻居小王所说的。事实上，这一点你能很容易做到。B_2. 你也能间接地报道邻居小王，比如"邻居小王说了今天马上要举行选举了"

a 与 b 都能很容易地取得，你能理解理据小王的话语，并做出回应，并就所讨论的事情进行交流。如果没有共享信念，说话者想表达的总是与你所获得的不一致，比如说话者说的是 p，而听话者接收到的是不同于 p 的命题，交流者双方如何能交流下去呢？

实际上，对于存不存在共享信念的焦点在于我们的话语交流会受到认知语境的影响，而说话者与听话者都有自己的认知语境，认知语境又是会随交流的进行而动态变化，这就会造成说话者表达的东西与听话者理解到的东西是否是同一的问题。

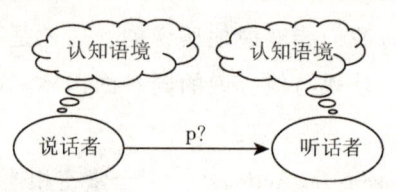

诚然，说话者与听话者都有自己的认知语境，认知语境也是变动的，但即使是认知语境，由于经历的教育、文化、习俗等，在一个群体之间也会有一些认知语境中的信息是共享的，比如你对一个人说"月亮是圆的"，在说话者与听话者的认知语境中，"月亮"会是相同的指涉物，"圆的"也会是相同的指涉物，所以，说话者通过这句话要表达的东西与听话者理解到的东西应是同一的。

因此，话语交流中的说话者与听话者的认知语境绝非完全不同，而是既会有重合的，也有不重合的，换句话说，在说话者与听话者的认知语境中，既存在共享信念，也存在私人信念，话语交流就是扩展共享信念来包括一些私人信念。比如 A 与 B 在火车上发生了如下话语交流：

例（3.10）　　A1：你坐火车去哪里？

B1：到北京。

A2：到北京做什么呢？

B2：我家的幺娃子考上大学了，正送他去北京的学校呢。

A3：幺娃子？

B3：就是我最小的儿子。

A4：哦。

从这个话语交流事例可以看到，在交流者 B 说出"我家的幺娃子考上大学了，正送他去北京的学校呢"，在交流者 A 与 B 的认知语境中，"幺娃子"是交流者 B 的私人信念，因为"幺娃子"存在于交流者 B 的认知语境中，而不存在于交流者 A 的认知语境中。而这句话其他的部分都是共享信念，都存在于交流者 A 与 B 的认知语境中。当交流者 B 向交流者 A 说明幺娃子就是最小的儿子时，交流者 A 也就知道了这一信念，这一信念就成为交流者 A 认知语境的一部分，并且"幺娃子"从交流者 B 的私人信念变为交流者 A 与交流者 B 共同享有的信念，即共享信念。

如果在认知语境中没有共享信念的存在，那么在日常生活中我们就无法通过话语交流来协调我们的行为。"人常常被要求做同样的事，他们会接受同样的指令、同样的规则、同样的法律和习俗。如果这样的事情存在，这样的指令发挥作用，那么我们就有理由断定有大量的话语表达同样的内容。"[①] 比如老师在课堂上看见你在说话，于是说：

请不要上课说话！

当你听到这句话的时候，你会马上闭嘴不说话了，之所以会产生这样的一个行为，那是因为说话者说的东西与你从这句话得到的东西是相同的，不然你不会按照老师说的去做。有人可能会反驳说，听话者获得了相似于说话者表达的东西，也能产生同样的行为，这种反驳也是不成立的，比如在不远处放着红、黄两把椅子，现在你对孩子说：

请把那把黄色的椅子拿来！

如果听话者只能获得相似于说话者表达的东西，那么听话者获得的相似于说话者表达的东西到底是什么呢？"把那把椅子拿来"与"把那把黄色的椅子拿来"应是相似的，然而如果孩子获得的是"把那把椅子拿来"，而不是"把那所黄色的椅子拿来"，那么孩子去拿椅子的时候，他将不知

---

① 廖德明：《话语交流中跨语境的共享内容：批判与捍卫》，《中南大学学报》2011 年第 2 期。

道拿哪一把椅子，因为在不远处有红、黄两把椅子。而在现实中，一个正常的孩子却能很顺利地按照说话者的这句话去将黄色的椅子拿来，这只有唯一的一种解释：那就是说话者表达的东西与听话者理解到的东西是同一的，即在说话者与听话者之间存在共享信念。

我们前面提到在话语交流者说话者说出的话语一般有两个层面的：一个是字面意义表达出来的内容；另一个是说话者真正的意图。话语字面表达的内容可以与说话者的意图重合，也可以与说话者的意图不重合。当两者都重合的时候，共享信念的存在很明显，比如 A 对 B 说"月亮"，B 会很快获得"月亮"是指什么，而且 B 获得的与 A 要表达的是一样的，即"月亮"是 A 与 B 的共享信念。

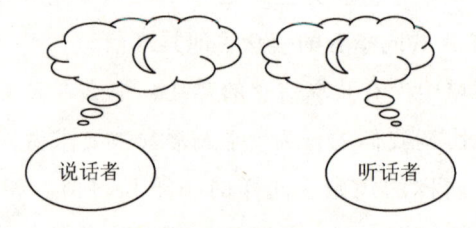

当两者不重合时，情况就会复杂一些，比如：

例（3.11）　A：今天一起看电影吧
　　　　　　B：我明天要参见考试。

在这个话语交流中，当交流者 B 说"我明天要参加考试"时，只要交流者 A 与 B 具备基本的语言知识，话话字面表达的内容很明显是交流者 A 与 B 的共享信念。然而这句话除了字面表达的内容外，还有与之不同的说话者意图，那么对于说话者的意图而言，交流者与说话者能否取得共享信念呢？当交流者 A 听到"我明天要参加考试"时，由于这里涉及交流者利用个人认知语境推出话语意图的过程，如果交流者 A 能够推出说话者的意图"我不去看电影"，那么交流者 A 与听话者就能取得共享信念。如果交流者不能推出说话者的意图，那么交流者 A 与听话者就不能取得共享信念，此时误解就产生了。因此，对于话语字面表达内容与说话者的意图不重合时，共享信念的获得要依靠听话者的推理能力。

对于话语意图的理解会有两种形式：一种是"强理解"，直接把握说话者的意图，即说话者 A 说出话语 S 意图 p，而听话者 B 直接把握住 p，比如上面的那个话语交流事例，如果交流者 A 直接把握了交流者 B 的意图"我不去看电影"，那么这种理解就是一种强理解。另一种是弱理解，即说话者 A 说出话语 S 意图 p，而听话者 B 没有直接把握住 p，而是把握住了与 p 相似的命题 r。比如：

  例（3.12） A：我与他一见如故，我们坐在一起聊了很久。
        （A 意图交流：我们谈得来）
       B：看来，你们有很多共同语言。
        （B 得到：你们有共同语言）

在这个话语交流中，说话者 A 的意图是"我们谈得来"，而交流者 B 把握到的是"他们有共同语言"，这两者在某种意义上说具有相似性。这种"弱理解"形式从表面上看，好像也说得过去。但是如果我们深入地进行分析就会发现，相似性并不表示它们是相同的，它们总会存在一些差异，谈得来不一定就有共同语言，一个喜欢说话的人可能跟许多人都谈得来，但是并非与许多人都有共同语言。在某种程度上弱理解也是一种误解，因为它本质上没有能够准确地把握说话者的意图。

因此，在话语交流中说话者与听话者之间一定会有共享信念的存在，共享信念不仅仅是双方进行交流的基础，而且还是双方进行交流的目标。这就预示着共享信念在话语交流中扮演着两种角色：一是作为共同的背景用于交流；二是作为互知的标志结束交流。

第四节 作为共享信念的共同背景

共同背景（common ground）经常与共同知识/信念、共享知识/信念以及相互知识/信念替换着使用，比如内克尔（R. Stalnaker）就将共同背景看作是共同信念，即在话语交流中交流者都知道的，并且彼此都能识别的[①]。我们在前面已经区分了知识与信念，也对共同、共享和相互信念进行了澄清，首先从知识与信念的角度，由于共同背景是在交流时交流双方心里共同具有的东西，不涉及其真假问题，因而适合作为一种信念，而非

---

① Stalnaker, R. Common ground. *Linguistics and Philosophy*, 2002, 25 (5), pp. 701 – 721.

知识。其次，共同背景是交流双方共同具有的信念，显然共同背景是一种共享信念，然而问题在于：共同背景是否仅仅就是共享信念，而不涉及交流者的共同信念呢？共同背景是否仅仅就是交流时业已存在的旧信念，而不涉及新信念呢？

李盖尔（2001）曾对共同背景进行了一个划分，他将共同背景分为三种形式：第一种是被建立的共同背景，是交流而获得的共享信念；第二种是被假定而还没有建立的共同背景，是背景信念或共同信念；第三种是好似但还没有建立的共同背景，是新信念[1]。李盖尔认为从严格意义上来说，只有第一种才是共同背景，而第二种与第三种不是共同背景。在笔者看来，李盖尔对于共同背景的划分比较模糊，首先考察他的第三种形式的共同背景，他特别列举了里昂（C. G. Lyons）的一个事例来说明：

例（3.13） 我明天将会去哥本哈根，我建议我们六点在小美人鱼处相会。

他们认为如果听话者是准备合作，就会假定小美人鱼是指一个著名的路标，这个著名的路标是他所在街区的大部分人都可指示给他的，即使听话者之前没有听说过小美人鱼，小美人鱼可能还是一个成功的指称实例。小美人鱼可以被说话者用于告知听话者指涉的存在，而不是诉诸一些可以推论的信息[2]。从这个事例可以看到，他们将一些潜在的、还没有成为共享的信息作为共同背景，这些潜在的信息有一个特征就是很容易通过某种方式成为共享信念。但是在笔者看来，将这种潜在的、还没有成为共享的信息作为共同背景是不适当的，这个事例中当说话者说出"小美人鱼"时，说话者意指街道上的一个路标，然而对于一个从来没有听说过小美人鱼的听话者来说，他不知道小美人是什么。也就是说，此时说话者知道小美人鱼是什么，而听话者不知道小美人鱼是什么，在此时小美人鱼就不是交流者双方共享的信息，既然不是双方共享的信息，这个信息怎么可能在此时是共同背景呢？在说话者说出话语之后，听话者可能经过进一步的交

---

[1] Lee, B. P. H. Mutual knowledge, background knowledge and shared beliefs: Their roles in establishing common ground. *Journal of Pragmatics*, 2001, 33 (1), pp. 21 - 44.

[2] Lyons, C. G. V. The meaning of the English definite article. In Johan Van der Auwera (eds.). *The Semantics of Determiners*. London: Croom Helm, 1980, pp. 81 - 95.

第三章 话语交流中的共享信念

流（或打听）会得知小美人鱼是该街道上的一个路标，此时这个信息在听话者进一步交流（或打听）之后才变为一个共同背景。因此，在这个事例中实际上展示了一个非共同背景的信息是如何变为一个共同背景的信息，这种变为共同背景的过程实质上是交流者双方认知语境的动态变化过程，我们不能将这种可以转变为共同背景的信息也看作是共同背景的信息，如果是这样，在交流中的所有信息都会成为共同背景，这样区分共同背景的信息与其他非共同背景的信息还有什么必要呢？

其次，对于第二种形式的共同背景是被假定的出现于相似团体中的背景信息，不是来源于交流渠道，而是来自其他证据渠道，比如你对一个中国成年人说"北京"，这个"北京"就是被假定的共同背景。李盖尔认为这是假定的，而不是建立的，因而不能是真正意义上的共同背景。但是他没有看到的是，像"北京"这样的信息是业已建立的公众知识，是在使用这个词就已经建立起来的公众知识，这样的信息不能看作是假定的共享信息，而应看作是业已建立的共享信息，不然的话对于交流而言就会存在很多问题，比如当一个说话者说出：

例（3.14） 我不能到北京去学习了，因为学习经费太贵了。

对于这样的话语，按照这种假定的共同背景的观点，"北京"、"学习"、"经费"等都变成了一种假定的共享信息，既然是假定的共享信息，那么说话者在说话时就不得不怀疑听话者能否知晓这些信息的问题。然而在现实的话语交流中说话者根本不会怀疑，因为说话者知道听说者知道这些信息是什么样的，而且听话者知道的与说话者意图表达的是一样的。

最后，第一种形式的共同背景，是由于交流而建立起来的共享信息，在李盖尔看来这种形式的信息才是真正的共同背景。应该肯定的是，在交流中建立起来的共享信息是共同背景，然而仅仅这种形式的信息才是真正的共同背景显然是不够的，因为如果仅仅这种形式的才是共同背景，那么无法解释在话语交流中的预设现象。预设可以被看作是交流者双方预先都知道的共同背景中的一部分[①]，即一个句子 S 预设 p，当且仅当 p 是共同背景时，S 才是恰当的，比如一个说话者说出这样的话语：

---

① Levinson, S. *Pragmatics*. New York: Cambridge University Press, 1983, pp. 177–185.

他因为一件小事动手打了他妻子

这个句子预设说话者已经结婚了，实际上交流者双方也确实知道说话者已经结婚了，此时说话者已经结婚了就是共同背景，但问题在于，如果说话者已经结婚了是共同背景，按照只有通过交流建立起来的共享信息才是共同背景，它应该建立过后才成为共同背景，但是这个共同背景在交流之前就已经是共同背景了。说话者说了一个带有预设的话语，这个带有预设的话语要是适当的，说话者将其限制到了共同背景，也就是说，"他已经结婚"在说话者说出这句话之前就应是共同背景的一部分，不然说话者不会说出带有这样预设的话语。

从上面的分析可以看到，将共同背景仅仅以是否在交流中建立为标准是不可取的，在交流中建立的共享信息是共同背景的一个重要来源，然而除了这个来源之外还存在其他形式的来源。克拉克（H. H. Clark）、施瑞德（R. Schreuder）和巴特里克（S. Buttrick）曾指出共同背景主要建立在三种信息来源的基础之上：第一种是知觉证据，交流者双方在某个时刻已经共同体验到或正在共同体验到的信息。第二种是语言证据，两个人在同一会话中作为参与者已经共同听说到的或正在共同听说到的信息。第三种是团体成员，交流者双方相信的每个东西在他们所属的团体中是普遍地，或几乎是普遍地被知道、被相信[1]。比如，如果交流者A与B是两个成年陌生人，那么他们的共同背景就完全来自成年人这个团体成员的共同体验和他们正目击到的场景。然而如果他们是亲密的朋友，那么他们的共同背景会扩展来包括他们两人彼此之间很多的事等。因而，对于话语交流中的共同背景我们不应该仅仅考虑在交流中建立的，而且还需要考虑到那些在交流之前业已建立的。

对于共同背景我们需要考虑到两个方面的因素：第一个因素就是共同背景是用于交流的。我们在话语交流中要理解话语表达的内容和意图，那就必然会使用到共同背景，所以交流者双方的共同背景是用于交流的，是为交流服务的。第二个因素是共同背景会有时间的考量。交流者双方在交流之前会存在共同背景，比如共同团体体验、目击到的场景等；交流者

---

[1] Clark, H. H., Schreuder, R., & Buttrick, S. Common ground and the understanding of demonstrative reference. *Journal of Verbal Learning and Verbal Behavior*, 1983, 22 (2), pp. 245–258.

双方在交流中建立的共同背景，比如话语意图的理解等，这种在交流中建立的共同背景往往用于进一步的交流。因此，考虑到共同背景的这两个因素，我们可以将共同背景分为如下两种形式：一种是话语交流之前业已存在的共同背景，这种形式的共同背景在话语交流前就已经存在，只要说话者一提及这一信息，听话者就会马上知道这一信息是什么，包括在交流之前交流者双方共有的团体经验信息、共有的感知觉体验信息、共有的听说信息等。比如 A 与 B 是夫妻，正在进行如下会话：

例（3.15） A：我将客厅里的饭桌修好了。

B：那太好了。

在这个话语交流事例中，话语中的"客厅里的饭桌"对于交流者 A 和 B 而言是共同背景，因为他们是夫妻，他们知道客厅里有饭桌这一情况。话语中的指称描述往往会涉及这种形式的共同背景，如果在话语交流中大量的指称描述不涉及共同背景的话，那么话语交流将会变得非常不顺畅，比如一个香港人 A 对一个不懂粤语的内地人 B 说：

老豆走夹唔唞（老爸拼命走）

对于 B 而言，他可能一头雾水，不知所云，就是因为这个句子的指称描述对于一个不会讲粤语的人而言不是业已存在的共同背景，他不知道"老豆"指称什么，"走夹唔唞"指称什么。然而你向 B 说"老爸拼命走"，B 会很容易地知道，因为"老爸"、"拼命走"对于一个内地人而言是业已存在的共同背景。正是由于我们在话语交流中很多指称描述是共同背景，我们平时的话语交流才会变得顺畅。当然，通过话语交流可以将本不是共同背景的指称描述变成是共同背景的指称描述，比如：

例（3.16） A1：萨达姆被打死了

B1：萨达姆是谁？

A2：就是伊拉克的总统。

B2：哦。

当交流者 A 说出"萨达姆被打死了"时，交流者 B 不知道萨达姆是谁，此时"萨达姆"就不是共同背景。然而随着话语交流的进行，当交流者说"萨达姆"是伊拉克的总统，"萨达姆"就变为了共同背景。这种形式的共同背景正是下面要提及的第二种形式的共同背景，即在话语交流中建立的共同背景。

第二种形式是在交流中建立的用于进一步交流的共同背景,包括通过交流说话者与听话者获得的共有信息。这种形式的共同背景在话语交流开始前,对于交流中听话者是完全新的信息,即使说话者提及时,听话者也不知道这一信息是什么,只有通过说话者的解释说明,这一信息才变成共同背景。这种形式的共同背景有两种情况:一种情况是唤醒的共同背景,此种情况的共同背景是听话者体验过、经历过或看到过,但是在记忆中已丢失的,在经过说话者解释说明后重新被唤醒的共有信息,比如:

例(3.17)　　A1：王晓涵打伤了我。

B1：王晓涵是谁?

A2：就是你前天在姑姑家里还说她斯文的那个姑娘啊。

B2：哦,是她啊。

"王晓涵"这个指称描述本来是交流者 B 体验过的信息,但是当说话者 A 在交流中提及时,这个信息在听话者的记忆中已经丢失。当交流者 A 通过交流向交流者 B 进一步解释说明后,这一信息从听话者记忆中唤醒,进而成为共同背景。另一种情况是习得似的共同背景,此种情况的共同背景是对于听话者是完全新的信息,经过说话者的传递后变为共有信息,并用于进一步的交流,比如:

例(3.18)　　A：前天我们小区小王家被偷了。

B：居然有这事啊。

交流者 A 谈及的事件"小王家被偷"对于交流者 B 而言是全新的信息,当交流者 A 向交流者 B 传递出这一信息后,交流者 B 就知晓了这一新信息,这一新信息自然也就变为共同背景,并用于进一步的交流。

需要提及的是,语言可以看作是为了取得特定的目标交流者彼此合作而完成的一种共有行为,交流者之间的共同背景就变成了合作发生的领域。换句话说,交流者能够成功地合作与交流,正是因为他们能够控制在一种情景中能知道什么,以及有效地使用共同背景[1]。这样共同背景在交流中担当的重要角色之一就是解释,共同背景用于解释交流者话语的指

---

[1] Hanna, J. E., Tanenhaus, M. K., & Trueswell, J. C. The effects of common ground and perspective on domains of referential interpretation. *Journal of Memory and Language*, 2003, 49 (1), pp. 43 – 61.

第三章 话语交流中的共享信念

称、意图等，如果语言加工要是最佳的，那么对于指称或意图表达的解释域需要被限定到共同背景中的实体，同时话语交流者需要持续地更新他们的共同背景，使得变化的共同背景满足话语交流的需要①。比如：

例（3.19） A1：今天我看见在火车站有许多警察。

B1：那么多警察在那做什么？

A2：几个小伙子在那里打架斗殴。

B2：有人受伤了吗？

A3：有个小伙子伤得很重，被送往医院了。

B3：哎，不值啊。

从指称表达层面来看，当交流者A说出A1时，在A1中的所有语词的指称，比如"今天"、"火车站"、"警察"等都是交流者的共同背景。正是由于这些语词的指称是交流者的共同背景，A1对于交流者双方来说都是可理解的，才会继续下面的会话，如果存在一些指称不是共同背景，不是听话者B所知道的，那么就会对听话者B的理解带来困难，造成听不懂的情况。此时听话者往往会在进一步地了解这些语词的指称，将其变为共同背景之后才会继续进行交流。话语交流中的话语指称都会是这种情况，是共同背景的，会利于交流者进行交流，不是共同背景的，会通过交流将其变为共同背景。从话语意图层面来看，情况会复杂很多，特别是话语意图与字面意义不一致时。当交流者A说出A1时，交流者的意图很明显，他想告诉交流者B火车站发生了事情，交流者根据背景信念也很容易得到火车站发生了事情，因此"火车站发生了事情"成为交流者A和B的共同背景。但是火车站到底发生了什么事情，只有交流者A知道，而交流者B不知道，火车站发生了什么事此时不是共同背景。正是由于在此时火车站发生了什么事不是共同背景，导致了交流者B想知道发生了什么事，于是交流者B才会说出B1，从而推动话语交流的进行。当交流者A说出A2时，交流者B知道发生了什么事，即小伙子打架斗殴，此时发生的事"小伙子打架斗殴"就又变成了共同背景，依次进行，直至话语交流的完成。

从这个事例可以清晰地看到共同背景在话语交流中担当的角色：共同

---

① Clark, H. H. *Arenas of language use.* Chicago: University of Chicago Press, 1992, p.419.

背景既被用于话语交流，又通过话语交流被创造出来用于进一步的交流。交流者在交流中不断地从业已存在的共同背景中抽取信息来帮助交流者理解话语的语义与意图，同时又在交流中创造新的共同背景来进一步推动交流进行，交流者的解释与合作行为也在这样的过程中被完成，比如上面的话语交流过程可以图解如下：

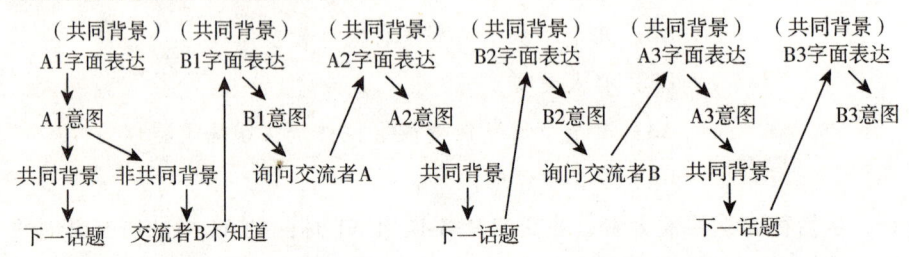

```
（共同背景） （共同背景） （共同背景） （共同背景） （共同背景） （共同背景）
A1字面表达    B1字面表达    A2字面表达    B2字面表达    A3字面表达    B3字面表达
    ↓            ↓            ↓            ↓            ↓            ↓
  A1意图        B1意图        A2意图        B2意图        A3意图        B3意图
   ↓   ↘         ↓            ↓            ↓            ↓            ↓
共同背景 非共同背景  询问交流者A   共同背景    询问交流者B    共同背景
   ↓       ↓          ↓           ↓           ↓            ↓
下一话题  交流者B不知道            下一话题                  下一话题
```

明白了共同背景在话语交流中担当的角色，那么就能看到共同背景与共享信念之间的关系，共同背景是一种共享信念，但是共同背景不等同于共享信念。在话语交流中交流者会从共享信念中抽取与话语（字面或意图）相关的共享信息来帮助解释与理解话语（字面或意图），即使是在交流中创造的共同背景，它也是为了进一步的解释与理解话语（字面或意图）。而共享信念是一个更广泛的概念，它在话语交流中担当的角色不仅仅是帮助解释与理解话语，而且还是话语交流的目标，话语交流从某种程度上说就是为了获得共享信念。话语交流过程常常被看成是一个交流者向另一交流者传递信息，传递意图的过程，而一个交流者在获得信息，知道意图时，实质上就是这个信息、意图被共享之时，也是交流顺利完成之时。比如：

例（3.20） A：我们今天晚上去看电影吧。
B：好啊。

交流者 A 提出一起去看电影，当交流者 B 说"好啊"，表明交流者双方取得了一个共享信念：一起去看电影。如果交流就到此结束了，那么在这里就不说交流者双方取得了一个共同背景，如果交流继续进行，在后面的交流中使用到了"一起去看电影"这一信念时，此时这一信念就可称为共同背景（当然也是共享信念），比如：

例（3.21） A1：我们今天晚上去看电影吧。
B1：好啊。

第三章　话语交流中的共享信念

　　　　A2：到什么地方去看呢？
　　　　B2：太平洋影城。

　　当交流者 A 提出到什么地方去看时，交流者 B 要理解这句话，必须要使用到前面达成的"一起去看电影"这个共享信念。此时这一个共享信念帮助理解"到什么地方去看"，就成了交流者双方的共同背景。

　　那么共同背景会不会涉及交流者之间的相互识别呢？如果共同背景涉及交流者之间的相互识别，那么共同背景又会是相互信念，共同背景就即是共享信念又是相互信念，这样共同背景实质上就是共同信念。因此，如果要说明共同背景不是共同信念，就需要指出共同背景仅仅是共享信念，而不涉及相互信念，对此我们需要找到这样的反例，需要对具体的话语交流事例进行考察。

　　我们前面说到共同背景有两种形式：一种是在话语交流前就业已存在的共同背景；另一种是在话语交流过程中建立的并用于进一步交流的共同背景。我们从下面的话语交流事例来考察这两种形式的共同背景：

　　例（3.22）　A1：今天晚上我们去电影《阿Q正传》吧？
　　　　　　　　B1：好啊，听说这部电影口碑很好。
　　　　　　　　A2：是的，宣传说是一部很优秀的片子。
　　　　　　　　B2：那一定得去看看了。

　　这个话语交流要正常的进行，交流者双方必须要具有业已存在的一些理解此话语的相关语言知识，我们将其记为 p。很明显，交流者 A 需要具有 p，交流者 B 也需要具有 p，即 p 是交流双方共享的信念，否则话语交流就无法进行。那么这里的 p 是否是一个相互信念呢？当交流者 A 在说出 A1 时，他是相信 B 具有 p，因为如果 A 不相信 B 具有 p 的话，A 作为理性的交流者将不会说出这样的话语。同样地，当话语 A1 被说出时，交流者 B 也会相信 A 是具有 p 的，因为 A 已经说出了 A1 这样的话语，交流者 B 通过 A1 也肯定相信 A 是具有 p 的。从这里可以看到，在交流中的业已存在的一个信念要是共同背景，它自然也会是共同信念，因为如果交流者 A 不相信 B 具有理解此话语的相关语言知识，那么交流者 A 是不会说出像 A1 这样的话语。在话语交流中不仅仅作为共同背景的语言知识具有这样的特征，其他类型的也会具有，比如社会文化、习惯风俗等，要在话语交流中

— 93 —

成为共同背景，它们也必须是相互信念。

例（3.23）　　A1：明天的圣诞节你怎么样过？

B2：和我的家人一起去参加化装舞会。

从这个话语交流中我们可以看到，明天是圣诞节（记为 p）是一个共同背景，这个共同背景是一个相互信念，首先交流者 A 相信交流者 B 具有 p，不然的话，这个话语交流就不会这样进行，交流者 A 会在说出此话语之前，确认了交流者 B 具有 p 之后，才会这样说，比如在说出 A1 之前会先说"明天就是圣诞节了"、"明天就是圣诞节了，你知道吗？"，等等，只有在交流者 A 相信了交流者 B 具有了明天是圣诞节这一信息之后，交流者 A 才会说出 A1。

我们来考察在话语交流中建立的并用于进一步交流的背景知识，比如例（3.22）中当 A1 被说出之后，A1 这个信息就成为理解 B1 的共同背景，那么 A1 是否是一个相互信念呢？当 A1 被说出后，很明显交流者 A 会相信交流者 B 会持有 A1，交流者 B 也会相信交流者 A 会持有 A1，如果不是这样的话，交流者 A 和交流者 B 会在进一步的确认之后才会接着开始后面的交流。

因此，无论是在交流之前就业已存在的共同背景，还是在交流过程中建立并用于进一步交流的共同背景，都应是共同信念（既是共享信念，又是相互信念）。通过这样的考察，我们很清晰地看到共同背景、共同信念、共享信念与相互信念、四者之间的关系：

$$\|共享信念\| \subset \|共同背景\| \subset \begin{cases} \|共同信念\| \\ \|相互信念\| \end{cases}$$

即共同背景是共同信念的子集，而共同信念又是共享信念与相互信念的子集，而共享信念与相互信念是互不包含的关系。

第五节　共享信念的取得

在话语交流中交流者双方如何才能达成共享信念呢？这一个问题预示着怎么样才能使一个非共享信念转变为共享信念，即在话语交流中交流者通过什么方式取得共享信念。在这里我们不探讨这种心理转变的过程，因

第三章　话语交流中的共享信念

为这种心理过程涉及交流者双方互知的问题，而交流者互知又会涉及信念的无穷倒退难题。我们在此想探究一个更深层次的问题，说话者说出一个话语 S 意图表达 p，这个意图 p 是如何为听话者所知道的，听话者知道 p 的方式有哪些？什么促成了交流者由非共享信念向共享信念转变？对这些问题的考察，我们将会从说话者与听话者两个方面展开，即说话者会使用什么方式使得一个私人信念变为共享信念，而听话者又会使用什么方式使得一个私人信念变为共享信念。

一　话语宣告

说话者在话语交流中都希望自己的话语（无论是字面意义还是意图）能够被听话者所把握，说话者要达到这样的目的最基本的方式就是宣告，向听话者直接宣告自己话语的意义与意图。宣告是在话语交流中公开某一话语意义与意图的行为，它可以是说出某句话，做出某个动作等，宣告能够改变听话者的认知状态，使得听话者从一种认知状态转变为另一种认知状态[①]，而非共享信念向共享信念的转变实际上就是听话者认知状态的转变，因此宣告能够实现非共享信念向共享信念的转变。比如：

例（3.24）　　A：我们一起去看电影吧。
　　　　　　　　B：不去！

在这里，交流者 B 的回答就是一个宣告，当 A 发出邀请的时候，在 A 的认知状态中存在不确定性：B 到底是去还是不去呢？当交流者 B 宣告说"不去"时，交流者 A 的认知状态从不确定转变为确定，交流者双方取得了一个共享信念：交流者 B 不去看电影。

交流中的话语有两个层面：一是字面指称表达，一是话语意图。当话语字面指称表达是非共享信念，通过宣告变为共享信念，宣告往往扮演着解释说明的角色，比如：

例（3.25）　　A1：你妻子刚买了可爱的哈士奇。
　　　　　　　　B1：哈士奇？

[①] 廖德明：《动态认知逻辑视域下的知识与信念：从动态认知观点看》，《毕节学院学报》2010 年第 1 期。

A2：一种叫哈士奇的宠物狗。

B2：哦。

A 向 B 谈及哈士奇，但是 B 不知道哈士奇是什么，因此，当 A 说出 A1 时，"哈士奇"的指称表述不是共享的信念。由于 B 不知道哈士奇是什么，于是 B 进行了追问，而 A 紧接着就进行了宣告，宣告了哈士奇是什么，而这种宣告的行为实际上是对哈士奇的指称表示进行解释说明。而正是这种解释说明的宣告使得一个非共享信念变为共享信念。

当话语意图是非共享信念，通过宣告变为共享信念，宣告往往扮演着证实的角色。因为说话者说出一个话语 S 意图 p 时，而对于听话者而言常常有两种情况：一种情况是不知道说话者说出这个话语 S 有何意图，说话者通过宣告直接告知意图；另一种情况是听话者往往会推测说话者的意图，说话者的宣告可以证实听话者的推测是否成立。比如：

例（3.26） A1：我为你办事情也需要四处跑关系、活动啊。
B1：你的意思？
A2：需要经费！
B2：哦。

A 说出 A1 的意图是在于说明办事需要经费，但是 B 不知道 A 的意图是什么，此时意图"办事需要经费"是一个非共享信念。当 B 进行询问时，A 将他的意图向 B 进行了直接宣告，此时 A 的意图"办事需要经费"就成了一个共享信念。

例（3.27） A1：我们今天打篮球去吧
B1：今天会不会下雨哟。
A2：你的意思是不想去打篮球。
B2：是的，不想去，怕下雨。

B 说出 B1 的意图在于不想去打篮球，只是在以会不会下雨进行推脱。A 也推测出 B1 的意图在于不想去打篮球，A 为了确定自己这种推测是否成立，于是 A 说了 A2。而 B 通过 B2 宣告了他的意图，使 B 的意图变为了共享信念，同时也是对 A 的推测进行了证实。在话语交流中有时听话者可能会误解说话者的意图，而误解实质上说明说话者的意图没有变成共享信念，通过说话者的宣告可以纠正这种误解，使得这一意图变成共享信念，比如：

例（3.28） A1：阿姨，我想跟小明谈些事情。
B1：他不在家。
A2：我刚看见他回家的。
B2：真不在家，他回来又马上出去了。

当 B 说出 B1 时，A 将 B 的意图理解为 B 故意撒谎，于是 A 说出 A2 来提供证据力图说明 B 在撒谎。然而 B 通过说出 B2 宣告他的意图确实是小明不在家，纠正了 A 的误解，从而也使这一信念由非共享信念变为共享信念。

如果是两个人之间的话语交流，那么通过宣告可以直接使非共享信念变为共享信念，但如果是多个人之间的话语交流则会复杂一些，宣告的形式也会有两种：公共宣告和私底宣告。公共宣告是指对交流中所有的人公开某一命题的行为，通过公共宣告所有的人都获得共享信念。发生在只有两个交流者之间的宣告实质上也是公共宣告。而私底宣告则是指对交流中部分的人公开某一命题的行为，通过私底宣告部分人获得共享信念，著名的泥孩难题就存在私底宣告的行为。

假设有三个小孩：A、B 和 C。A 和 B 前额上都有泥，只有 C 前额没有泥，每个小孩仅能看见对方前额，且他们也知道在他们之间至少一个前额有泥。现在他们都想知道各自的前额上是否有泥，思考了不久，C 就离开去喝水。在 C 离开的时间内 A 与 B 走到一块儿，A 对 B 说："你前额有泥！"，B 也对 A 说："你前额叶有泥！"之后，C 回来了。

这个著名的泥孩难题中就涉及一个私底宣告的行为，即 A 与 B 相互地向对方宣告"你前额有泥（p）"，这个宣告使得 A 和 B 的认知状态都发生了变化，也使得 p 成为 A 与 B 之间的共享信念。但是 C 的认知状态没有发生变化，C 还是不知道自己前额是否有泥，所以 p 没有被 C 共享。

宣告是使交流者之间的非共享信念变为共享信念的最直接、最简单的手段，也是交流者显示自己意图最有效的方式，但在话语交流中出于某种原因交流者并不会总是采用宣告这种直接的手段，可能会采用其他的手段，比如话语承认、手势、表情、躯体动作等手段。

二 话语承认

另一种在话语交流中达成共享信念的方式就是话语承认，当说话者说出话语时，听话者通过说出一些话语或声音来表示承认、同意，比如：

例（3.29）　A1：今天上午出现了日食。

　　　　　　B1：嗯。

　　　　　　A2：这是我们这个地区第一次出现日食。

　　　　　　B2：对。

　　　　　　A3：日食的情景太壮观了。

　　　　　　B3：就是。

当说话者 A 说出 A1 时，听话者 B 使用了"嗯"，"嗯"表示承认确实有这样的事情发生。同样地，当说话者 A 说出 A2 和 A3 时，听话者 B 使用了"对"、"就是"进行承认或同意。斯金格诺夫（E. A. Schegloff）将话语交流中这种表示承认或同意的语词称为"回链反应（back-channel responses）"，这些语词常常被用来标明说话者目前正放弃对话轮进行修补的机会，同时也表明听话者认为目前他们已经理解了这个话轮[1]。很明显，听话者认为他们已经理解了当前的话轮，意味着听话者对说话者说出的话语意义或意图已经把握，也标志着说话者说出的话语意义或意图为交流者双方所共享。

在日常的话语交流中，回应词"嗯"、"就是"、"对"、"好的"等常被使用来表示对说话者说出的话语进行承认或同意，除此之外，一些对说话者说出的话语进行评估的语词也会表示承认或同意，比如：

例（3.30）　A1：我儿子期末考试数学得了 90 分。

　　　　　　B1：不错，不错。

　　　　　　A2：你儿子期末考试数学得了 100 分。

　　　　　　B2：太棒了。

---

[1] Schegloff, E. A. Discourse as an interactional achievement: some uses of "uh huh" and other thongs that come between sentences. In D. Tannen (Ed.), Analyzing discourse: Text and talk. Georgetown University Roundtable on languages and linguistics. Washington, DC: Georgetown University Press, 1982, pp. 71-93.

说话者 A 说出 A1 时，听话者 B 说出 B1 对其进行了评价，同样，交流者 A 说出 A1 时，听话者 B 也说出 B2 对其进行了评价。这种语词在评价的同时，实际上也对说话者的话语进行了承认或同意，因此这种语词也间接地表示交流者双方取得了共享信念。

话语承认与话语宣告的不同在于，话语宣告是听话者直接用话语宣示自己的意图，而话语承认则是说话者说出话语意图，听话者仅仅是用话语进行承认或同意。两者都是达成共享信念的行为，而且达成共享信念的这两种行为是交流者很容易识别的，这两种行为也很容易使交流者双方知道对方知道不知道话语的意图。另外，这两种行为不需要交流者业已存在的共同背景（指称表达除外），因为这两种行为都对要表达的信念进行了直接确认。其实，在话语交流中，还有一些借助于共同背景来达成共享信念的副语言行为。

三　副语言行为

通过语言进行宣告可以说是交流者取得共享信念的明示行为，而其他的非宣告行为则可说是暗示的行为，暗示是指在话语交流中力图通过非言语宣告的形式来展现自己的话语意图，从而使听话者能够明白自己的意图。在日常的话语交流实践中，暗示的方式多种多样，常见的暗示行为有躯体动作与表情。

躯体动作　人类的躯体动作能够表达丰富的信息，在话语交流中有两种我们很熟悉的躯体动作：一是点头，当说话者说出一句话时，听话者如果点头，往往表示听话者同意或赞成对方所说的话语；一是摇头，当说话者说出一句话时，听话者如果摇头，往往表示听话者不同意或不赞成对方所说的话语。对于交流者而言点头与摇头所表示的这种信息业已是存在的共同背景，因此一旦在话语交流中有这样的行为出现，就说明交流者取得了共享信念，比如有三个人 A、B、C 的话语交流：

例（3.31）　　A1：我在工作中已经非常努力了，还是被解雇了。

B：你的意思是说你在公司受到了不公正对待。

A2：（摇头）

C：那是你公司要求太高，即使你非常努力也没有完成既定任务。

A3：（点头）

交流者 A 说出 A1 时，他实际上想说虽然自己在公司很努力，但仍然没有完成任务，这是 A 说 A1 的意图。交流者 B 力图揭示其意图，给出了一个可能性：公司不公正地对待他，但是交流者对此却做了摇头的动作，摇头这个动作传递出的信息对于 A、B、C 三人来说是共同背景，表示不同意 B 的说法，因此他们都知道交流者 A 说 A1 的意图不是公司不公正对待他。紧接着交流者 C 又给出了另一种可能性：公司要求太高，A 没有完成任务，对此交流者 A 做了点头的动作，同样这个动作传递的信息是共同背景，表示同意 C 的说法，因此他们都知道交流者 A 说 A1 的意图是公司要求太高，A 没有完成任务，至此交流者 A 说 A1 的意图"公司要求太高，A 没有完成任务"就成为共享信念。

在话语交流中说话者有时不愿意直接说明自己的意图，而是通过肢体动作表现出来，由于这些肢体动作所传递的信息是人们约定俗成的，一旦在话语交流中出现这样的动作，交流者双方都知道这些动作表示什么，那么这些动作实质上也如话语宣告一样，意味着交流者双方共享信念的达成。不过，在话语交流中有一类特殊的躯体动作，即当说话者说出话语时，话语指称不明晰或者使用语言又表达不出，于是说话者借助于动作来帮助描述、解释，以利于听话者理解自己的意图，比如通过手脚的动作、肢体的动作等。这种类型的躯体动作其目的也在于帮助交流者获得共享信念，但其作用仅仅在于辅助交流者理解，并不像话语宣告与点头、摇头那样直接意味着共享信念的达成。在话语交流中指称描述就会经常使用这类动作，克拉克（H. H. Clark）和布伦南（S. E. Brennan）提到在指称描述中建立共享信念有几个共同的技巧，其中一个技巧就是肢体动作[1]。比如，当一个说话者指涉一个附近的对象时，他可以通过指它、看它、触摸它来达成共享信念，比如：

例（3.32） A1：你能描述一下这种花的颜色吗？

---

[1] Clark, H. H., & Brennan, S. E. Grounding in commubication. In L. B. Resnick, J. M. Levine & S. D. Teasley (eds.). Perspectives on socially shared cognition. Washington: APA Books, 1991, pp. 127 - 149.

第三章 话语交流中的共享信念

B1：你指的是这种吗？（用手指着）

A2：就是。

B2：它是黄色的。①

当交流者A说出A1时，交流者不确定交流者说的是哪种花，于是他用手指这一动作来确认交流者A所指的花是什么。当交流者A用A2进行回答时，交流者B就知道了交流者A所指的花就是他用手指的那种花，于是他们取得了共享信念。"指"、"看"或"触摸"等的动作可以使交流者视觉到客观存在的对象或环境，为交流者提供一个共享的视觉空间，而这些共享的视觉空间可以提供给当前的交流者协作地理解当前话语交流意图的线索，从而有效地达成共享信念②。这类动作对于共享信念的达成效度会受说话者动作准确性以及听话者对动作认知程度的影响，说话者肢体动作越能够准确地指涉对象或意图，听话者对说话者肢体动作的认知程度越高，那么交流者双方就越能达成共享信念。换句话说，如果这些肢体动作传递的信息是交流者双方的共同背景，那么就能有效地帮助交流者达成共享信念，比如上面的那个会话事例，当交流者B用手指着那种花的时候，交流者A与交流者B都意识到"指"的这个动作是在指向并展示旁边的那种花，即在交流者双方的共同背景中"指"的动作有一种指向并展示的功能，那么交流者的这个"指"的动作就能有效地帮助交流者双方取得"这种花是黄色"的共享信念。

如果这些肢体动作传递的信息不是交流者双方的共同背景，交流者双方要达成共享信念，首先需要使这些肢体动作传递的信息成为共同背景之后，才能够进一步获得共享信念。比如交流者A是中国人，交流者B是非中国人，两人发生如下话语交流：

例（3.33）　A1：我们中国人对龙的看法很特别。

B1：龙？龙是什么？

----

① Clark, H. H., Schreuder, R., & Buttrick, S., (1983) Common ground and the understanding of demonstrative reference. *Journal of Verbal Learning and Verbal Behavior*, 22 (2), pp. 245 – 258.

② Gergle, D., Kraut, R. E., & Fussell, S. R. Action as Language in a Shared Visual Space. Proceedings of the 2004 ACM conference on Computer supported cooperative work, 2004, pp. 487 – 496.

A2：龙就是中国人想象出来的一个动物。（用手来比划形容龙是什么样的）

B2：你是说具有蛇身，头上有角的一个动物？

A3：而且身上还有鳞，头大有胡须的。

B3：但我还是想象不出来它是什么样？

A4：你还想象不出来？我找找看，……，网上有它的图片，你看，龙就是这样的。（指着网上搜索的照片说）

B4：哦，原来龙是这样的，很特别的一个动物。你说说看，中国人对它的看法有什么特别之处呢？

A5：在我们中国人看来，它是决定能否降雨以及旱涝的一个动物，常常被称作天之骄子。

  B不是中国人，他不知道中国人想象出来的"龙"，因此当A说出A1时，B由于不知道龙是什么样的，指称的是什么，他也就不能够知道中国人对龙的看法。他需要A向他说明龙是什么样的，于是A开始给B说明龙是什么样，但由于龙是中国人想象出来的、独有的一种动物，A要向B用语言说明非常困难，于是他使用了肢体动作来帮助说明龙这种动物是什么样的。在这里A实际上是想通过肢体动作来使B知道龙是什么样的，即试图形成理解话语A1的共同背景，然而A这里的肢体动作并没有形成共同背景，因为B还是不知道龙到底是什么样的。为此，A不得不另找办法来进行说明，最后他通过图片的形式向B说明了龙是什么样的，B也通过图片知道了龙是什么样的。现在龙是什么样就成为A与B都知道的共同背景，于是A与B才转入中国人对龙这一种动物看法的话题。对于A与B来说，这个共同背景的获得是必需的，如果没有达成这一共同背景，那么A与B是无法就此话题进行交流的，因而在这里才会插入达成"龙是什么样的"这一共同背景的交流。在A与B都知道了龙的指称之后，A才向B说出中国人对龙的特殊看法，B也知道了中国人对龙的特殊看法是什么，于是A与B就此取得了共享信念。

  从这里可以看到，A与B为了取得A5这一个共享信念，由于B不知道龙为何物，于是他们首先需要达成一个"龙是什么"的共同背景。A试图通过自己的肢体动作来使B获得这一共同背景，然而并没有成功，A不

第三章 话语交流中的共享信念

得已采用了图片展示的方法终于使 B 知道了龙是什么样的，达成了共同背景。在共同背景达成之后，这一共同背景顺利地帮助 A 与 B 取得了 A5 这一共享信念。

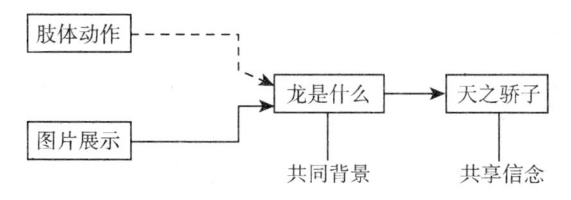

```
肢体动作 ┈┈┐
            ├─→ 龙是什么 ──→ 天之骄子
图片展示 ───┘    共同背景      共享信念
```

肢体动作不像话语宣告一样总是能够直接取得共享信念，如果肢体动作传递的信息是交流者双方知道的共同背景，那么交流者双方可以通过直接作为共同背景的肢体动作取得共享信念；如果肢体动作传递的信息不是交流者双方知道的共同背景，那么交流者可能需要通过交流使得肢体动作传递的信息成为共同背景之后，交流者双方才能取得共享信念。因此，肢体动作能否使得交流者双方取得共享信念，肢体动作是共同背景是一个必备的条件。

```
肢体动作 ┬─ 共同背景 ─→ 共享信念
         └─ 非共同背景 ─→ 共同背景 ─→ 共享信念
```

视觉注意 话语交流中的视觉注意也是取得共享信念的重要手段，视觉注意主要通过眼睛的运动来进行，眼睛运动会受到外在视觉世界的特征以及个体心灵加工的影响，眼睛的运动不仅会受对方话语的影响，也会影响对方的说话[1]。眼睛的运动可以作为交流者运用视觉注意来制造视觉共享空间的一个重要指标，交流者可以通过控制它们的注意来传递不同的态度、意图或社会角色[2]，比如交流中的相互凝视以及周围场景的注视等。在视觉共享空间中，交流者所处的场景视图信息和工作空间信息被呈现给交流者，这些视觉信息能使交流者情景地意识到当前的话语交流状态和对方的话语行为水平[3]。这些视觉共享的信息被作为证实共享信念的一个很

---

[1] Richardson, D. C., & Dale, R. Looking To Understand: The Coupling Between Speakers' and Listeners' Eye Movements and Its Relationship to Discourse Comprehension. *Cognitive Science*, 2005, 29(6), pp. 1045-1060.

[2] Argyle, M., & Cook, M. *Gaze and mutual gaze*. Cambridge, England: Cambridge University Press, 1976.

[3] Endsley, M. R. Toward a theory of situation awareness in dynamic systems. *Human Factors Special Issue: Situation Awareness*, 1995, 37 (1), pp. 32-64.

强的来源，通过目击交流中对方的行为，交流者能够更加容易地识别对方什么时候正在进行错误的行为，什么时候他们是混乱的而不能理解一个指令，什么时候他们没有理解自己交流的意图等①。比如一个导游与一个游客正骑自行车游览校园，游客在前而导游在后，在他们前面会有一个十字路口出现，由于导游熟悉校园的环境，校园的视觉信息对于导游而言是可及的，于是他对游客说："马上前面会出现一个大的女神雕塑，雕塑旁会出现一个十字路口，我们需要左转沿着小路骑行。"当游客继续骑行时，他通过对周围的视觉注意，"女神雕塑"、"十字路口"等视觉信息对游客会变得可及，实际上在游客与导游之间就形成了一个视觉共享的空间：导游与游客都会面对同样的视觉场景，去注意同样的视觉对象，获得同样对象的视觉信息。一旦游客获取了视觉共享空间的信息，那么他就能够理解导游所说的话语，即当游客看到"女神雕塑"、"十字路口"之后，他需要左转沿小路骑行，这样共享信念也被取得。

通过视觉注意来取得共享信念通常有两种形式：一种是对周围场景的注视。话语交流常常发生在具体的场景中，当交流中的话语是关涉具体的场景，对具体场景的视觉注意对于共享信念的获得就显得非常重要，因为他们可以通过视觉注意获得的信息来识别话语的指涉、事件的发生等。比如两个人在学校的教学楼前正交谈：

例（3.34） A1：这个教学楼顶上有一个奔牛雕塑。

B1：（抬头向教学楼顶楼看），有一个奔牛雕塑，而且还很壮观。

A2：在奔牛雕塑旁边还有几个大字。

B2：是有几个大字。

A3：几个大字是"奔腾向上"。

B3：（仔细地注视），是"奔腾不息"。

A4：（用望远镜看），对，是"奔腾不息"。

这一个话语交谈发生在一个教学楼前，也即交流者身处具体的场景

---

① Brennan, S. E. How conversation is shaped by visual and spoken evidence. In J. Trueswell & M. Tanenhaus (eds.). *World Situated Language Use: Psycholinguistic, Linguistic and Computational Perspectives on Bridging the Product and Action Traditions*. Cambridge, MA: MIT Press, 2004, pp. 95 – 129.

第三章 话语交流中的共享信念

中，交流者身处的场景能为他们提供视觉共享的空间。当交流者 A 说出 A1 时，由于 A1 中的"奔牛雕塑"涉及场景中实物的指称，话语 A1 表达的内容能否成为共享信念，关键之点就在于在这个场景中有无"奔牛雕塑"的存在。而要在这个场景中证实有无"奔牛雕塑"存在，对于交流者 B 而言，最简单的方式就是通过视觉注意看看在教学楼上有无一个奔牛雕塑。当交流者 B 抬头向教学楼顶楼看时，他视觉注意到顶楼上确实有一个奔牛雕塑，此时具体场景中顶楼上的奔牛雕塑为交流者 A 与 B 提供了视觉共享的信息，这个视觉共享的信息很自然地使得他们获得了一个共享的信念：教学楼顶上有奔牛雕塑。然而对于奔牛旁边的几个大字，情况却有一些不同，当交流者 A 说出 A3 时，交流者 B 仔细地去注视那几个大字，但是他获得的视觉信息显示那几个大字不是"奔腾向上"，而是"奔腾不息"。此时交流者 B 获得的视觉信息显示出与 A3 所表达出的内容不一致，也即是说交流者 B 不同意 A3 所表达的内容，交流者 B 通过自己的视觉注意识别了 A3 的虚假，这在另一方面也说明话语 A3 所表达出的信念没有成为共享信念。最后，交流者 A 通过重新调整自己的视觉注意，用望远镜来更仔细地观察，发现确实是"奔腾不息"，这样交流者 A 与 B 又取得了共享的视觉信息，此时交流者双方也达成了共享信念。

交流者对周围场景的直接注视为共享信念的达成提供了重要证据，交流中的话语常常会引导交流者去注视与话语描述的相关视觉场景，而相同的视觉场景通常会为交流者提供相同的视觉信息，交流者更加可能就此形成相同的解释[1]。同时交流者之间相似的视觉注意往往会导致相似的认知状态，相似的认知状态则更加可能形成相同的信念，即达成共享信念。比如两个人同时注意一本红色的书，由于他们同时用相似的视觉注意去关注一个相同的场景，他们两个人更可能获得相似的认知状态：我们面前有一本红色的书，而这相似的认知状态"我们面前有一本红色的书"实质上成为了他们共享的信念。

---

[1] Pomplun, M., Ritter, H., & Velichkovsky, B. Disambiguating complex visual information: Towards communication of personal views of a scene. *Perception*, 1996, 25 (8), pp. 931 – 948.

另一种是对交流者的注视，在交流中交流者的目光注视也为达成共享信念提供了重要证据。目光的注视在交流中扮演着三种交互功能[①]：一是持续观察（monitoring），持续观察是指交流者双方在交流中彼此注视对方，说话者注视听话者，听话者也注视说话者，通过交流者彼此的注视能够觉察视觉信息的输入，能够知晓他人的心情与意图的线索。

（1）听话者注视说话者是为了更好地看见说话者。

（2）说话者注视听话者，使得听话者能够更好地看见说话者。

（3）听话者注视说话者，使得说话者能够更好地看见听话者。

（4）说话者注视听话者是为了更好地看见听话者。

二是规范（regulation），交流者的注视与几个协同处理和交流控制功能性关联：话轮转换和信息结构，交流者不能直接可及对方的交流目的，他们不知道对方是否想与他们进行话语交流，但是交流者具有综合的感知觉，他们能够感知交流中的兴趣程度，而兴趣程度最初通过注视与意图趋向决定。交流者不会毫无理由地、纯粹地注视对方，他们注视对方是为了协调双方的交流行为，使得交流者交流行为成功。

三是表达（expression），A正注视B，B能够将A的注视解释为A正在看B的一个信号，因为A想注意B正在说的，也显示出A知道B将会"读出"A的行为。因为交流中的注视是相互的，A能够用A的眼睛看见B正在用B的眼睛看他，所以A不仅能够有意图地使用注视来纯粹地注意B，而且还能够使用注视来标识出他对B的注意。注视首先可能是注意对方的一个指标，其次它也可能是对交流者所说的感兴趣的一个信号，最后它可能意味着注视者想对方识别他的这一注视行为，想对方识别和理解激发这一行为的实践意图，即A正在注视B，那么A的注视具有使B注意到A正在注视B这一意图。

最后这种功能在话语交流实践中是非常重要的，因为当听话者看见说话者正注视着他，他可能寻找这种注视行为的理由，努力去发现为什么说话者持续地在注视他，对方需要一种回馈与反应，而话语交流涉及合作，

---

① Heylen, D. Head Gestures, Gaze and the Principles of Conversational Structure. *International Journal of Humanoid Robotics*, 2006, 3 (3), pp. 241–267.

那么这种回馈与反应就是对对方所说的话语是同意还是不同意。因此，交流中对他人的目光注视就包含着某种态度或意图：赞成或不赞成；感兴趣或不感兴趣。当听话者对说话者的话语赞成或感兴趣时，听话者往往会很专注地凝视说话者；而当听话者对说话者的话语不赞成或不感兴趣时，听话者会目光散乱地注视说话者，显得心不在焉。同时，交流者的目光注视常与其他的面部表情结合来展示更加明显的态度与意图，比如微笑、嘴型、头部行为等。

凝视＋微笑＋合嘴＝同意或赞成

斜视＋冷笑＋歪嘴＝不同意或不赞成

如果在交流中听话者出现斜视＋冷笑＋歪嘴的情况，这往往是听话者发出不同意或不赞成说话者话语的信号线索，在此时说话者与听话者没有就所说的达成共享，没有取得共享信念。如果交流中听话者出现凝视＋微笑＋合嘴的情况，这往往是听话者发出同意或赞成说话者话语的信号线索，在此时说话者与听话者就所说的达成了共享，取得共享信念。

第四章 话语交流中预设的动态认知

传统的语用理论认为认知语境在话语交流过程中扮演着两种角色：(1) 它应当包含关于话语交流情景的足够信息，以利于决定一个句子会表达什么；(2) 它应当包含关于交流者对话语交流主题的共同假定的足够信息，以利于决定是否说话者所说的是适当的，还是不适当的[1]。认知语境扮演的这两种角色功能也表明了在认知语境中会存在有两种形式的语境信息，一种是被交流者共同假定的信息，这种被交流者共同假定的信息能决定说话者所说的话是否适当；另一种是不被交流者所共同假定的信息，而这种信息仅仅关涉句子的表达内容。话语交流中的共同背景就是一种被交流者共同假定的信息，共同背景能够决定所说话语是否适当，然而要解释话语交流中说话者所说话语是否适当，不仅仅要根据交流者所相信的与意欲的，而且还需要根据说话者所预设的[2]。对预设的看法经历了从语义向语用、从忽视语境到重视语境的转变，而语用预设最核心的一个理念就是话语的预设是说话者假定为理所当然以及假定为交流者双方都认为是理所当然的。因此，预设常常通过使用背景信息或共同背景来进行解释，然而目前对于这些解释还需要进一步的厘清。

第一节 预设：背景信息还是共同背景？

在话语交流过程中常常会出现这样一种现象：一些话语会传递出一些

---

[1] Van-Rooij, R. *Attitudes and Changing Context*. Belin: Springer, 2006, p. 147.
[2] Stalnaker, R. C. Pragmatics. *Synthese*, 1970, 22, pp. 272-289.

第四章 话语交流中预设的动态认知

额外的信息，承载着使这些话语适当的条件，当一个句子携带着这种条件时，我们常常就说这个句子预设（presuppose）这个命题①。比如句子"我知道你是对的（S1）"预设着"你是对的（S2）"，S2 是 S1 存在的前提，如果 S1 为真，则 S2 为真；如果 S1 为假，则 S2 无所谓真假。当说话者说出一个带有预设的句子时，说话者往往认为这个句子预设的东西是理所当然的，因而预设实质上是说话者的一种命题态度，表现了说话者对句子隐含信息的命题态度。这样预设在本质上就属于一种认知语境，然而仅仅将预设归于交流者的认知语境显然不够明确，因为认知语境由上下文知识、情景信息和背景信息构成，那么预设到底属于认知语境中的哪一个呢？

熊学亮指出预设属于背景信息，但背景信息却不一定是预设，预设与背景信息的关系是：‖预设‖⊂‖背景信息‖，即预设是背景信息的一个子集这样一种"被包容"关系②。他特别给出了一个事例来说明背景信息不一定是预设：

例（4.1）（熊学亮，2007：166）

  A：法国的国王是光头吗？
  B1：对。
  B2：不。
  B3：是吗？
  B4：可能是吧。

在这个事例中，熊学亮认为 B1 到 B4 的言语反应是针对问句中的信息"是光头吗？"，只有这一信息才是相关的，但显然这一信息不是预设。同时他也提到了在英语中的关系从句往往也提供背景信息，但其已经用语言文字表达出来了，因此不是预设，比如在句子"作为他的老师我有责任使他努力学习"中，"作为他的老师"提供了一种理由信息，这种理由信息也是一种背景信息，但是这种背景信息是已用语言文字表达出来了，因而不是预设。

从这里可以看到，熊学亮区分预设与背景信息的一个标准就是信息是

---

① 廖德明、李佳源：《话语中的反预设及其触发机制》，《西华师范大学学报》2014 年第 3 期。
② 熊学亮：《语言使用中的推理》，上海外语出版社 2007 年版，第 166 页。

否是隐含的，预设的信息都隐含在说话者所说的话语中，被话语所承载，而背景信息则不完全是，它既可以隐含在话语交流过程中，也可以被所说的话语明示出来。熊学亮的这种区分是从预设的语义定义出发，仅仅注意到了两者之间表面直接体现出来的特征。付玉成和扬帆则更进一步，他们认为预设不仅仅是一种背景信息，而且背景信息还是预设产生的温床，是预设的题材库，预设产生的原因是背景知识的一部分被认为具有主体间的真值，并把这一部分提取出来作为交流的基础，背景信息是预设产生的必要条件[①]。付玉成和扬帆在阐述预设与背景信息的关系时，存在一个致命的错误，那就是将背景信息与共同背景相混淆，他将背景信息定义为"陈述一个论断或进行话语交流时，交际主体双方所拥有的隐含的知识结构"。而预设是"对交流双方都可理解、都可解释的某种背景知识的显现"。然而背景信息与共同背景不同，背景信息既可以是交流中私人拥有的信息，也可以是交流中共同拥有的信息，他对背景信息的定义很明显是共同背景的定义，造成他的预设实质上是一种共同背景。

预设是一种背景信息这一点是无可置疑的，将预设看作是背景信息利于将句子断定的信息与句子预设的信息区分开来，比如：

例（4.2） 小王停止了吸烟。

例（4.2）断定了小王没有吸烟了，但是预设了小王过去曾吸烟。断定的信息是话语交流中说话者做出了判断的信息，断定的信息是句子表达出来的内容信息，而预设的信息则是话语交流中说话者拥有的背景信息，这种背景信息是被话语所承载的信息。但是背景信息却不仅仅就只是预设，我们常常将话语交流中的背景信息视作是交流者用于理解话语而具有的信息，交流者用于理解话语而具有的信息在外延上就会更广泛，比如：

例（4.3） A：每一个中国人都应遵守中国的宪法，不能无视中国的宪法。

B：对，香港人也应该遵守中国宪法。

在这个话语交流中，在说话者 B 的心中有一个信念"香港人是中国人"，而这个信念是说话者 B 具有的背景信息，正是说话者 B 具有这样的

---

① 付玉成、扬帆：《预设理论中的"背景知识"论析》，《理论界》2011 年第 11 期。

第四章 话语交流中预设的动态认知

背景信息，才促使交流者 B 说出"香港人也应该遵守中国宪法"这一话语。很明显，这里的背景信息与作为预设的背景信息是不同的，它不是被话语所承载的信息，而是话语之外的说话者已具有的背景信息。

另一种背景信息是用于听话者理解说话者话语的，而不是说话者的背景信息。比如：

例（4.4）　小王知道他妹妹离家出走了。

要理解例（4.4）的话语，需要有两种形式的背景信息：一种是作为预设的背景信息，即当说话者说出这句话时，这句话携带着说话者所具有的背景信息，即他妹妹离家出走了，预设意味着说话者应具有的背景信息。另一种是相关的语言知识，比如句子中语词的所指、句法结构以及整个句子的语义等。这种背景信息外在于此句子，是听话者用于理解这个句子的，意味着听话者应具有什么样的背景信息来理解话语，如果听话者具有了这样的背景知识，那么听话者就能理解话语的意义。

因此，如果简单地将预设等同于背景信息，那么这种看法会显得比较粗糙，因为在话语交流中说话者与听话者都会有相应的背景信息，那么作为背景信息的预设到底是指说话者的背景信息，还是指听话者的背景信息，还是指听话者与说话者共有的背景信息呢？比如在例（4.2）中当说话者说出"小王停止了吸烟"这句话时，其预设"小王过去曾吸烟"很明显是说话者的背景信息，而且说话者也认为这一预设信息对于听话者而言是理所当然的。因此，从这一角度来看，仿佛可以根据共同背景来分析预设，过去也的确有一部分语用学家将预设描述为：

（1）句子 A 语用预设 B，当且仅当，在 B 已经被共同背景 C 所蕴含的条件下，为了增加共同背景 C 而说出 A 是适当的[①]。

（2）一个话语 A 语用预设命题 B，当且仅当，仅仅当 B 被交流者相互知道时，A 才是适当的。[②]

无论是（1）还是（2）都强调预设是共同背景，不同在于（1）认为预设是被共同背景所蕴含的，而（2）认为预设就是一种共同背景，因此

[①] Karttunen, L. & Peters, S. Conventional Implicature in Montague Grammar. *Proceedings of the First Annual Meeting of the Berkeley Linguistics Society*, 1975, pp. 266–278.

[②] 转引自 Levinson, S. C. *Pragmatics*. New York: Cambrige University Press, 1983, p. 205。

(2) 是一种更强的观点。然而共同背景意味着说话者双方共同相信预设的信息，而不仅仅是说话者认为听话者相信这一信息是理所当然的，说话者认为听话者相信这一信息是理所当然地与听话者真正地相信这一信息之间还存在缝隙，因为认为别人相信并不等于别人真正地相信。这一点是将预设描述为共同背景面临的最大问题，也是受到批评最多的地方。如果预设是共同背景，那么话语就无法通过预设传递出新信息[①]，比如：

例（4.5） 很抱歉我迟到了，我的车子半路坏了。

预设：*说话者有一辆车子。*

例（4.5）的话语预设了说话者有一辆车子，很明显这个预设的信息是说话者的背景信息，但是对于听话者而言，却有两种可能性：一种可能性就是听话者事先也相信说话者有一辆车子，此时这个预设的信息就是双方都相信的共同背景；另一种可能性就是听话者事先不相信说话者有一辆车子，说话者有一辆车子对于听话者来说是新的信息。在这两种可能情况下，说话者说出例（4.5）这样的话都是适当的，然而将预设描述为共同背景预示着话语通过预设传递出的信息是旧信息，就会将另一种可能性排除在外，这表明将预设视作是共同背景会显得太强，这种强的预设观点需要被改进。

第二节 说话者预设观

将预设视作是共同背景，其实是从说话者与听话者两个维度在考虑预设，然而这种强的预设观目前还无法确切地回答听话者是否在话语说出之前就相信话语预设的信息。正是由于这个原因，后来形成了一种相对弱化的观点，那就是从说话者的角度来看待预设，将预设视作是说话者预设（speaker presupposition）[②]。比如：

例（4.6） 我的妹妹去北京求学了。

当说话者说出这个话语时，这个话语会涉及一个预设：说话者有一个

[①] Gazdar, G. *Pragmatics: Implicature, presupposition and logical form.* New York: Academics Press, 1979, p. 106.

[②] Stalnaker, R. C. Common ground. *Linguistics and Philosophy*, 2002, 25 (5), pp. 701–721.

第四章 话语交流中预设的动态认知

妹妹，而这个预设的信息预示着：(1) 说话者相信这个预设信息，如果连说话者本人都不相信这个信息，那么说话者说出例 (4.6) 就会是不适当的。(2) 说话者假定了听话者相信他有一个妹妹，这说明说话者相信听话者相信他有一个妹妹。(1) 与 (2) 的结合实质上表明说话者预设是说话者相信为共同背景的信息，即说话者预设是说话者关于共同背景的信念。如果 B_A 是一个说话者的信念算子，表示说话者 A 相信，C 是一个共同背景算子，那么 $B_A C$ 就是一个说话者预设算子，表示说话者 A 相信 C。如果 p 是话语预设的信息，则：

说话者预设 $=_{def} B_A C_p$

这个定义意味着一个说话者必须相信他（她）预设的任何信息，即 A 是一个说话者，并且 A 相信 p 是一个共同背景，那么 A 一定相信 p。然而这与我们的直观不符，事实上一个说话者不必相信他所预设的，因为一个说话者能够说出带有他自己相信预设不是真的话语[1]，比如：

例 (4.7) 孙悟空大闹了天宫。

当说话者说出这个话语时，这个话语有一个预设：存在一个孙悟空。然而在现实世界中却并不存在孙悟空，这个预设是假的，说话者不必相信这个预设，可说出像例 (4.7) 这样的话语却是适当的。因此，对于说话者预设还需要精细化的定义，斯塔尔纳克（R. Stalnaker）为此进行了努力，他也将说话者预设看作是说话者关于共同背景的信念，然而他对共同背景进行了重新定义[2]。他认为应该根据说话者接受来定义共同背景，而接受是一个命题态度和对一个命题的方法论立场范畴，这一范畴包括信念，也包括与信念相反的一些态度，比如预测、假定、对一个询问或论证目的的接受等。接受一个命题就是由于一些理由将它当作是真的，信念是一个最基本的接受概念，将一个命题当作是真的最简单理由就是一个人相信它是真的，但有时接受观念可能与信念相分离，因为即使一个人意识到一种情况是真实的情况，一些命题仍旧是错误的，比如一个人可能假定无罪来确保公平，一个人可能对应急计划的目的做出假定，一个人可能为了

---

[1] Simon, M. Presupposition and Accommodation: Understanding the Stalnakerian Picture. *Philosophical Studies*, 2003, 112 (3), pp. 251–278.

[2] Stalnaker, R. C. Common ground. *Linguistics and Philosophy*, 2002, 25 (5), pp. 701–721.

论证的目的承认某些事情。当需要通过接受一个交流者不相信的命题来推进交流时，共同背景就需要建立在与信念相分离的接受观念基础之上。正是考虑到这一点，斯塔尔纳克认为共同背景就不应仅仅通过信念来刻画，而应根据接受来刻画。

共同背景：p 是一个群体中的共同背景，当且仅当，这个群体中的所有成员都接受 p，并且所有的成员都相信所有成员都接受 p，所有成员都相信所有成员都相信所有成员接受 p，……。①

这样，说话者预设可以被描述为：

说话者预设：说话预设 p 的说话者将会相信他（她）自己接受 p，并且相信每个人接受 p 是一个共同信念。

将预设视作是说话者预设，并且将说话者预设建立在修正的共同背景基础之上，当预设的信息 p 是真的或者是假的时候，说话者说出的话语都可能是适当的。这样，说话者预设就超越了语义预设，语义预设是根据真值条件来定义的一种语义关系：一个句子 S 预设 p，当且仅当，如果 p 是真的，S 要么是真的，要么是假的。语义预设使用句子的真值条件内容来解释话语中的预设现象，然而在实际的话语交流中，句子的预设是说话者认为理所当然的，是说话者的一种命题态度或信念，因而应是说话者预设。说话者预设承认预设可以根据语义预设解释，但是语义解释仅仅是预设的一种可能解释，还可能有其他的情况：当预设是假的时候，带有预设的句子也会是适当的。

除此之外，由于说话者预设是建立在修正的共同背景基础之上，说话者预设根据接受来进行刻画，而非信念来刻画。说话者预设仅仅是说话者对于预设信息 p 的接受，以及相信听话者会接受 p，但是对于预设的信息 p 交流者（说话者或听话者）可以不真正地相信。这就使得预设的信息 p 对于说话者来说不一定是旧信息，对于听话者来说也不一定是旧信息。因为说话者相信听话者会接受 p 并不能保证听话者之前就相信这一信息，也不能保证听话者就会相信这一信息，比如一个父亲与他的儿子进行谈话，父亲想通过谈话来确认儿子是否吸过烟，于是他对儿子说：

---

① Stalnaker, R. C. Common ground. *Linguistics and Philosophy*, 2002, 25 (5), p.716.

第四章 话语交流中预设的动态认知

例（4.8） 你是否停止吸烟了？

父亲说出的这句话预设：儿子以前在吸烟。然而父亲说出例（4.8）这样的话语仅仅是一种说话的策略，通过这种策略来确认儿子是否在吸烟，作为说话者的父亲并不知道他儿子以前吸不吸烟，他也不一定真正地相信他儿子以前在吸烟。此时，这个预设的信息对于说话者来说是还没有确定真假的信息，也无所谓相信不相信这个信息，但是为了通过交流来确认儿子是否吸烟，他接受这个预设的信息，故意说出例（4.8）这样的话语。而对于作为听话者的儿子来说，如果他以前确实在吸烟，那么这个预设的信息就是一个旧的信息，他会对例（4.8）做出肯定性回答。如果他以前没有吸过烟，那么这个预设的信息就是一个新的信息，并且这个预设的信息也是假的信息，他会对这个预设的信息进行更正性的回答。

说话者预设是建立在修正的共同背景基础之上，而我们常常将共同背景视作是一种共同信念，那么这种修正的共同背景是否也能使用共同信念来进行刻画呢？斯塔尔纳克（R. Stalnaker）认为共同信念是共同背景的模型，即使建立在更广泛的接受概念基础上的共同背景的逻辑也与共同信念的逻辑同一[①]，比如：

例（4.9） （Stalnaker，2002：709）

我不能到会了，我必须去机场接我的妹妹。

说话者说出此话语预设：说话者有一个妹妹，仅仅在说话者正假定他有一个妹妹的情况下，这句话才是适当的。同时说话者也在此刻假定了如下共同信念：（1）说话者与听话者都具有使用语言的能力；（2）说话者与听话者都期望彼此能适当地说话。从这些假定自然地可得到：说话者相信他有一个妹妹是共同信念是一个共同信念，虽然在这里还不能得到说话者有一个妹妹或者听话者将会相信说话者有一个妹妹将会真正地是一个共同信念，然而可以通过下面的推理得到：

说话者相信 p 是共同信念是一个共同信念

听话者相信 p

所以，p 是共同信念。

[①] Stalnaker, R. C. Common ground. *Linguistics and Philosophy*, 2002, 25 (5), p.717.

只要说话者有一个妹妹这个命题使得听话者相信言语行为会因此而发生，那么说话者有一个妹妹就会确实是一个共同信念，说话者的这个是共同信念的信念将会是正确的。然而假定在言语行为之前，听话者没有说话者有一个妹妹这样的信念，以及说话者相信听话者不相信他有妹妹，在这种情况下说话者作出这样的预设还合理吗？这将会依赖于说话者是否相信听话者将会相信他有一个妹妹，假设说话者相信听话者准备毫无反对地相信，因为通常情况下说话者知道他自己是否有一个妹妹是之前默认的一个共同信念，此时说话者的这一相信就将是合理的，这就能够充分地使说话者在话语交流的适当时刻相信说话者有一个妹妹是一个共同信念。

从这里可以看到，说话者预设的满足要借助于交流者的认知状态，即通过交流者一方识别另一方将某信息视作修正的共同背景方式来使此信息变为共同背景的过程，这样的过程被斯塔尔纳克称为"预设顺应（accommodation）"。斯塔尔纳克（R. Stalnaker）认为预设顺应重要的一点就是识别一个语境是否是缺省的（defective），在一个非缺省的语境中，交流者关于共同背景的信念都是正确的，并且每一个交流者都预设了同样的信息。而在一个缺省的语境中，可能会有两种情况：一种语境是缺省的，但是交流者都相信语境是非缺省的，一种是交流者意识到语境是缺省的，此时就需要一些正确的言语行为。缺省语境常常表现为，说话者说出某个信息来显示说话者相信 p 是共同信念，而听话者即使在已经识别了说话者已经预设了说话者相信 p 是共同信念之后，他还是不相信 p。比如王英对正抱着小女孩的张霞说：

例（4.10） 小男孩多大了呀？

王英说出的这个话语预设了：张霞抱着个小男孩。但是对于听话者张霞来说，张霞能够识别王英将张霞知道是错误的预设信息视作了共同信念，张霞对此的反应可以是直接更正王英，比如回应说："我抱的是女孩"，也可以是通过预设的方式显示她抱的是女孩，比如回应说："小女孩今年 2 岁了"。如果例（4.10）这句话预设的信息与交流的目的无关联，张霞就可能为了推进话语交流，不使话语交流因为更正预设信息而被干扰，她可能忽视此预设信息，默许地接受例（4.10）预设的信息。在这里张霞的顺应不是通过相信例（4.10）预设假信息的方式，而是通过接受其作为共同背景的一部分。

从这里可以看到，斯塔尔纳克（R. Stalnaker）这里的预设顺应实质上是在言语行为过程中对交流者的预设进行调整，并且这种调整是通过共同背景与共同信念相分离的方式来达成。因此，斯塔尔纳克（R. Stalnaker）的说话者预设其实涉及两种情况：一种情况是说话者预设与共同信念同一，这种情况发生在非缺省的语境中；另一种是说话者预设与共同信念相分离，这种情况发生在缺省的语境中，此时就需要进行预设顺应。如图：

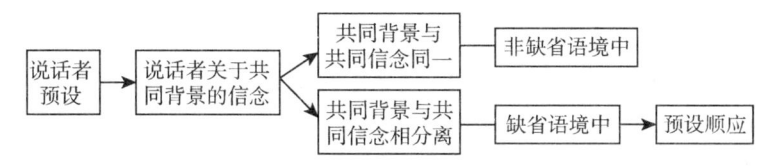

说话者预设 → 说话者关于共同背景的信念 → 共同背景与共同信念同一 → 非缺省语境中
　　　　　　　　　　　　　　　　　 → 共同背景与共同信念相分离 → 缺省语境中 → 预设顺应

第三节　说话者预设的争议与修正

一　信念还是接受？

说话者预设将预设视作是说话者关于共同背景的信念，说话者会相信自己接受预设的信息，并且相信听话者接受预设的信息。但是萨多克（J. Sadock）指出说话者预设在解释像下面这样的话语交流的事例时会存在困难[①]：

例（4.11）　A：你是去吃午餐吗？

B：不，我得去接我妹妹。

在这个话语交流事例中，限定性名词"我妹妹"涉及一个预设：说话者 B 有一个妹妹。根据说话者预设观，仅仅当说话者 B 假定了听话者 A 相信他有一个妹妹时，说话者 B 说出的话语才是适当的。然而萨多克（J. Sadock）认为这种交流即使在"说话者 B 没有假定听话者 A 知道他有一个妹妹"这样的语境中也会是极其自然，比如在 A 与 B 初次相遇的语境中。于是萨多克认为应该对说话者预设进行修正，不应该要求说话者将信念归于听话者，而是说话者仅仅需要假定听话者没有理由对预设的信息进

[①] 转引自 Abbott, B. Presuppositions and common ground. *Linguistics and Philosophy*, 2008, 21, p.525。

行怀疑,即假定预设的信息是无争议的(noncontroversial)。

萨多克提出的这个问题主要是针对斯塔尔纳克(R. Stalnaker)早期的说话者预设观,斯塔尔纳克在 1974 年曾给出了说话者预设如下描述:

"一个命题 p 是一个说话者在给定语境中的语用预设,仅仅如果这个说话者假定或相信 p,假定(或相信)听话者假定(或相信)p,并且假定或相信他的听话者识别他正在制造这样的假定或有这些信念。[①]"

从早期对说话者预设的描述来看,说话者预设确实无法对萨多克所给出的语境进行合理地解释,因为在话语交流的具体语境中,说话者不是非要假定听话者相信 p,他才能说出一个带有预设 p 的话语,比如一个老太太在大街上向一位正在执勤的警察问路:

例(4.12)老太太:请问北湖路 19 号怎么走啊?我要去那里看我多年不见的女儿。

警察:向前走 50 米就到了。

在这个话语交流中,老太太说出的话语"我要去那里看我多年不见的女儿"预设:老太太有女儿。而当前的语境就是萨多克所说的初次相遇的语境。在这样的语境中,由于老太太与警察是初次相遇,老太太也知道警察对她的所有情况是陌生的,因此老太太在说带有此预设的话语之时并不会假定警察会相信"他有一个妹妹"。那么为什么老太太还要说出带有此预设的话语呢?虽然萨多克没有对此进行说明,但是在这里我们可以看到其原因是话语交流顺畅进行的需要,当老太太问询北湖路 19 号怎么走的时候,按照事理的序列:去那里就会有去那里做什么的问题。当然老太太会有两个选择——可以说去那里做什么,也可以不说去那里做什么,由于老太太与警察是初次相遇,老太太知道警察对她的情况应该是一无所知,老太太说要去那里看女儿与不说要去那里看女儿的效果都是一样,警察也没有理由会相信她有多年不见的女儿。因此,老太太说出带有此预设的话语并不会假定警察会相信他有多年不见的女儿,她只是在完成话语交流的事理序列,她要凸显是去那里对自己很重要,期望警察能告知自己,她说出

---

① Stalnaker, R. C. Pragmatic presuppositions. In M. K. Munitz & P. K. Unger (eds.). *Semantics and philosophy*. New York: New York University Press, 1974, pp. 197 – 214.

第四章 话语交流中预设的动态认知

带有此预设的话语只是为这一话语交流的目的服务，并不会在意警察会不会相信她有一个女儿。

斯塔尔纳克后来也注意到了萨多克提出的这个问题，他没有对这个问题进行专门的回应，但是从斯塔尔纳克后期对说话者预设的修正来看，他对萨多克提出的这个问题还是有所考虑。斯塔尔纳克在之后虽然也坚称说话者预设是说话者关于共同背景的信念，但是对于共同背景的描述却并不像前期一样根据信念来描述，而是根据接受来描述，接受是比信念更广的一个范畴，它不仅仅包括信念，而且还包括推测、假定以及对一个论证或问询目的的接受。虽然斯塔尔纳克（R. Stalnaker）在论及接受概念的性质时，特别强调了只要是对推进话语交流有用，那么不管这个预设的信息到底是真的，还是假的，不管说话者或者听话者是否真正地相信它，对于说话者或听话者来说这个预设的信息都是可接受的①。由于共同背景是根据接受来刻画，而非信念来刻画，这就使得斯塔尔纳克后期的说话者预设会具有更强的解释力，萨多克提出的问题实质上得到了解决。修正后的说话者预设表明了预设的信息即使是假的，只要对于交流的推进有用都可接受，更不用说对于萨多克提及的无争议的或者没有理由怀疑的预设信息了，无争议的或者没有理由怀疑的预设信息很自然地也应该是可接受的。

二 说话者预设中的顺应

斯塔尔纳克在论及说话者说出带有预设的话语时，当预设的信息在说话时刻并不为听话者所具有时，预设的信息将会通过顺应（accommodation）变为共同背景。"预设顺应"一词由刘易斯（D. Lewis）首先提出，他将预设顺应表述为②：

如果在时间 t 被说的东西需要预设 p 是可接受的，并且如果 p 在 t 之前正好没有被预设，那么——在其他条件不变和一定限度内——预设 p 在时间 t 产生。

---

① Stalnaker, R. C. Common ground. *Linguistics and Philosophy*, 2002, 25 (5), p.716.
② Lewis, D. Scorekeeping in a language game. *Journal of Philosophical Logic*, 1979, 8 (1), p.340.

预设顺应实质上是指如果在说话时刻 t 之前话语预设的信息没有被听话者所具有，那么随着话语交流的动态进行，这个没有被听话者所具有的预设信息会自动地变为共同背景的一部分。斯塔尔纳克试图通过预设顺应来完善早期说话者预设定义，使得说话者预设的解释力更强，比如他给出的事例"我不得不去机场接我的妹妹"，即使听话者在先前没有说话者有一个妹妹这样的信息，也会通过预设顺应的调整来使得听话者具有这样的预设信息，从而也使得这一预设信息成为共同背景。

正如西蒙斯（M. Simons）所说，斯塔尔纳克所设想的预设顺应与刘易斯所提出的预设顺应存在一些差异①。在刘易斯所说的预设顺应过程中，话语交流的效果（the conversational score）（是话语交流的一种性质，而非每个个体的说话者）会经历一个变化来保证说出话语的适当性，其实质是说出话语的预设需求所驱动的一个语境固定（context-fixing）过程。然而斯塔尔纳克所说的预设顺应则是话语交流者尽量合作地使他们的预设与他人的预设相匹配，"顺应涉及调整一个语境，但是不涉及修补语境，这种调整会随着实践的发生而必然地发生，是一种正常的调整，并且交流者会意识到他们具有。②"因此，刘易斯的预设顺应是通过外在语境动态变化来使得话语变得适当，而斯塔尔纳克的预设顺应则是通过交流者信念变化来使得话语变得适当，两种顺应的路径迥异，一种借助于预设需求所驱动的语境变化，而另一种则借助于交流者内在的认知变化。

但对于斯塔尔纳克通过预设顺应来修补共同背景的方式，盖兹达（G. Gazdar）、索姆斯（S. Soames）、萨扎波（Z. G. Szabó）和雅培特（B. Abbott）等表示了反对③。索姆斯认为预设增加到一个话语交流语境中会削弱在一个话语之前的交流语境中预设命题的存在成为这个话语适当的必要条件。萨扎波更是提出了一个反例，这个反例表示如下：

---

① Simons, M. Presupposition and Accommodation: Understanding the Stalnakerian Picture. *Philosophical Studies*, 2003, 112 (3), pp. 251-278.
② Stalnaker, R. C. Common ground. *Linguistics and Philosophy*, 2002, 25 (5), p. 711.
③ 这里的反对观点引自 Abbott, B. Presuppositions and common ground. *Linguistics and Philosophy*, 2008, 21, pp. 527-528。

第四章 话语交流中预设的动态认知

例（4.13） 我们都知道我有一个女儿。

依照斯塔尔纳克的预设顺应，话语例（4.13）在下面的语境中应是可接受的：在这个发话之后，但在这个发话被拒绝或接受之前，听话者会将说话者有一个女儿这个事实加入到他的信念中，并进而加入到关于共同背景的信念之中。但是萨扎波认为在发话的时刻和顺应之前例（4.13）是真的这个条件下会导致不适当性，当听话者在这个发话之前没有意识到这个说话者有一个女儿的语境中，这个话语会显得怪异。

正是由于此，索姆斯和萨扎波建议对话语预设进行重新定义：

一个话语 U 在时刻 t 预设 p，当且仅当一个人能从 U 合理地推出说话者 S 接受 p，并且将其看作是无争议的，要么因为：

a：S 认为它在时刻 t 已经是话语交流语境中的一部分；要么因为

b：S 认为听话者准备无反对地将其加入交流语境中，以防 U 被评估。

斯塔尔纳克对于预设的定义采用的方式是：话语预设通过说话者预设来刻画，而说话者预设则建立在共同背景基础上，共同背景则需要预设顺应来调整。而在索姆斯看来，斯塔尔纳克对预设定义的路径存在一个裂缝，那就是在共同背景与预设顺应之间存在一条无法逾越的鸿沟，因为可能存在一种情况，那就是预设的信息在说话之前并不为听话者所相信，在斯塔尔纳克看来此时就需要通过预设顺应的方式来做出解释。但是这种解释实质上是将预设的信息加入到了话语交流的语境中，这就会造成索姆斯所说的，话语的适当性是根据说话之前的话语交流语境来描述的，而通过斯塔尔纳克的预设顺应，话语的适当性则是根据说话之后（即将预设加入到话语交流语境中）来描述的。索姆斯认为斯塔尔纳克的说话者预设对于这一点是无法给出合理解释的，于是需要对话语预设进行重新定义。

索姆斯对于话语预设的定义采用了与斯塔尔纳克不同的路径：话语预设从听话者角度来进行描述，而非说话者角度，是从听话者对于预设信息的认知效果来刻画。在索姆斯的话语预设定义中有两点很重要：第一点就是听话者合理地推出（得出）说话者 S 接受 p，并且其是无争议的，这表明预设的信息是听话者对说话者说出的话语进行识别而得到的，比如：

例（4.14） 我后悔打了我儿子。

当说话者说出例（4.14）的时候，听话者通过对这个说出的话语进行识别，那么就能够合理地得出说话者曾经打过了他儿子。可能说话者以前确实打过他的儿子，也可能说话者以前没有打过他的儿子，只是为了话语交流的策略或目的而假装这样说，而听话者能够从例（4.14）话语中推出的两个结论正好对应两种情况：如果说话者以前确实打过他的儿子，那么说明说话者接受这个信息；如果说话者以前没有打过他的儿子，只是假装如此说，虽然是假装如此说，说话者自己不会真相信打了儿子，但既然如此说了，那么说明说话者是为了某种交流目的还是接受了这一信息。第二点就是索姆斯的话语预设将斯塔尔纳克的说话者预设融入自己的定义中，但不再像斯塔尔纳克那样使用预设顺应来达成共同背景，而是直接使用无争议性来描述预设的信息，并且这种无争议性是从说话者角度而言的无争议性，即说话者认为预设的信息是无争议的。比如例（4.14）将会有四种情况出现：（1）如果说话者以前确实打过他的儿子，并且听话者也相信说话者以前打过他的儿子，那么说明说话者在说此话的时刻这一预设信息已经是话语交流语境中的一部分。（2）如果说话者以前确实打过他的儿子，但是听话者并不相信说话者以前打过他的儿子，此种情况下这个信息就是无争议的，而说话者对这个信息具有权威性（说话者自己肯定知道自己有没有打过儿子），所以当说话者说出例（4.14）时，会认为听话者准备无反对地将其加入到语境中。（3）如果说话者以前没有打过儿子，只是说话者的假装，并且听话者也相信说话者以前没有打过儿子，说话者也相信听话者相信自己以前没有打过儿子，那么说话者说出这样一个与双方所相信的信息相矛盾的预设信息，这只能有一种解释，那就是说话者是为了某种交流的目的而接受这一预设的信息。如果说话者以前没有打过儿子，只是说话者的假装，并且听话者也相信说话者以前没有打过儿子，然而说话者不相信听话者相信自己以前没有打过儿子，此时说话者会认为听话者准备无反对地将其加入到交流语境中。（4）如果说话者以前没有打过儿子，只是说话者的假装，并且听话者也不相信说话者以前是否打过儿子，此时说话者会认为听话者准备无反对地将其加入到交流语境中。

雅培特（B. Abbott）认为斯塔尔纳克的说话者预设抹掉了预设与断定之间的区分。斯塔尔纳克曾列举的一个例子：我不得不到机场接我的妹

第四章　话语交流中预设的动态认知

妹,斯塔尔纳克认为这个句子要是真的,当且仅当说话者有一个他不得不到机场去接的妹妹,否则就是假的。雅培特(B. Abbott)由此说明斯塔尔纳克的说话者预设断定了预设的信息与断定的信息是一样的,即说话者不得不去机场接这个妹妹。

如果听话者事先不知道这个预设的信息,那么这种形式的预设实际上在提供给听话者事先不知道的信息,这是一种提供信息的预设。此时就存在提供信息的预设与断定相区别的问题,而区分两者的标准常常被确定为:专门赋予说话者具有的非共同背景信息将会被预设,而其他类型的信息则被断定。但在雅培特看来,被赋予拥有的信息也可以被断定,比如

例(4.15)　我有一个我不得不去机场接的妹妹。

例(4.15)就是断定他的妹妹存在,而非预设他的妹妹存在,例(4.15)有一个确切的真值条件。同时雅培特认为还存在大量预设非共同背景内容并提供信息的预设,比如:

例(4.16)　(1)我敢打赌玛丽不后悔他在这场暴风雪之前储存了大量的供给。

(2)我想知道是否你意识到这个店今天被关了。

这些话语都具有提供信息的预设,不仅仅这些话语,限定摹状词、附属从句等都会产生这种提供信息的预设。这些提供信息的预设在说话之前都不是共同信念,而是说话者向听话者提供出的新信息。正是提供信息的预设具有这些性质,使得其与断定的区分变得困难,而斯塔尔纳克对于如何区分两者没有给出任何可行的方案。

在雅培特看来,如果将说话者预设建立在共同背景基础上,并且通过预设顺应来修补共同背景,那么会造成难以区分预设与断定。通过预设顺应的方式修补共同背景,会使得预设的信息既可能是旧信息,也可以是新信息,而被断定的信息也可以是旧信息,也可以是新信息。雅培特不仅仅认为斯塔尔纳克的说话者预设使得预设与断定无法区分开来,即使是索姆斯、萨扎波等人对于预设的"无争议"定义,也不能很好地使得预设与断定区分开来。虽然雅培特指出了以往的预设定义都无法区分预设与断定,但是对于如何给出预设一个理想的定义,使得预设与断定能够区分出来,雅培特自己也没有给出,他只是指出了应对预设进行实证的探究,而非仅

仅关注语法结构①。

三 西蒙斯的预设

西蒙斯（M. Simons）认为斯塔尔纳克首先将预设看作是说话者的一个性质，而非句子的性质，即一个说话者预设就是那些在话语交流中被说话者相信是被接受背景信息的命题。然后才将预设看作是句子的性质，即说一个句子有一个预设 p，实际上是说这个句子的使用通常是适当的，仅仅如果这个说话者的预设蕴含 p②。但这仅仅是斯塔尔纳克早期的观点，然而一个说话者并不需要真正地相信他说出的句子预设在说话时刻是被接受背景信息的一部分，说话者在某种情景下能够使用句子预设来告知听话者预设是真的（至少是使听话者相信，或意图使听话者相信）。这种提供信息的预设情况就与斯塔尔纳克早期的说话者预设观念相矛盾。如何来处理这种提供信息的预设与说话者的预设之间的错配呢？斯塔尔纳克使用预设顺应的概念来处理这个问题，即句子预设提出了某种预设限制，预设限制被预设顺应所满足，而预设顺应依赖于说话者的内在认知状态。说话者的内在认知状态又是会随着话语交流的进行而发生变化，而这种信念变化的结果会自然地使得预设的信息 p 成为共同背景。预设顺应实质上是一种简单信念变化过程，是交流者一方识别另一方信念状态的过程，因此在斯塔尔纳克看来，预设顺应就能解决那种错配情况，使得预设的信息 p 成为共同背景。

因此西蒙斯（M. Simons）认为斯塔尔纳克的经过修改的说话者预设可以表示为：

一个说话者在说出话语 U 时预设 p，仅仅如果说话者相信在他的话语之后 p 将会是共同背景。

在斯塔尔纳克修正的说话者预设描述中，一个预设的信息成为共同背景有一个时间点，那就是"在话语事件已经发生之后，在其被接受或拒绝

---

① Abbott, B. Presuppositions and common ground. *Linguistics and Philosophy*, 2008, 21, pp. 527 – 528.
② Simon, M. Presupposition and Accommodation: Understanding the Stalnakerian Picture. *Philosophical Studies*, 2003, 112 (3), pp. 251 – 278.

第四章 话语交流中预设的动态认知

之前的一个相关时间点"。因此，说一个句子 S 预设 p 不是说它的适当话语要求说话者在话语时刻预设 p，而是要求说话者在理想化的话语后时间点（the idealized post-utterance point）预设 p。西蒙斯（M. Simons）认为只要我们愿意承认有这样的理想化的时间点，那么句子预设就可以被归约到说话者预设，而西蒙斯认为有这样的时间点，而且不仅仅如斯塔尔纳克所说的一个点，而可能存在多个理想化的时间点，他特别举了一个复杂句的情况来说明：

例（4.17）如果琼斯的狗有跳蚤的话，那么它的跳蚤会咬我的猫。
    a. 前件预设：琼斯有狗
    b. 后件预设：（1）琼斯的狗有跳蚤
              （2）说话者有猫。

按照斯塔尔纳克的观点，例（4.17）的说话者被允许假定如果听话者接受前件，到说话者说出后件的时候，琼斯的狗有跳蚤将会是共同背景，说话者不需要在他说话之前假定这个预设是共同背景。但是问题在于，这个条件句会产生额外的投射预设，假设说话者不能假定琼斯有狗或说话者有猫在说话之前是共同背景，那么在什么时间点，说话者必须相信这些预设是共同背景呢？在这里就必须要承认两个不同的理想化时间点，在这两个不同的理想化时间点说话者会有关于共同背景的新信念。一个时间点就是前件必须要在后件被评估之前变成共同背景，即说话者必须相信在前件话语之后，但在前件话语评估之前琼斯有狗是共同背景。另一个时间点就是前件被评估之后，说话者才会相信他有猫是共同背景。

西蒙斯认为从斯塔尔纳克的说话者预设可以看到，一方面，句子（或话语）的预设构成了对说话者使用这些话语的一些限制，另一方面对于听话者而言预设也构成了信息，这个信息通过加于说话者而传递，而说话者受制于这种限制的最通常的表现就是要求合作[①]。于是西蒙斯根据这一理念，认为一个话语 U 的预设是听话者为了理解 U 而认为说话者接受的那些命题，即指派给 U 一个充分合作的解释。为此，他给出三个定义来描述预设：

[①] Simons, M. Presupposition without common ground. Pittsburgh: Carnegie Mellon University. Available at http://www.hss.cmu.edu/philosophy/faculty-simons.php, 2006.

定义 1：话语预设：p 是一个话语 U 的预设，当且仅当：
（1）它不是说话者传递 p 的主要交流意图的一部分
（2）U 的解释者为了理解 U 必须认为 U 的说话者接受 p

定义 2：说话者预设：一个说话者 S 在说出 U 时预设一个命题 p，当且仅当，S 意图 U 有一个解释，只有在他接受 p 时这个解释才是充分合作的。

定义 3：句子预设：一个句子预设 p，当且仅当，p 是合作的话语 U 的一个标准预设。

西蒙斯将预设定义与话语交流中的合作与意图协调起来，将预设分为了三个层次概念：（1）预设首先是话语的性质，话语使用的目的在于交流，而交流在于说话者传递意图和听话者理解，因此西蒙斯从交流意图和听话者合作两个方面来描述预设。预设被排除在说话者主要交流意图之外，预设仅仅是说话者次要交流的意图，只有话语断定的那些才是说话者主要交流的意图。西蒙斯试图通过这样一种方式将预设与断定区分开来，特别是对于那些提供信息的预设，比如：

例（4.18） 我不得不带我的狗去兽医诊所诊治。

如果听话者在此话语说出之前不知道说话者有一只狗，那么说话者实际上就说出了一个带有提供信息预设的话语，这是此话语不可避免的产物。然而说话者的主要交流意图在于告诉听话者他要去哪儿，而这主要的交流意图只能是话语断定的内容，虽然在听话者不知道说话者有一只狗的情况下，说话者通过预设也向听话者提供了新的信息，但是这个新信息只是说话者在说此话时附带的，仅仅是说话者次要的交流意图。除此之外，被要求的预设是交流双方为了理解而合作的结果，说话者说出话语是为了交流，那么说话者会是合作的，既然说话者会是合作的，当说话者说出带有预设的话语，那么说话者承诺对于他们话语预设的接受。如果说话者知道他们的话语有一个争议的预设，那么他们话语交流的目的就会被岔开。同样，为了理解话语听话者会认为说话者是合作的，认为说话者是接受话语预设，如果不这样，那么听话者就无法理解听话者说出的话语。

（2）预设作为说话者的一个性质是第二个层次的概念。西蒙斯的这个说话者预设除了具有斯塔尔纳克说话者预设的性质，即一个说话者预设是说话者接受，甚至于是说话者相信是共同背景的命题。然而除此之外，西蒙斯的说话者预设是话语相关的，话语相关的是指听话者用一种系统的方式获得有关他们接受的信息。

（3）预设作为句子的一个性质是第三个层次的概念。西蒙斯的句子预设通过合作的话语 U 的一个标准预设得到说明，之所以是"标准预设"在于，允许极少数的预设句子可以不同，西蒙斯不愿承认任何句子预设的定义，但是他认为句子预设定义确实可以解释一些现象。

西蒙斯自己承认他的三个定义很接近于斯塔尔纳克的精髓，即来源于话语交流的基本合作性质，但是西蒙斯更进一步地提出预设的三个性质：一是预设是背景的，它们不是说话者交流意图的一部分，然而它们需要为说话者先前需要；二是预设是非争议性的，西蒙斯在这里坚持了索姆斯等人预设应是非争议性的主张。三是预设是可取消的，预设的可取消性在一些情景中会发生，比如当预设被明确地否定时，或当一个正预设的句子被嵌入到某种语言环境中时。

四 预设的语境更新论

在斯塔尔纳克的说话者预设模型中，共同背景在话语交流中起着重要作用，它被视作是话语交流的目标。这个观念被卡图兰（L. Karttunen）所接受，并进一步将预设视作是对话语交流语境的限制，而非主观的说话者信念概念。卡图兰也如斯塔尔纳克一样，将预设看作是一组命题或可能世界，而话语交流的语境是逐渐更新的，预设恰恰部分地被这种更新的交流语境所决定[1]。对于这一点，费曼（1983，1992）明确使用语境更新的理念来进行解释，他认为一个句子的语义值就是一个语境更新函数，而一个语境被视作一个信息状态，这个信息状态可以通过一组可能世界来表示，即在这个信息状态中的命题在这些世界上是真的[2]。假设 C 是一个任意的语境，S 是一个任意的原子句，那么用 S 来更新 C 的结果就是 S 在 C 中的

---

[1] Karttunen, L. Presuppositions and Linguistic Context. *Theoretical Linguistic*, 1974, 1 (1—3), pp. 181 - 194.

[2] 转引自 Simons, M. Presupposing. In Marina Sbisa & Ken Turner (eds.). *Speech Actions*. Berlin: de Gruyter. Available at http://www.hss.cmu.edu/philosophy/faculty-simons.php, 2010。

所有世界上都真，即：

$$C + S = C \cap \{S 在 w 上为真\}$$

对于每个原子句 S，S 的预设就可以得到解释：一个语境承认（admit）一个句子 S，当且仅当 C 蕴含 S 所有的预设。如果 C 不承认 S，那么 C 就不能被 S 的内容更新，这样预设就具有将句子转化成偏序更新函数的效果。

对于由原子句 A 与 B 构成的复合句，用复合句更新语境 C 的过程就涉及一系列的嵌入句的子更新。每类复句被指派一个语境变化潜势（context change potential），这个语境变化潜势就刻画了这类句子更新一个语境的特定程序，比如对于连接复合句的语境变化潜势就可辨识为：

$$C + (A 并且 B) = (C + A) + B$$

如果用"A 并且 B"这样的句子来更新语境 C，那么首先用 A 来更新开始的语境，接着再用 B 来更新先前更新得到的语境。当一个说话者说出"A 并且 B"这样的句子时，他就能够将 A 视作是 B 的部分背景知识，这样被要求蕴含 B 的预设的语境就不是 C，而是 C + A。如果 A 的内容与 B 的预设不存在逻辑关联，那么 A 的预设与 B 的预设都对开始语境附加了限制。如果 B 的预设被 A 所蕴含，那么无论 C 的内容是什么，加入 B 的语境将会满足它的预设要求，这样，B 的预设就不会对开始的语境附加限制。

卡图兰与费曼的语境更新观念是从话语交流中句子对语境形成的变化为出发点，其目的在于解释预设的投射问题，并没有对预设性质进行详细的描述。但是从他们的语境更新论中，我们可以发现他们将预设视作是一种对话语交流中语境的限制，或者说将预设视作是话语交流中语境的一部分。他们不再将预设看作是说话者主观的认知状态，而是话语交流中客观语境的一部分，而语境又是随着话语交流动态变化的，这在一定程度上预示了预设的性质也需要在这种更新变化的过程中进行解释：如果一个语境不满足一个正在说出句子的预设要求，那么与语境相关的这个句子就是无法定义的，而更新也不能进行。虽然这种观念也认为带有预设的句子与说话者关于听话者的信念之间有某种关联，即一个合作的说话者应该发出一个带有预设的句子，仅仅当他相信他的听话者能够通过这个话语建构一个可更新的信息状态。但是如此信念对于刻画预设不再是基本的，预设不是对说话者关于共同背景的信念的限制,也不是对真实共同背景的限制,而是变成了听话者用于建构即将说出话语的解释的部分信息①。

第四节 说话者预设的动态认知困境

斯塔尔纳克将预设描述成说话者预设,是说话者关于共同背景的信念,然而这种描述会出现不可避免的两个问题:(1)说话者说出的预设说话者自己可能并不真正地相信,只是为了交流的目的而说出带有这样预设的话语,此时预设是否能视作共同背景?(2)当说话者说出的预设不为听话者所知道时,对于听话者而言,此时的预设就为听话者提供了新的信息,变为了提供新信息的预设,那么如何区分提供新信息的预设和断定?

斯塔尔纳克为了使得说话者预设能够解释第一个问题,对共同背景进行了重新定义,即将共同背景建立在交流者对信息的接受基础上,而非仅仅是信念。在斯塔尔纳克看来,交流者的信念就是交流者相信的命题,而交流者的接受则不一样,不仅仅交流者相信的命题是可接受的,交流者不相信的命题也可接受:

"接受,我使用的术语,是一个命题态度和对命题的方法论立场的范畴。它不仅仅包含信念,还包含一些与信念相反的态度,比如预测、假定、对一个论证或问询目的的接受。②"

接受的命题不一定被说话者所相信,说话者也可以接受不被自己相信的命题,只要接受这个命题有助于促进交流,对交流有用。斯塔尔纳克将信念与接受分离,目的在于修改共同背景,认为共同背景不是什么被相信的共同信念,而是什么被接受的共同信念,即:

p是一个群体中的共同背景,当且仅当,这个群体中的所有成员都接受p,并且所有的成员都相信所有成员都接受p,所有成员都相信所有成员都相信所有成员接受p,……。③

---

① Simon, M. Presupposition and Accommodation: Understanding the Stalnakerian Picture. *Philosophical Studies*, 2003, 112 (3), pp. 251–278.

② Stalnaker, R. C. Common ground. *Linguistics and Philosophy*, 2002, 25 (5), p. 716.

③ Ibid.

这样，斯塔尔纳克试图通过修改共同背景这一概念来解决第一个问题，可是能否通过修改共同背景来解决第一个问题呢？

对于斯塔尔纳克修改的共同背景，有两点我们需要认真考究：第一点就是说话者是否能接受自己并不相信的命题，即相信与接受是分离的，如果相信与接受是相分离，那么说话者接受的也就可以是说话者自己并不相信的东西或相信是假的东西，斯塔尔纳克对于共同背景的修改也才具有合理的可能性。相信与接受已经被不少人认为是相分离的，柯恩（J. Cohen）[1]、恩格尔（P. Engel）[2]、图欧曼尔（R. Tuomel）[3] 等都将相信与接受相分离，认为接受并不是针对真的，而是针对使用与成功，一个人能否接受他们相信是假的东西。比如：

例（4.19） 我接受你的观点。

我接受你的观点并不意味着你的观点是真的。你的观点是真的我可以接受，你的观点不是真的我也可以接受，因为可能存在你的观点虽然不是真的，但是我由于一些因素不得不接受你的观点，比如被迫、为了某种目的等。同样，我接受你的观点也并不意味着我就相信你的观点。我相信你的观点我可以接受，我不相信你的观点我也可以接受，因为可能存在你的观点虽然我不相信，但是我由于一些因素、目的不得不接受你的观点。从直觉来看，接受与相信是可以分离的，也即是说话者可以接受自己并不相信的命题，也可以接受是假的命题。因此，斯塔尔纳克在对共同背景这一概念进行修改时，采用将接受与相信相分离这一策略是行得通的。

斯塔尔纳克要将接受与相信相分离的最主要目的在于用接受来描述共同背景，而非信念，问题是共同背景可以通过接受来定义吗？斯塔尔纳克将共同背景描述为：p 是群体 G 中的一个共同背景，当且仅当，G 中每个成员都接受 p，并且 G 中的所有个体都相信所有的个体都接受 p，所有成员都相信所有成员相信所有成员接受 p，……。斯塔尔纳克一方面在承认

---

[1] Cohen, J. *An Essay on Belief and Acceptance*. Oxford: Oxford University Press, 1992, p. 37.

[2] Engel, P. Believing, Holding True, and Accepting. *Philosophical Explorations*, 1998, 1 (2), pp. 140 – 151.

[3] Tuomel, R. Belief Versus Acceptance, *Philosophical Explorations*, 2000, 3 (2), pp. 122 – 137.

第四章 话语交流中预设的动态认知

共同信念是共同背景的模型,即共同背景是关于什么被接受的共同信念,但是另一方面他又声称共同背景与共同信念可以相分离,"这种顺应通过调整参与者的预设来解决在语境中的缺省,但它是通过导致共同背景与共同信念分离的方式而达到[①]"。从这里我们可以看到,斯塔尔纳克处于一个矛盾的境地,他既想将共同信念视作是共同背景的模型,又想将共同信念与共同背景分离开来,他之所以会有这样一个矛盾境地的根本原因就在于他将接受与相信相分离。

我们一般将共同信念看作是:p 是群体 G 中的一个共同信念,当且仅当,G 中的所有成员都相信 p,并且 G 中的所有成员都相信所有成员都相信 p,G 中的所有成员都相信所有成员都相信所有成员都相信 p,……。我们从这里可以看到共同信念实际上由两个部分构成:第一个部分是 G 中的所有成员都要相信 p。这一内容指出 p 要为 G 中所有成员都相信,比如,一个群体 G 中有成员 a,b,"天下雨地就湿"是群体 G 中的共同信念,则 a 相信天下雨地就湿,b 相信天下雨地就湿。p 成为 G 中所有成员都相信的命题,实际上 p 就是 G 中共享的信念[②]。共享信念只是所有成员都相信的信念,它不涉及成员之间相互的识别,而成员之间相互的识别恰恰是共同信念的第二个构成部分。第二个部分是群体 G 中的每个成员要能够识别其他成员对于 p 的相信,并且这种识别要是相互的,比如一个群体 G 中有两个成员 a,b,而 p 是这一群体中的共同信念,则会有:

(1) a 相信 b 相信 p;b 相信 a 相信 p。

(2) b 相信 a 相信 b 相信 p;a 相信 b 相信 a 相信 p

……

以此类推

一旦识别是相互的,那么共同信念就涉及主体之间的相互信念。因此,共同信念涉及共享信念与相互信念,然而无论是共享信念还是相互信念,都是关于信念的。

如果共同背景被修改为以接受来描述,而非信念来描述的话,那么共

---

① Stalnaker, R. C. Common ground. *Linguistics and Philosophy*, 2002, 25 (5), p. 718.
② 对于共享信念、共同信念、共同背景的详细区分,我们在前一章已经专门论及。

同背景实际上就包含两个部分：第一部分是群体中的成员都接受 p，即如果群体 G 中有两个成员 a、b，那么 a 接受 p，b 接受 p，接受 p 是群体 G 所共有的，可视作共有接受；而第二部分是对于接受 p 的相互信念，即如果群体 G 中有两个成员 a、b，那么会有：

(1) a 相信 b 接受 p，b 相信 a 接受 p

(2) b 相信 a 相信 b 接受 p，a 相信 b 相信 a 接受 p

……

以此类推[①]

因此，斯塔尔纳克的共同背景虽然还涉及相互信念，但不再涉及共享信念，而是涉及共有接受。由于在斯塔尔纳克看来，接受是比信念更广泛的一个概念，斯塔尔纳克的共同背景与共同信念不同一，共同信念就不应该是共同背景的模型。在斯塔尔纳克的共同背景概念中，仅仅当一个命题被接受且被相信时，共同背景才是共同信念，而当一个命题被接受而不被相信时，共同背景就不是共同信念，这也就是斯塔尔纳克所说的"共同背景与共同信念的分离"。因此，斯塔尔纳克的共同背景应是包含共同信念的，共同信念只是共同背景的一种情况，但斯塔尔纳克又想保持传统共同背景的观念，这就造成了斯塔尔纳克的困境：一方面试图将共同信念视作是共同背景的模型与逻辑，一方面又试图将共同信念与共同背景相分离。要解决这样的困境，斯塔尔纳克需要放弃共同信念是共同背景模型与逻辑的观念，承认建立在接受基础上的共同背景与建立在信念基础上的共同信念两者是不同的概念，不然会一直将两者纠结在一起，使得共同背景概念处于混乱不清的状态。

只有承认共同信念不是共同背景的模型，斯塔尔纳克建立在共同背景基础上的说话者预设才具有合理性，然而这仅仅是必要条件，而非充分条件。接下来一个重要的问题就是说话者预设能否是说话者关于共同背景的信念？说话者预设表明了说话者相信什么是共同背景，比如：

例（4.20） 我家的小狗常常偷吃邻居家的东西。

---

① 相互信念是涉及主体之间的相互识别，会导致一个无穷倒退问题，在后面分析过程中使用以此类推来表示是无穷倒退。

— 132 —

第四章 话语交流中预设的动态认知

这个话语预设了说话者家里有一条小狗，那么根据说话者预设观念，说话者就会相信自家有一条小狗是共同背景。由于斯塔尔纳克对共同背景进行了修改，即共同背景是关于接受的，而不是关于信念的，所以即使说话者假装（或者不相信）有一条小狗，说话者为了交流的目的，可以接受这一信息。因此对于说话者而言，这一信息可为说话者接受，但此时的问题在于，这一信息是否为听话者所接受，说话者又是否真正相信这一信息是为听话者所接受的呢？

前一个问题很明显，这一信息在说话者说出的时刻，有两种可能性：一种是听话者在说话者说出此话语之前已经接受了这一信息，比如知道说话者家里有一条狗；另一种可能就是听话者在说话者说出此话之前没有接受这一信息，斯塔尔纳克认为在这种情况下可以通过预设顺应达到听话者接受这一信息，即这一信息可以通过预设顺应变为共同背景。对于通过预设顺应变为共同背景的情况，在我看来那个预设在说话者说出话语的时刻并不是真正的共同背景，它只是随着话语交流的进行，最后变成了共同背景。然而后一个问题则显得不那么明朗，他涉及说话者对于听话者认知状态的识别，比如上面例（4.20）被说出时，对于预设的信息"我家有一条小狗"，需要说话者相信：（1）这一信息为说话者自己所接受；（2）这一信息为听话者所接受；（3）听话者相信这一信息为说话者所接受；（4）说话者相信这一信息为听话者所接受；……以此类推。说话者是自省的主体，因此说话者相信这一信息为自己所接受。由于这一信息是说话者说话时预设的，说话者对这一信息具有权威性，因此听话者会相信这一信息为说话者所接受，说话者也相信听话者会相信这一信息为说话者所接受，听话者也会相信说话者相信这一信息为说话者所接受……以此类推。然而问题在于，说话者是否相信这一信息为听话者所接受。在说话者说出此话时，如果听话者在之前接受了这一信息，比如知道或者相信说话者家有一条小狗，并且说话者对于听话者接受这一信息的状况也了解、知道，那么说话者会相信这一信息为听话者所接受。由于说话者是自省的主体，所以说话者相信说话者相信这一信息为听话者所接受，同样说话者相信听话者相信说话者相信这一信息为听话者接受……以此类推。如果听话者在之前没有接受这一信息，或者听话者虽然在之前接受了这一信息，但是说话者并不知道这一信息,那么说话者没有理由相信这一信息为听话者所接受,同样说话者也没有理由相信听话者相信说话者相信这一信息为听话者所接受……以此类推。而说话者预设对于此的解决方案依然是预设顺应,即在说话者说出此话时,如果听话者在之前没有接受这一信息,或者听话者虽然在之前接受了这一信息,但是说话者并不知道,但说话者对于此预设的信息具有权威性,一旦带有此预设信息的话语被说话者说出后,此预设的信息就变得为听话者所知道,自然地说话者就会相信这一信息为听话者所接受,进而说话者也会相信听话者相信说话者相信这一信息为听话者所接受……以此类推。

由此可见,说话者预设实际上涉及两种情况:一是说话者相信预设的信息在话语说出之前就已经是共同背景;二是说话者相信预设的信息在话语说出前不是共同背景(或不知道是否是共同背景),然而在说出之后会变为共同背景。第一种情况是将说话者预设建立在真正的共同背景的基础之上,将预设视作是作为真正共同背景的语境,冯·芬特尔(K. Von Fintel)对此给出一个事例对这种情况进行了详细的说明①,一个名叫菲比的说话者发出了下面的句子:

例(4.21)我不得不带我的猫去看兽医

冯·芬特尔认为我们有:

(1)例(4.21)预设菲比有一只猫,即它要求共同背景增加来蕴含菲比有一只猫。

(2)菲比在断定例(4.21)时预设她有一只猫,即她假定了例(4.21)的共同背景被增加来蕴含她有一只猫。

冯·芬特尔的(1)实质上定义了句子预设:

句子 S 预设 p:p 必须被与 S 被评估相关的共同背景所蕴含。

冯·芬特尔的(2)实质上定义了与一个话语相关的说话者预设:

在说出 U 时说话者预设 p:说话者相信 p 将会被与 U 被评估相关的共同背景所蕴含。

---

① Von Fintel, K., (2000). What is Presupposition Accommodation? Ms, MIT. http：// web. mit. edu/fintel/www/accomm. pdf. Ms, MIT.

第四章 话语交流中预设的动态认知

冯·芬特尔假定了预设不是简单的一种命题态度，而是说话者持有的与话语相关的一种态度。从这里可以看出，无论是句子预设还是在说出 U 时的说话者预设，冯·芬特尔实际上都将预设视作是真正的共同背景，然而如果将例（4.21）中的（2）情况视作真正的共同背景存在一些问题，西蒙斯（M. Simon）进一步改进了冯·芬特尔的（2），增加了说话者说出带有预设的句子时，菲比必须是预设了在话语后、评估前这一时刻的相关命题[1]，即：

（2'）菲比在断定例（4.21）之后直接预设了她有一只猫，即她假定在相关的时刻（理想的时间点）共同背景蕴含她有一只猫。

西蒙斯明确了一个说话者预设要是关于共同背景的信念必须要有一个时间点的限制，即说话者相信在话语说出后的相关时间点预设会成为共同背景。这实际上还是表明说话者预设不仅仅需要考虑真正的共同背景，即说话者相信业已成为共同背景的预设，而且还需要考虑说话者相信在话语说出之前不是共同背景的预设（或不知道是否是共同背景），而在话语说出之后变为共同背景的预设，即上面我们提到的第二种情况。但是第二种情况会带来另一个比较复杂的问题：当说话者相信预设的信息在说出之前不是共同背景时，预设的信息是否提供出了新信息？如果是提供新信息的预设，那么这种预设与断定的区别何在？

当说话者相信预设的信息在说出之前不是共同背景时，会有两种情况：一种是预设的信息对于听话者而言并不是新信息，听话者在说话者说出话语之前已经知道此信息，只是说话者没有识别出听话者已经知晓此信息，即预设的信息是共享信念，但非相互信念[2]。另一种就是预设的信息对于听话者而言是新信息，听话者在说话者说出话语之前并不知道此信息，即预设的信息既非共享信念，又非相互信念。如果是第二种情况，那么提供新信息的预设与断定的区别体现在哪里呢？

雅培特（B. Abbott）一直认为说话者预设理论会将预设与断定相混淆，预设与断定都变成了既可以是旧信息，又可以是新信息，他特别提及斯塔

---

[1] Simon, M. Presupposition and Accommodation: Understanding the Stalnakerian Picture. *Philosophical Studies*, 2003, 112 (3), pp. 251-278.

[2] 参见前一章共享信念与相互信念的区分。

尔纳克的爱丽丝去机场接妹妹的事例①。斯塔尔纳克曾认为当一名叫爱丽丝的人说出句子"我不得不去机场接我妹妹"时，这个句子要是真的，当且仅当说话者有一个她不得不去机场接的妹妹，雅培特据此判断斯塔尔纳克认为爱丽丝话语预设的东西也是她断定的东西，因为爱丽丝话语断定了她不得不去机场接她妹妹。然而雅培特却忽视了斯塔尔纳克的另一个事例，在这个事例中斯塔尔纳克才真正地试图将预设与断定区分开来。这个事例是斯塔尔纳克引自冯·芬特尔，即一个父亲的女儿说了如下话语：

例（4.22）　　哦，爹地，我忘了告诉你我的未婚夫和我下周将要搬往西雅图。

这个话语断定了说话者与她的未婚未将要搬往西雅图，而预设了她将要结婚。斯塔尔纳克认为一个成功的断定不仅仅简单地通过增加它的内容到语境中，而是还可以通过其他的方式来改变语境，比如通过影响随后话语交流的方向。如果这个事例中的预设的信息，即她将要结婚是说话者期望告知听话者，并且期望听话者对此进行评论的话，那么通过例（4.22）说出就是不合适的。虽然斯塔尔纳克在这里说得不是非常清楚，但是从这里的话语可以看出，他试图给出预设与断定的两个区别：（1）预设仅仅是简单地被听话者增加到语境中，而断定则不同；（2）断定仅仅是帮助陈述预设的信息，而非告知听话者预设的信息。比如斯塔尔纳克后面给出的一个事例：

例（4.23）　　她十个月大。

例（4.23）的说话者向听话者提及自己女儿十个月大，但这个话语预设说话者有一个女儿，说话者说出例（4.23）在于断定自己女儿的年龄，在于告知自己女儿的年龄，而说话者有一个女儿这个预设仅仅是说话者附带的，是在断定自己女儿年龄的过程中在帮助陈述预设的信息。对于听话者而言，预设的信息是需要他增加到自己的语境中，而断定的信息则不仅仅是听话者需要加入到语境中的，而且还是需要进一步交流的信息。斯塔尔纳克对于预设与断定进行的这种区分被西蒙斯明确化，西蒙斯直接将话语断定的信息视作说话者主要的交流意图，即第一意图，而话语预设的信

---

① Abbott, B. Presuppositions and common ground. *Linguistics and Philosophy*, 2008, 21, pp. 527–528.

息则是说话者次要的交流意图,即第二意图。比如上面的例(4.23)在西蒙斯看来话语断定的信息"她女儿十个月大"是说话者主要的交流意图,而预设的信息"她有一个女儿"则是说话者次要的交流意图。

从这里可以看到,预设的信息到底是旧的还是新的,需要从交流者双方的立场来界定。对于说话者而言,预设的信息一定是旧的,而对于听话者而言,预设的信息既可以是旧的,也可以是新的。以往对于这个问题之所以会出现争议,就在于一部分语言学家一直不加分析地看预设,以这样的视角来看待说话者预设,必然就会造成争议。然而我们从一些语言现象,比如上面的事例,确确实实看到了说话者预设并不必然就是旧信息,而既可是旧信息,也可是新信息。

其实,在说话者预设中最需要考量的是预设顺应,预设顺应是斯塔尔纳克为了挽救说话者预设而给出的一个模棱两可的策略。我们说预设顺应是一个模棱两可的策略,在于一方面预设顺应对于弥补说话者预设的漏洞似乎顺理成章,然而另一方面预设顺应似乎又超出了说话者预设应辖之义。在带有预设的话语被说出之前,如果说话者相信预设的信息,而听话者不相信预设的信息,那么在此带有预设的话语被说出之后,会出现三种情况:(1)听话者相信此预设的信息;(2)听话者纠正此预设的信息;(3)听话者接受此预设的信息。比如斯塔尔纳克曾给出爱丽丝对抱着一个婴儿的鲍勃说[1]:

例(4.24)　他多大了?

当爱丽丝说出此话语时,预设着鲍勃的婴儿是个男婴儿。如果鲍勃的婴儿的确是个男婴儿,那么鲍勃会相信此信息。如果鲍勃的婴儿不是个男婴儿,鲍勃识别出爱丽丝相信的预设信息是假时,鲍勃最直接的反应就是纠正爱丽丝,通过说某事来表明他的婴儿是女婴儿,比如说"她十个月大"等。但如果鲍勃认为爱丽丝相信的这个假预设信息与交流的目的毫无关系,鲍勃可能忽略这个事情,接受爱丽丝预设的信息。第一种情况是标准的共同背景,即斯塔尔纳克所说的共同背景与共同信念相一致的情况,第二种情况与第三种情况是共同背景与共同信念相分离的、需要预设顺应

---

[1] Stalnaker, R. C. Common ground. *Linguistics and Philosophy*, 2002, 25 (5), p. 717.

的情况，第二种情况斯塔尔纳克认为是需要说话者进行预设顺应的，而第三种情况则是需要听话者进行预设顺应的①。根据斯塔尔纳克的共同背景观，第一种情况和第三种情况都可视作是共同背景，因此可以理所当然地视作是说话者预设的情况。但问题在于第二种情况，第二种情况应该如何定位呢？第二种情况是要求说话者进行预设顺应，实质上是要求说话者放弃之前的预设，从说话者的角度来看仿佛预设顺应能够解释得过去。然而如果说话者在说出此带有预设的话语之前也知道这个预设的信息是假的，只是一种假装，假装这个预设的信息是真的，那么预设顺应就会出现无所解释的境况。比如上面的事例爱丽丝实际上知道鲍勃的婴儿是个女婴儿，假装而说出带有"鲍勃的婴儿是男婴儿"的预设，在爱丽丝说出之后，鲍勃又对其预设的信息的进行了纠正，那么此种情况是否是说话者预设顺应呢？

在鲍勃纠正了话语预设的信息之后，由于爱丽丝在说出话语之前就已经知道了预设的信息是假的，因而爱丽丝不存在预设顺应。虽然可以勉强地解释为说话者为了交流的目的，接受这一预设信息，将其视作是共同背景，然而在这一话语说出之后，这一预设的信息并没有通过预设顺应变为共同背景。此时就出现了说话者既没有进行预设顺应，预设的信息也没有变成共同背景的情况。比如两个交流者王明与李佳，他们俩是邻居，李佳抱着一个胖乎乎的女婴儿，王明知道李佳有一种"男孩"情节，于是他说出下面这样恭维的话语：

　　例（4.25）　这个胖小子长得真可爱！

王明说出的这个话语带有一个预设：李佳的婴儿是男孩。但是王明在说出此话之前，已经知道李佳的手上抱着的婴儿不是男孩，只是出于礼貌（或者使得李佳心里更好受些）而说出了带有李佳的婴儿是男孩这样预设信息的话语。李佳自己肯定知道自己的小孩不是男孩，当王明说出此话之后，李佳会有两种反应：一种是做出纠正，说明她的婴儿不是男孩，而是女孩。即使听话者进行了纠正，由于说话者在说话之前就已经知道李佳的

---

① 斯塔尔纳克认为预设顺应不仅仅是针对听话者的，而且还是针对说话者，预设顺应是针对交流者双方的。

第四章 话语交流中预设的动态认知

婴儿不是男孩,因此说话者并不存在预设顺应,这个预设的信息没有变成共同背景;另一种是接受,不对这个预设的信息进行纠正,这种情况从交流的目的来看,可以将此话语预设的信息"李佳的婴儿是男孩"视作共同背景。然而如果是第二种情况的话,由于王明在说出此话之前,就已经知道李佳手上抱着的婴儿不是男孩;王明与李佳是邻居,王明也知道李佳知道王明知道李佳的婴儿不是男孩;同时李佳也知道自己的婴儿不是男孩,李佳也知道王明知道李佳的婴儿不是男孩。因此,"李佳的婴儿不是男孩"是共同背景,于是这里就会出现一个问题:按照斯塔尔纳克的共同背景,王明说出带有恭维的预设信息以及李佳不对此信息进行纠正都视作是接受这一信息的话,那么"李佳的婴儿是男孩"就应该是共同背景,但是另一方面,从上面的分析看到,"李佳的婴儿不是男孩"也是共同背景。这里就可能出现一个无法解释的矛盾问题,即"李佳的婴儿是男孩"与"李佳的婴儿不是男孩"同时是共同背景。

因此,斯塔尔纳克以共同背景为基础的说话者预设还无法解释一些话语交流的实际情况,究其原因在于,说话者预设会涉及共同背景,而共同背景会涉及变为共同背景的时间点问题,以及交流者之间的相互识别问题。虽然斯塔尔纳克的说话者预设存在一些不足,但是斯塔尔纳克的创见性在于,明确地表明了预设是属于说话者的属性,是关于说话者对于信息的一种相信或接受问题。我们可以沿着说话者预设的这一思路前行,但不将说话者预设建立在共同背景基础上,将说话者预设建立在共同背景基础上会太强,只是将说话者预设建立在共享接受基础上。这里的接受采用斯塔尔纳克的概念,而共享接受则定义为:

共享接受:一个信息 p 在群体 G 中是共享接受的,当且仅当,群体 G 中的每个成员都接受 p。

如果群体 G 中有成员 A、B、C,p 是 G 中的共享接受,当且仅当 A 接受 p,B 接受 p,C 接受 p。而说话者预设则是说话者关于共享接受的信念,即一个预设 p 可以定义为:

$$\text{预设 } p =_{def} \text{说话者相信 } p \text{ 是群体 G 中的共享接受}$$

如果群体 G 中有成员 A、B、C,A 是说话者,B、C 是听话者,一个句子带有预设 p 就意味着,说话者 A 相信 A 接受 p,说话者 A 相信 B 接受

p，说话者 A 也相信 C 接受 p。比如：

例（4.26） 我不得不去机场接我的妹妹。

这个话语预设：我有一个妹妹，当说话者在说出带有这个预设的话语之前，如果说话者不是假装，说话者确实有一个妹妹，由于说话者是一个自省的主体，所以说话者肯定相信自己接受"我有一个妹妹"这一信息。同时说话者也相信听话者接受"我有一个妹妹"，由于这里只是说话者相信听话者接受"我有一个妹妹"，因此当说话者说出带有这个预设的话语之后，听话者可以接受这一信息，也可以不接受这一信息。如果说话者是假装，说话者没有一个妹妹，虽然这个预设的信息是假的，但是说话者为了交流的目的，会接受这个预设的信息，自然地说话者也会相信自己接受这个信息。同时说话者也相信听话者接受这一信息，由于只是说话者相信听话者会接受这一信息，因此当说话者说出带有这个预设的话语之后，听话者依然可以接受这一信息，也可以不接受这一信息。将说话者预设建立在共享接受基础之上，就不会涉及交流者的相互识别问题，也就不会涉及预设顺应的问题，这样就可以避免由于预设顺应而带来交流者相互之间的认知问题。

第五节 反预设

一 新现象：反预设

预设是话语交流中我们非常熟悉的一种现象，即它是话语传递出的额外信息，承载着使这些话语适当的条件。然而在话语交流中还有另一种我们不熟悉的条件承载，一些句子承载交流者不认为某种命题真实成立的条件，即在谈论的那个命题的假是理所当然的，或者是否那个命题是真是假还不确定。这种情况下，我们就说在交流中的这个句子反预设（antipresuppose）这个命题，如：

（1）王贵以为翠花怀孕了。

反预设：翠花怀孕了。

（2）王贵相信翠花怀孕了。

反预设：翠花怀孕了。

第四章　话语交流中预设的动态认知

从（1）中"王贵以为翠花怀孕了"，可以得到并非翠花怀孕了，即翠花没有怀孕；从（2）中"王贵相信翠花怀孕了"，翠花有没有怀孕还不能确定。因此，被承载条件的假（或者真假不确定）是这些断定命题存在的前提。

反预设这种情况很清楚，如果翠花才刚刚怀孕四个月，我们不会说"王贵以为翠花怀孕了"来传达王贵的心理状态与此一致，而是会说"王贵意识到翠花怀孕了"。反预设的出现是与句法结构紧密联系在一起的，它与特别的词（比如"以为"、"一个"）的出现有关，它也具有比较一般的模式：当我们将一个个体指谓表达与一个谓语结合，这就反预设在谈论中的个体有性质 Q，当我们将每个 A 与这个谓语结合时，这就反预设每个被量化的个体具有性质 Q。

对所有的个体指谓表达 X，如果［X P］反预设［X］有性质 Q，那么［［每个 A］P］反预设具有 A 性质的每个个体有性质 Q。

反预设主要针对一些表达信念与级差含义的词＜以为，知道＞、＜一个，全部＞，从直觉看，一个带有"以为"、"一个"语词的句子不适当性是与带有"知道"、"全部"并行句子的适当性相关的。如果带有语词"知道"、"全部"的句子预设 A，那么带有"以为"、"一个"语词的并行句子则会反预设 A。比如：

（3）我知道小王有一个妹妹

　　预设：小王有一个妹妹

（4）我以为小王有一个妹妹

　　反预设：小王有一个妹妹（＝小王没有一个妹妹）

从这里看，反预设非常相似于传统的级差含义，反预设与级差含义都会遵从最大化预设准则[1]，如：

（5）a. 一些学生通过了

　　b. 全部学生通过了

---

[1] 最大化预设（maximize presupposition）可描述为：
如果（1）Φ、Ψ 可语境等值替换；
　（2）Ψ 的预设比 Φ 的预设强；
　（3）在话语 C 的语境中被满足；
那么就必须使用 Ψ，而不是 Φ。

c. 一个学生通过了

　两个相关的级差：a. <全部，一些>

　　　　　　　　　　b. <一个，全部>

　　这个准则要求我们当"全部学生通过了"适当时，不要使用"一些学生通过了"；当"一个学生通过了"适当时，不要使用"全部学生通过了"。因此，如果我们认为一个说话者服从这个准则，那么我们就会从他的话语"一些学生通过了"中得到他不相信"全部学生通过了"是真的，这就是一个级差含义。而如果事实是仅有一个学生，那么一个服从这个准则的说话者不会断定"全部学生通过了"，这就是一个反预设。

　　但要为反预设与级差含义提供统一的解释却面临着问题，一方面，如果我们想用最大化预设规则来解释所有的反预设事实，就必须限制替换到同一级差上的更强的语词，而不是同一级差上的任何语词。如果我们取消"更强的"，假设它是"有一个相关学生"这个共同背景的一部分，并且假设说话者知道他们通过了，取消了"更强的"准则将会告诉我们如果"一个学生通过了"是适当的，不要断定"所有学生通过了"；如果"所有学生通过了"是适当的，不要断定"一个学生通过了"。到底使用哪个是适当的？(5b) 还是 (5c)？我们无法断定哪个是适当的。因此如果没有限制替换到同一级差上更强的语词，我们不知道将如何预测这些事实，如：

　(6) a. 仅具有一个学生的老师分配作业给他的一个学生

　　　b. #仅具有一个学生的老师分配作业给他全部的学生

　　但另一方面，如果我们限制替换到同一级差上的更强的语词，那么我们将不能预测在级差含义触发中的"级差反向（scale reversal）"结果，如：

　(7) a. 王老师没有让全部学生通过

　　　b. 王老师没有让任何一个学生通过

　　如果在同一级差上的"全部"语词算作替换的话，那么 (7b) 将会在 (7a) 的替换家族中，这样我们就会明白为什么我们得到 (7a) 的说话者不相信王老师没有使任何一个学生通过，因为 (7a) 与包含同一级差上的更弱的语词 (7b) 造成竞争。但如果仅仅同一级差上更强的语词算着替换，那么 (7b) 将不会是在 (7a) 的替换家族内。

二 反预设的触发解释

直觉上看，带有"以为"，"一个"语词的句子不适当性是与带有"知道"，"全部"语词并行的句子的适当性有关的。带有"知道"，"全部"语词的句子一般具有某种预设，而这种预设都具有一定的句法结构，可以用域条件（Domain Condition）进行解释[①]，如：

(8) 玛丽 λ_1 t_1 知道 她$_1$ 怀孕了

　　λw_s：在世界 w 里玛丽怀孕了，玛丽认为在世界 w 里玛丽怀孕了

　　预设：玛丽怀孕了。

(9) 每个妇女 λ_1 t_1 知道她$_1$ 怀孕了

　　λw_s：对于世界 w 里的每个妇女 x，x 在世界 w 里怀孕了。对于世界 w 里的每个妇女 x，x 认为在世界 w 里 x 怀孕了。

　　预设：每个妇女怀孕了。

但不能将反预设归于域条件的运用，因为域条件要求在每个世界有一种确定的性质，预设需要共同背景中的每个世界有一种确定的性质，因而域条件适用于预设，然而反预设需要并非在每个世界具有一种确定的性质，因而域条件不适用于反预设，如：

(10) 玛丽 λ_1 t_1 以为 她$_1$ 怀孕了

　　λw_s：处于 w 中一种确定状况下（用 U（w）表示）的交流者，在这些交流者共同背景中的一些世界内玛丽没有怀孕。玛丽认为在世界 w 里玛丽怀孕了。

(11) 每个妇女 λ_1 t_1 知道她$_1$ 怀孕了

　　λw_s：对于世界 w 里的每个妇女 x，x 并非在 U（w）下的交流者的共同背景中的一些世界内怀孕了。对于世界 w 里的每个

[①] 将话语交流中的共同背景——在会话中交流者认为理所当然的信息——看作可能世界的集合，说句法结构 S 预设 p 就是说你能使用 S 来说如果 p 在共同背景中的每个世界中真，那么它传达某些真的信息。句子的句法结构往往有语义值——从世界到真值的函数，说一个句法结构传递真的信息就是说它的语义值对于真实世界为真。这样就会产生一个一般的条件——域条件。

断定 S 的域条件：S 的域必须包括共同背景中的每个世界。

S 之所以预设 p，在于 S 有一个域，这个域仅仅包含 p 为真的那些世界，而域条件要求在共同背景中的每个世界在那些世界中，这样，共同背景中的每个世界就能使 p 为真。

妇女 x，x 认为在世界 w 里 x 怀孕了。

域条件要求（10）的情况为：在共同背景中的一些世界里玛丽没有怀孕；而要求在（11）的情况为：在共同背景中的一些世界里每个妇女都没有怀孕。但问题在于，我们不知道在共同背景中到底有多少世界（比如一半的世界）具有这种确定的性质，我们也不知道具有一种性质的世界与具有第二种性质（与第一种性质是相容的）的世界是否是相同的世界。因此，用域条件来解释反预设是远远不够的，还需要更加严格的解释。

波尔克斯（O. Percus）认为反预设触发有一种弱语义，会导致竞争，其竞争规则如下[①]：

（a）与替换相关的表达式：

ALT（以为）= {知道，……}

（b）句子 φ 的替换家族是一个句子集，这个句子集通过替换 φ 里至少一个与替换相关的表达式而得到。

（c）能够在替换家族里找到一个成员，就不使用 φ。

比如，如果"知道"是"以为"的一个替换，并且句子"小王知道小丽怀孕了"有上面（c）提到的性质，那么"小王以为小丽怀孕了"就是不恰当的。然而问题在于：（1）与替换相关的表达式是什么，以及怎样相关；（2）为了排除说出初始句一个替换句应具有什么性质。波尔克斯为了解决这样的问题，制定了一个最大化预设准则。

最大化预设准则：

（a）替换仅针对词项，对于任一词项，替换包括具有相同句法类型的所有预设更强的词项。

（γ 比 φ 预设更强，当且仅当，φ 的域真包含 γ 的域）

（b）若替换家族的一个成员 γ 是适当的，并且语境等值于 φ，则不使用 φ。

[①] Percus, O. Antipresuppositions. In A. Ueyama (eds.). *Theoretical and Empirical Studies of Reference and Anaphora: Toward the establishment of generative grammar as an empirical science*. Fukuoka, Japan. Report of theGrant-in-Aid for Scientific Research (B), Project No. 15320052, Japan Society for the Promotion of Science, 2006, pp. 52–73.

"γ 语境等值于 ϕ，当且仅当，对共同背景中所有可能性，γ 与 ϕ 都成立"

这样，反预设的触发就能得到解释：句子会被其他断定同样内容、但预设更强的句子所阻塞，由于"以为"比"知道"预设更强，因而带有"以为"的句子将会阻塞带有"知道"的相同句子。比如：

A. 小王以为他是对的

B. 小王知道他是对的

由于（A）比（B）的预设更强，使用（A）就会阻塞（B），若（A）是适当的，则（B）就不是适当的，（A）就反预设（B）的预设。

波尔克斯的反预设触发解释是从其与预设的关联性来进行解释的，并且主要是针对信念态度词"以为"而言，而没有考虑信念态度词"相信"。我们知道，反预设是由信念态度词引发的，而信念态度词不仅仅只是"以为"这一个词，"相信"也是其中之一。如果将"相信"这一词考虑其中，那么波尔克斯的反预设触发解释就存在问题。在波尔克斯的最大化预设准则中"预设更强的词项"实际上为表示信念的态度词指派了一个极差序：$A_1 < A_2 < A_3$……，A_2 比 A_1 预设更强，使用 A_2 就会阻塞 A_1，A_2 是适当的，那么 A_1 就是不适当的。但问题在于，我们如何辨别 A_2 就比 A_1 预设更强，"以为"比"知道"预设更强，我们是如何知道的，诉诸直觉吗？波尔克斯没有对此作出解释，更为重要的是，对于同一替换家族里的词项"以为"与"相信"哪一个预设更强呢？比如：

（12）我的朋友以为我出卖了他

　　反预设：我出卖了他

（13）我的朋友相信我出卖了他

　　反预设：我出卖了他

从直觉来看，我们能感受到它们的极差序为："相信" < "以为"，根据最大化预设准则，"以为"比"相信"预设更强，因此，带有"以为"的句子也会阻塞带有"相信"的相同内容的句子，（12）是适当的，则（13）就不适当。但是我们发现（12）和（13）都是适当的，两者都反预设"我出卖了他"，（12）并不会阻塞（13），这与最大化准则的解释不一致。这说明用最大化预设准则来描述由"相信"引发的反预设还是不够的。

而林妮拉（E. Chemla）则从共同背景来解释反预设，专门解释由"相信"引发的反预设[①]。斯塔尔纳克（R. Stalnaker）[②]和施伦克尔（P. Schlenker）[③]都认为预设要存在必须要成为交流者的共同信念，即：

若(a) 一个说者 A 相信 p；

(b) A 说出具有预设 p 的一个句子 S

(c) A 说出的这个句子 S 将使听者 B 适应和相信 p

则 p 就变成了共同信念

然而林妮拉认为上面的条件（c）说明交流者 A 是一个权威，但交流者 A 是一个权威并没有断定 S 之前听者是否相信 p，而在话语交流中常常有交流者双方对于 p 会存在信念不一致，这就需要一些论证来使对方改变他的信念。在话语交流中的信念不一致常常发生在一些关键信息的分歧上，而一些非关键信息则常常被忽视，这样对于预设的限制就成为：

说话者 A 说出一个带有预设 p 的句子 S，仅当：

(a) A 相信 p 真（$B_A p$）；

(b) A 是关于 p 的权威（$Auth_A p$）；

(c) p 对于当前话语交流是非关键的

这些限制说明了预设是被说话者相信的、非争议的（权威的）和非关键的，但仅仅这些限制还是不够的，林妮拉还加入了能力假定（Competence Assumption）与权威假定两个限制。使用这五个限制和最大化预设准则就能解释反预设。

(a) 能力假定

说话者 A 对 p 有自己的见解

技术化为：$B_A p \vee B_A \neg p$

(b) 权威假定

说话者 A 相信他对于 p 有权威

[①] Chemla, E. An epistemic step for anti-presuppositions. *Journal of Semantics*, 2008, 25 (2), pp. 141–173.

[②] Stalnaker, R. Common ground. *Linguistics and Philosophy*, 2002, 25 (5), pp. 701–721.

[③] Schlenker, P. Maximize presupposition and Gricean reasoning. Manuscript, UCLA and Institute Jean-Nicod, Paris, 2006.

技术化为：$B_A [Auth_A p]$

（c）最大化预设准则：

说话者 A 说出一句话 S_1，S_2 是 S_1 的一个替换句，S_2 断定了 S_1 所断定的，并额外预设 p。

预测推理：$\neg B_A p \vee \neg B_A [Auth_A p]$

比如这句话：

(14) 小王相信这个小孩是诚实的

　　　反预设：这个小孩是诚实的

　　　实际的推理：这个小孩不是诚实的

说话者对"这个小孩是诚实的"很明显有自己的见解，因此能力假定被满足；说话者也很自然地将自己视作是"这个小孩是否是诚实"的权威，因此权威假定被满足；在使用最大化预设准则就能解释"相信"引发的反预设。

第一步：使用最大化假设准则得到：$\neg B_A p \vee \neg B_A [Auth_A p]$

第二步：在第一步基础上使用用权威假设（$B_A [Auth_A p]$）可得到：$\neg B_A [p]$

第三步：在第二步基础上使用用能力假设（$B_A p \vee B_A \neg p$）可得到：$B_A [\neg p]$

这样就可得到说话者相信这个小孩不是诚实的，若再增加一个假定：

（d）说话者 A 相信的是事实

技术化为：$B_A [\neg p] \rightarrow \neg p$

在第三步的基础上使用这个假定就能得到一个更强的结果：$\neg p$，即这个小孩不是诚实的，这样就得到这个带有"相信"的句子具有反预设。

三　一些问题

波尔克斯用修改的最大化预设准则来解释反预设，修改的最大化预设准则指出带有预设更强语词的句子将会阻塞与之并行的断定同样内容的句子，"预设更强的语词"实际上暗示着为表示级差的语词进行一种排序：L1 < L2 < L3……，L2 比 L1 预设更强，使用 L2 就会阻塞 L1，L2 是适当的，那么 L1 就是不适当的。"以为"比"知道"预设更强，那么带有语词"以为"的句子就会阻塞带有"知道"语词的并行句子。但问题在于，我

们如何知道哪个语词是更强的语词,如何确定这种序?"以为"和"知道"这两个语词预设强弱容易判定,"相信"和"知道"也容易判定,但是"以为"和"相信"这两者哪个预设更强?如:

(15) 我的妻子以为我买了这本书　　(S1)

　　　反预设:我买了那本书

(16) 我的妻子相信我买了这本书　　(S2)

　　　反预设:我买了那本书

从直觉的词意来看,虽然"以为"和"相信"都是命题态度词,但"以为"表达了主体的某种看法、观点,"相信"表达了主体的信念,这种信念具有持久性,这两个词在信心度上存在差异,我们能感受到级差状况存在:<相信,以为>。按照最大化预设准则,带有"以为"的句子会阻塞带有"相信"的并行句子,S2是适当的,则S1是不适当的。然而实际情况却是S1、S2都是适当的,而这只能有一种情况:"以为"和"相信"不存在级差,是相同的。这与我们的直觉产生不一致。另一方面,在有关这种类型级差讨论的文献中,往往都是以"知道"为级差基数,即级差对<知道,以为>,或者<知道,相信>,有没有比"以为"或者"知道"更强或更弱的语词?这些词是什么?它们是否依然遵从最大化预设准则?以往基本没有提及,这仿佛是一个令人疑惑、不得不考虑的问题。

林妮拉的认知解释是针对命题态度语词"相信"、"以为"的反预设情况,他将反预设看成一种特殊的预设[①],认为反预设的投射性质都可以从预设的替换句的投射性质得出,如:

(17) 我相信他有一栋房子

(17) 反预设了他有一栋房子,它实际的推理是他没有一栋房子,于是也可以看成(26)预设了他没有一栋房子。因而很自然就会参照预设的触发来进行解释,林妮拉(E. Chemla)正是采用的这种方式,他以预设如何变为双方共知的信念为出发点,加入能力假设与权威性假设,在最大化预设准则下得出实际的推理。但是这种解释是非常间接的,而且也不能反

---

① 绍尔兰德(U. Sauerland)也把反预设看成一种特殊的预设情况,他将其称为"隐含的预设(Implicated Presupposition)" (Sauerland, U. Implicated presuppositions. In A. Steube, editor, Sentence and Context: Language, Context, and Cognition, 2007, 15, p. 73)。

第四章 话语交流中预设的动态认知

映反预设的一些性质，比如：

（18）a. 我相信他没有一栋房子

　　　　反预设：他没有一栋房子

　　　b. 我知道他没有一栋房子

　　　　预设：他没有一栋房子

（19）a. 我不相信他有一栋房子

　　　　反预设：他没有一栋房子

　　　b. 我不知道他有一栋房子

　　　　预设：他有一栋房子

"相信或认为"是一个否定出现的动词，句子（18a）一般意指（19a）。但是"知道（know）"不是一个否定出现的动词，替换（18b）不能意指（19b）。换句话说，"相信（believe）"与其否定"不相信（don't believe）"的反预设是相同的，但是"知道（know）"与其否定"不知道（don't know）"的预设则是不一样的[①]。

除此之外，林妮拉的权威性假设也是值得商酌，权威性假设假定了两个前提：一是说者说出的句子要能够使听者相信 p；二是说者要相信他关于 p 的权威。这两个前提实际上是以第一人称（说者）为对象提出的，如：

（20）他相信我买了一辆车

（21）小王相信他买了一辆车

（20）中话者对于买没有买一辆车有绝对的权威（使用的第一人称"我"标明），因为话者对于这个事实的存在最清楚。但是（21）中话者对此的权威就不是很明了，因为（21）是第三者的信念报告，第三者的信念报告仅仅标明他者的信念状态，不一定是话者清楚的事实。

[①] 对于"相信或认为"与"知道"的否定情况，国内吕叔湘也曾较早注意到"不知道他不在家≠知道他在家"（吕叔湘：《语文近著》，上海教育出版社1987年版，第305页）；李明也注意到"我并不认为他过得好"不一定就是"认为他过得不好"，也有"认为他过得不好不坏"的可能（李明：《试谈言语动词向认知动词的引申》，载吴福祥、洪波《口语法化与语法研究（一）》，商务印书馆2003年版，第350—370页）；而张家骅对"知道"与"认为"的否定差异从其语义与语用特征中进行了一定的解释（张家骅：《"知道"与"认为"句法差异的语义、语用解释》，《当代语言学》2009年第3期）。

四 解释的延展

带有"知道"语词的句子 S1 预设 p，那么带有"以为"（或"相信"）语词的并行句子 S2 一定反预设 p，因此从预设的角度来解释反预设是很自然的，而且业已存在的最大化预设准则也为其解释提供了解释框架。但是在这种大的解释框架下，反预设的一些具体性质还有待澄清，还可以从其语词类的不同对其触发解释进行延展。

反预设的触发是与具体的语词结合在一起的，就目前语料来看，有两类语词会触发反预设：一类是表达命题态度的语词，比如"认为"、"相信"；一类是表达量词的语词，比如"一个"、"全部"。由表达命题态度的语词触发的反预设与表达量词的语词触发的反预设存在某种句法的差异，表达命题态度触发的反预设往往是态度词+小句（如"以为"+S），而表达量词的语词触发的反预设往往是量词+名词短语（如"一个"+NP），如：

（22）我相信他会去那个地方

（23）他看见了王明的全部学生

这种构成的特征暗示着对其的反预设触发解释应该有某种不同，（22）关涉到句子"他会去那个地方"在动词"相信"下的投射问题[①]，即这个小句断定的内容在复合句下是否还成立。（23）则关涉到量词"全部"本身，即由量词"全部"所刻画的数量关系决定。

这样的话，问题就会变得清晰不少，"认为"、"相信"是表达命题态度的，表明语词"认为"、"相信"之前的主语对其后小句断定内容的一种认为、信念与态度，即 NP+以为（或相信）+S。这样语句 S 投射问题就可以进行如下刻画解释。[②]

w_1 是现实世界，语句 S 断定了在现实世界中的一个事实内容 p（p（w_1）=1 或者 p（w_1）=0），w_2 是语句 S 断定的事实内容 p 投射到一个

[①] 这里所说的投射是指小句断定的内容在复合句下是否还成立，不同通常所说的预设投射（presupposition projection），预设投射是说小句的预设在复合句中是否可取消的问题。

[②] 这里主要采用可能世界语义学还对表达信念的语句进行刻画，使用可能世界语义学的一个优点在于能够显示状态之间的变化对语句成立与否的影响。p（w）=1 表示命题 p 在世界 w 中为真，而 p（w）=0 表示命题 p 在世界 w 中为假。

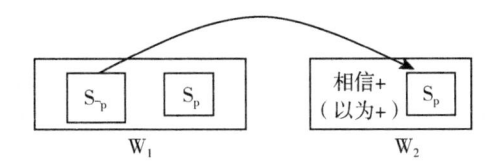

第四章 话语交流中预设的动态认知

```
┌─────────┬─────────┐         ┌──────────────┐
│  S₋ₚ    │   Sₚ    │         │ 相信+        │
│         │         │         │ （以为+） Sₚ │
└─────────┴─────────┘         └──────────────┘
         W₁                           W₂
```
（箭头从 W₁ 指向 W₂ 的 Sₚ）

NP 的信念世界，然而不管 S 在 w_1 世界里是如何的，投射到 w_2 的信念世界里只有一个状况存在：$p(w_2)=1$，如：

（24）他是一个好男人，我也这样以为。

（25）他不是一个好男人，但是我以为他是。

（24）和（25）是适当的，因为无论 S 断定的内容在现实世界是如何的，它在 NP 的信念世界里都是成立的。一旦将"相信"替换成并行的"知道"，则会：

（26）他是一个好男人，我也这样以为。

（27）#他不是一个好男人，但是我知道他是。

（27）看上去很奇怪，因为 S 断定的内容在现实世界中是成立的（$p(w_1)=1$），投射到 NP 知道的世界里它是成立的（$p(w_2)=1$）。但是当 S 断定的内容在现实世界中不成立（$p(w_1)=0$），则投射到 NP 知道的世界里它就被阻断了，因此（27）是不适当的，其投射情况为：

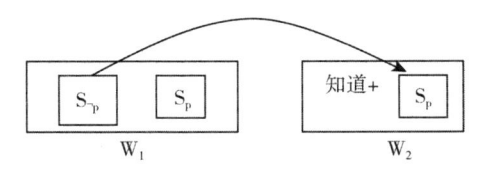

```
┌─────────┬─────────┐         ┌──────────────┐
│  S₋ₚ    │   Sₚ    │         │ 知道+    Sₚ  │
└─────────┴─────────┘         └──────────────┘
         W₁                           W₂
```

因此，从"知道"与"以为（或相信）"的投射情况可以看出：当 NP 知道 p，w_1 通达 w_2 的路径只有一条：$S_p(w_1)$，即语句 S 断定的内容在 w_1 里存在。因而 NP+知道+S 产生一个预设，预设 S 断定的内容 p。当 NP 相信 p，w_1 通达 w_2 的路径有两条：$S_{\neg p}(w_1) \vee S_p(w_1)$。因而 NP+以为（或相信）+S 产生一个反预设，反预设 S 断定的内容 p，即语句 S 断定的内容 p 为假或者不确定。

（28）我知道他是一个好男人

　　　预设：他是一个好男人

（29）我相信他是一个好男人

　　　反预设：他是一个好男人

实际推理：他不是一个好男人或者不确定他是否是一个好男人。

"知道"与"相信"实际上是知识与信念的话语表现形式，"S 知道 p"必须要满足 p 是真的，否则不成立，而"S 相信 p"则不需要满足这一条件，两者很自然地就会显示出这种预设的差异性。由"知道"产生的预设是事实性的预设，它不仅表示主体在认知状态中有命题 p，而且还指命题 p 在现实世界中是存在的①。但是由"相信"产生的预设则不是事实性的预设，它仅仅表示在主体认知状态中命题 p 存在，命题 p 在现实世界中存在不存在则不确定。

量词一旦加上数词构成数量短语用于计量后，整个结构表示"计量的结果"，这个结果就表现为时间维度上的一个定点（我们所说的"定数"）以及体现出自身的层级性②，如：

(30) 他有四个妹妹

(31) 一条→两条→三条→四条→……

数量词这种时间维度上的定点以及层级性，表明数量词具有确定性与不兼容性，而像"全部"、"一些"这样的量词带有数量特征，而其反预设正好由于这种数量特征而具有确定性与不兼容性。"全部"是两个或两个以上数量的全体，因而必然排斥两个以下数量的词。因此，使用带"全部"的句子必然排斥使用带"一个"的并行句子，使用带"全部"的句子是适当的，那么使用带"一个"的并行句子一定是不适当的。同样，"全部"断定的是全体，而"一些"断定的是部分，因此使用带"一些"的句子是适当的，那么使用带"全部"的并行句子一定是不适当的，如：

(32) 他的全部学生正看着他

(33) 他的一个学生正看着他

(34) 他的一些学生正看着他

(32)、(33) 和 (34) 三个句子是不兼容的，不能同时是适当的，即一个不会是全部，部分不会是全部。因此，量词型的反预设由其本身数量的确定性与不兼容性触发。

---

① 张家骅：《"知道"与"认为"句法差异的语义、语用解释》，《当代语言学》2009 年第 3 期。

② 赖先刚：《量词是体词吗？》，《四川师范大学学报》2009 年第 4 期。

第五章 话语交流中的溯因动态认知

在前面我们描述了话语交流中的认知语境,认知语境是话语交流中存在于交流者大脑中的一系列假设,即语境假设,它反映了交流者的认知状态,而对话语理解起重要作用的正是这些认知语境,话语理解涉及听话者对认知语境的不断选择、调整与顺应[1],即交流者需要从自己的初始语境中抽取并选择相关的信息,进行语境假设,而这个过程是一个溯因的动态认知过程。溯因不是纯演绎或纯归纳的逻辑推理,而是根据交流者的认知语境进行假设—选择—证实的过程,比如一个坐在教室的学生说"好热"时,听话者可尝试性地提供:此话语可以是"开空调"的意图,也可以是"周围的同学不要挨得太近"的意图。但是到底是哪一个意图呢?听话者需要根据认知语境进行选择,并通过交流提供的新信息来进一步的证实。话语交流中的溯因问题已经引起了国内外语言学家的重视,但是他们注重溯因的推理机制,忽视了溯因还具有认知性质,话语交流中话语意图的理解实质上是一种溯因认知的动态过程。

第一节 皮尔士的溯因:推理还是认知?

真正第一次使用溯因(Abduction)并对其进行深入研究的是符号学家皮尔士(C. S. Peirce),皮尔士研究溯因的最初动力在于为有希望的科学假设提供一种逻辑的建构。皮尔士对三段论的推理形式进行了详细的考察,

---

[1] 冉永平:《语用过程中的认知语境及其语用制约》,《外语与外语教学》2000年第8期。

指出每种三段论形式都能转化成一种假设的 (hypothetical) 形式：

第一格：　B 是 A　　　　　　　如果 B，那么 A①
　　　　　C 是 B　　变为　　　但是 B（在 C 下）
　　　　　C 是 A　　　　　　　因而 A（在 C 下）

第二格：　B 是 A　　　　　　　如果 B，那么 A
　　　　　C 是 A　　变为　　　但是 A（在 C 下）
　　　　　C 是 B　　　　　　　因而 B（在 C 下）

类似的，第三格与第四格也可以转化成假设的形式。由于皮尔士将所有的命题断定为主谓类型，而主谓类型意味着主语是谓语的原因，这样所有的命题都可以转化为因果关系。这种能被转化成假设形式的命题因果理论，导致了皮尔士对于三段论这样的一种解释：在第一格中的论证都是先天的，而在第二格中的论证都是后天的，这两种论证的大前提是相同的，不同在于它们的小前提一个是原因的陈述，而另一个是结果的陈述；第三格和第四格的结论是假设的，并且第三格仅仅是可能的②。

皮尔士将推理的三种形式与三段论的三个格关联起来，他认为先天性的推理（演绎推理）是从它的原因推出结果来，后天性推理（假设推理）是从它的结果推出原因来，而第三种推理就是在一个原因的几个结果之间推出它们之间的相互关系，这种推理就是归纳。在第一格中所有的论证都是先天的，因而是演绎的；而在第二格中的所有论证是后天的，因而是假设的；而第三格的论证则是归纳的。根据他这样一种认为，皮尔士就获得了两种可能性推理形式（CP2.515）③：

归纳：S′，S″，S‴等，被任意看作是 M 的
　　　S′，S″，S‴等，是 P

---

① "B（在 C 下 (under C)）"在皮尔士看来意味着"如果 C 是真的，那么 B 是真的"。皮尔士在这里将主语看作了谓语的原因，因此，"如果 B，那么 A"则意味着"B 是 A 的原因"。

② 皮尔士最早期的大多数手稿没有出版，但是他的最早期的思想被 M. G. Murphy (1961) 的《皮尔士哲学的发展》和 K. T. Fann (1970) 的《皮尔士的溯因理论》提及，这里主要来源于 K. T. Fann。见 Fann, K. T. Peirce's Theory of Abduction. The Hague: Martinus Nijhoff, 1970.

③ Peirce, C. S. Collected Papers of Charles Sanders Peirce. Volumes 1-8 edited by C. Hartshorne, P. weiss. Cambridge, Harvard University Press. CP2.515, 1931—1935. 指这一文集的第 2 卷第 515 段。在后面引自这一文集的都采用类似惯用标记法。

∴ 任何 M 可能是 P

假设：任何 M 是，比如，P′, P″, P‴ 等。

　　　S 是 P′, P″, P‴ 等

∴ S 可能是 M

从这里的形式看，皮尔士有点将归纳与假设相混淆，"我认为它（假设）还是有一个可靠的基础，虽然我在早期的著作里或多或少混淆了溯因和归纳（CP8.227）"。但是皮尔士后期认为归纳意味着假设的确证（the confirmation of a postulate），而溯因的推理意味着假设的过程（the process of postulation）。

在皮尔士看来，有三个因素决定一个假设是否有希望：一是它必须是解释的；二是它必须是可验证的；三是它必须是经济的。一个假设能解释事实则是解释的；一个解释要通过验证（特别是实验）来确立它的合理性；解释性假设在实践中可能有多个，那么需要在这些解释性假设中选择最佳的解释。对于假设的解释方面，皮尔士随后给出了下面这个时常被引用的溯因形式（CP5.189）：

溯因：惊异的事实 C 被观察

　　　如果 A 是真的，那么 C 将会是理所当然的

　　　因而，有理由认为 A 是真的。

皮尔士在前面提出的假设形式是纯逻辑推理的，而这里的溯因形式与前面的假设形式不同在于[①]：（1）皮尔士在这里特别指出了溯因的触发，这种触发来源于"惊奇的事实"，皮尔士在阐述其溯因时使用"惊奇"或与其相关的词达到了 127 次。[②] 皮尔士认为思想是怀疑和信念两种心灵状态的动态交互，信念是所有人都可能形成的一种平静、满足的状态，它建立一种决定我们行为的习惯，习惯总是试图迫使我们保持以往的信念（CP5.388）。而怀疑是一种疾风暴雨的、不愉悦的状态，每个人为挣脱这个状态而斗争，"怀疑的激发就造成了一种为实现信念状态的斗争（CP5.374）"。信念和怀疑是两个对立的状态，信念是一种习惯，而怀疑则是信念的缺乏。怀疑因

[①] 廖德明、李佳源：《皮尔士的溯因之惑》，《自然辩证法研究》2014 年第 5 期。
[②] Nubiola, J. Abduction or the Logic of surprise. *Semiotica*, 2005, 153—1/4, p.124.

惊奇而来，惊奇源自对一种习惯的破除，它"破除一些期望（expectation）的习惯（CP6.469）"。惊奇的现象激发解释的行为，要求我们对这惊奇的事实作出解释，使得惊奇的现象变得合理，当这个现象变得合理之后，它就不再令人惊奇，继而成为我们的一个信念。

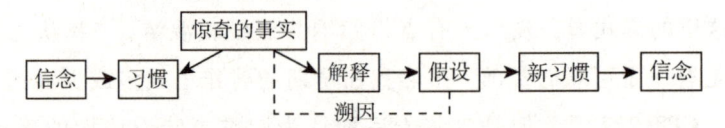

信念 → 习惯 → 惊奇的事实 → 解释 → 假设 → 新习惯 → 信念
                          ---- 溯因 ----

图21　溯因的触发（廖德明、李佳源，2014：21）

（2）皮尔士在说明这个溯因形式的时候，强调了其结论是一个"公平的猜测"，皮尔士在其后不断强调猜测在溯因中所扮演的角色，"溯因诉诸于本能，除了猜测之外，别无他物（CP7.219）"。那么皮尔士的猜测是什么呢？皮尔士将溯因中的猜测描述成一种一种本能（或洞见）（CP5.173），而对于本能（或洞见）是什么皮尔士描述得比较模糊，沙纳汉（T. Shanahan）[1]和帕沃拉（S. Paavola）[2]认为皮尔士至少提出了三种不同的本能：天生的能力、知觉判断的能力以及无法说明的能力。然而据皮尔士对本能的描述，知觉判断是天生的，这种能力也无法提供理由说明，这三个性质其实可以统一于知觉判断这一能力中[3]。而知觉判断则是断定出现于心灵中的一个知觉的特征是什么样的（CP5.54），这说明知觉判断由知觉决定，主体对知觉的断定就是知觉判断。从这里可以看到，皮尔士的溯因不是纯粹推理的，它既是推理的行为，又是本能（洞见）的行为[4]，它是推理与本能的交融[5]。

猜测、本能、洞见、直觉、知觉不断地被皮尔士用来标示溯因的性质，而猜测、本能、洞见、直觉、知觉是属于个体认知的概念。同时溯因

---

[1] Shanahan, T. The First Moment of Scientific Inquiry: C. S. Peirce on the Logic of Abduction, *Transactions of the Charles S. Peirce Society*, 1986, 22 (4), pp. 450–466.

[2] Paavola, S. Peircean abduction: instinct, or inference? *Semiotica*, 2005, 153—1/4, pp. 131–154.

[3] 廖德明、李佳源：《皮尔士的溯因之惑》，《自然辩证法研究》2014年第5期。

[4] Aliseda. A. *Abductive reasoning*. Belin: Springer, 2006, 171.

[5] Anderson, D. R. *Creativity and the Philosophy of C. S. Peirce*. Dordrecht: Martinus Nijhoff Publishers, 1987, p. 33.

第五章　话语交流中的溯因动态认知

又是一个人的心灵状态从信念到惊奇，到怀疑，到解释，到假设，再到新信念的动态过程，是个体认知状态发生变化的过程。从皮尔士最初对溯因的描述来看，溯因不仅仅是一种纯粹的推理，而且还是认知的。

第二节　溯因形式的嬗变：从推理到认知

一　作为推理的溯因

皮尔士曾提出过四个不同形式的溯因：（1）从三段论转换而来的溯因 A_1；（2）作为解释的溯因 A_2；（3）作为科学探究的溯因 A_3；（4）知觉判断的溯因 A_4（见下）[1]。

溯因（A_1）：任何 M 是，比如 P′，P″，P‴等

　　　　　　S 是 P′，P″，P‴等

　　　　　　因而，S 可能是 M

溯因（A_2）：所有出自这个袋子的豆子都是白色的（规则）

　　　　　　这些豆子是白色的（情况）

　　　　　　因此，这些豆子出自这个袋子（假设）

溯因（A_3）：令人惊奇的事实 C 被观察

　　　　　　如果 A 是真的，那么 C 将会是理所当然的

　　　　　　因而，有理由认为 A 是真的

溯因（A_4）：众所周知的对象 M，具有不甚清楚知道的普通谓词 P[1]，P[2]，P[3]，等

　　　　　　提及的对象 S，有这些相同的谓词 P[1]，P[2]，P[3]，等

　　　　　　因此，S 是一种 M

语言学研究者时常引用皮尔士的溯因 A_3 作为语用推理的基础，比如乔姆斯基（N. Chomsky）[2]、安德森（H. Andeson）[3]、熊学亮[4]，曾

---

[1] 廖德明、李佳源：《皮尔士的溯因之惑》，《自然辩证法研究》2014 年第 5 期。
[2] Chomsky, N. *Language and Mind*. New York: Cambridge University Press, 2006, pp. 84–152.
[3] Anderson, H. Abductive and deductive change. *Language*, 1973, 49 (4), pp. 774–778.
[4] 熊学亮：《语言使用中的推理》，上海外语教育出版社 2007 年版，第 79 页。

凡桂[①]，并进一步地简化为如下的溯因推理形式：

溯因 A_5：　　　　C
　　　　　　　　$\underline{A\rightarrow C}$
　　　　　　　　　A

然而将这个简化形式作为溯因的推理形式存在问题，首先这个推理形式丢失了皮尔士溯因 A_3 的一些东西，在皮尔士溯因 A_3 中的结论是"有理由认为 A 是真的"，而在溯因 A_5 中的结论变成了 A。这两者显然是不同的，"有理由认为 A 是真的"是主体根据所持的理由来推测 A 是真的，如果非要对其进行形式化，这句话只能是如此：K_QA。Q 表示推出结论的主体，而 K 表示"相信"，由于一个人相信一个东西，他都会持有理由，不存在毫无理由就相信一个东西，而 K_QA 则表示主体 Q 相信 A 是真的。

其次，这个推理形式同皮尔士的溯因 A_3 一样没有完全捕捉到溯因的特征，根据皮尔士对于溯因的描述，溯因得到的结论（即 A）要是有希望的需要满足一些条件，比如解释的、可验证的、经济的等（CP7.220），溯因应该还是一个解释的选择过程，并不是"如果 A 是真的，那么 C 是理所当然的"就能得到 A。其实，皮尔士自己阐述溯因时，非常明显地标示出了溯因涉及两个过程：一是假设的生成过程；二是假设的选择过程，假设的生成过程是生成新观念的过程，而假设的选择过程是选择好的解释过程。但在皮尔士的这个溯因基本形式中，却只显示了假设的生成过程，而没有显示假设的选择过程。另一方面，皮尔士的溯因忽视了溯因过程中主体背景信息所扮演的重要角色，皮尔士不断地强调猜测在溯因中的作用，但是他忽视了作为理性的主体，往往不会是毫无根据地进行猜测，而是会根据主体的背景信息来进行猜测。"有理由认为 A 是真的"，这说明主体有证据，有理由，而这些证据、理由如何得来？这必然会涉及主体的背景知识。

再次，皮尔士的溯因实际上是定位于为科学假设提供一种逻辑建构，因此在他的溯因 A_3 中他强调了两点：（1）事实 C 是要"令人惊奇的"，这是进行溯因的动机所在。安利达斯（A. Aliseda）认为至少两个方面的才称得上是"令人惊异的"：一是新奇（novelty），事实 C 是新奇的，当且仅当

[①] 曾凡桂：《论关联理论语用推理的溯因特征》，《外语与外语教学》2004 年第 5 期。

它不能被主体的背景理论所解释，但它与主体的背景理论是一致的；一是异常（anomaly），事实 C 是异常的，当且仅当它的否定能被主体的背景理论所解释①。（2）皮尔士将溯因看作是产生新假设的过程，然而另一方面他又承认"全新的概念不能够从溯因获得（CP5.190）"、"直到 A 的整个内容已经出现在前提中，A 才能被溯因的推出（CP5.189）"。这就会在某种程度上造成皮尔士溯因的不一致性，皮尔士对此提出了两个解释：一是溯因得到的假设的构成元素虽然不是全新的，但是溯因在假设的构成元素的使用和组合方式上却是不同于以往的，"虽然假设的不同元素在之前已经存在于我们的心中，但溯因是将以前从来没有想到放到一起的东西放到一起，这样溯因就在我们思考之前显示了新的建议（flashes the new suggestion）（CP5.181）。"二是认为那些出现在一个推理结论中的新元素，它们一定以某种方式首先在一个知觉判断中（in a perceptive judgment）被给予，"这种进入意识的新元素的初次出现必须被看作是一种知觉判断，我会不由自主地断定我们意识到它，然而这种知觉与其他元素的关联一定是一种普通的逻辑推理（ordinary logical inference）"。新元素出现在知觉判断中，而知觉判断等同于洞见或本能，而洞见或本能是溯因的一个重要特征，因而新元素必然会在溯因过程中产生，这样就可得到溯因能获得新的东西。但是对于这一点，弗兰克福特（H. G. Frankfurt）②、尼克斯（T. Nickles）③和哈弗曼（M. Hoffmann）④ 等人提出了批判，他们认为皮尔士的溯因解释是模糊的，溯因中的假设已经被包含在前提里，新的观念就不是溯因的结果，溯因仅仅被使用于新观念之后与新观念最终证实之前这一阶段，是对已经被其他方法发现的那些假设进行初步评估的逻辑。如果是这样，必然会使得溯因的运用范围变得狭小，而在平时的常识推理中可能并不会要求

---

① Aliseda. A. *Abductive reasoning*. Belin: Springer, 2006, p. 47.
② Frankfurt, H. G. Peirce's account of inquiry, *The Journal of Philosophy*, 1958, 55 (14), pp. 588 – 592.
③ Nickles, T. Introductory essay: scientific discovery and the future of philosophy of science, In T. Nickles (eds.). *Scientific Discovery, Logic, and Rationality*, Dordrecht: D. Reidel Publishing Company, 1980, p. 23.
④ Hoffmann, M. Problems with Peirce's concept of aAbduction, *Foundations of Science*, 1999, 4 (3), pp. 271 – 305.

是"令人惊奇的"的事实才触发溯因,只要是一般的事实都可以启动溯因。也并不会要求溯因一定要生成以前不具有的新假设,只要能得到具有解释性的假设,而无论其新旧,这样不但能够避免能否生成新假设的争议,而且能够扩展溯因的使用范围。

我国学者毛眺源和曾凡桂也注意到在语言学研究中使用溯因 A_3 或溯因 A_5 的不妥,他们认为在具体的语境中解释某一信息的假设并不总是与已有的背景知识没有交集,多数时候并不要求生成新假设,仅是从特定的认知语境中选出能解释信息的最佳关联项,于是他们将溯因定义为下面两种形式的整合 θ(θ1, θ2):

$$
溯因 A_6: \quad \begin{array}{ll} (\theta1)\ C & (\theta1)\ C \\ \underline{A' \leftrightarrow C} & \underline{A \leftrightarrow C} \\ A'\ (匹配) & A\ (生成) \end{array}
$$

他们的这种整合其实就是将皮尔士的溯因 A_1 和溯因 A_2 组合起来而已,一个表示通过溯因将令人惊讶事实与已知最佳关联解释项(A')相匹配,另一个表示通过溯因从令人惊讶的事实生成新的假设。他们认为这样整合之后作为语用推理的溯因就会有三种情况:一是从认知语境中选出与现象相匹配的最佳关联命题作为假设;一是基于认知语境中项关联的命题组合推出假设;一是生成认知语境中缺失的假设[1]。他们指出了溯因不应仅仅限于生成认知语境中不存在的新假设,从认知语境中选择存在的命题作为假设也应是溯因。这一点很重要,因为在语言使用过程中的溯因可能更多地并不是要生成新的假设,而是从语境中选择出合理的解释,"对话语的理解过程可以看作是最佳解释的溯因过程"[2],比如:

例 (5.1) (熊学亮,1999:178—179)

  A:这屋里太热了!

  B:我马上将空调打开。

在这个事例中,当交流者 A 说出"今天天气太热了",交流者根据认知语境来进行溯因:天热就会感觉不舒服,不舒服就会想办法降温,降温

---

[1] 毛眺源、曾凡桂:《论溯因逻辑之嬗变及整合的语用学意义》,《外国语》2011 年第 6 期。
[2] Hobbs, J. R., Stickel, M., Apelt, D., & Mart, P. Interpretation as Abduction. *Artificial Intelligence*, 1993, 63 (1–2), pp. 69–142.

第五章 话语交流中的溯因动态认知

有多种方式，比如开空调、使用蒲扇等，交流者 A 和交流者 B 都知道屋里有空调，交流者 B 相信 A 希望自己打开空调，于是交流者 B 就得出一个假设：交流者 A 想让我开空调[①]。开空调这个假设对于交流者 B 而言并不是新的，是已存在于交流者 B 的认知语境中的，他只是通过溯因将其确立为合理的假设。

但我们仔细观察就会发现，溯因 A_6 的两个形式其实是相同的，不同只是在其结论中各自加了一个标注（一个标注是"匹配"，另一个是"生成"）。换句话说，实质上溯因 A_6 的两个形式其实就是一个形式，它与皮尔士的溯因形式没有什么区别，只是想显示皮尔士的溯因具有匹配与生成假设的功能，但是这种区别在形式上没有反映出来。溯因 A_6 力图强调溯因不局限于仅仅是生成新假设的过程，而且还是选择假设的过程，但它在形式上的改进不是很成功，没有解决我们上面提到的问题。

汉森（N. R. Hanson）曾对皮尔士溯因形式进行了一定的修改[②]，用一个假设类 K（a class K of hypotheses）来替换特定的假设 A：

溯因 A_7：惊异的事实 C 被观察

有理由认为一些假设类 K 解释 C

因而，有理由认为一些假设类 K 是真的。

用假设类 K 来替代皮尔士原先特定的假设 A（$A \subset K$），这样修改的意义在于，它表明了溯因不仅是生成假设类的过程，而且还是发现科学理论 A（$A \subset K$）的一个重要中间步骤，即可以通过在这些假设类 K 中选择得到好的解释 A，而一些古怪的或不甚好的解释则被放弃。汉森的溯因 A_7 在形式上体现出了溯因既是生成假设也是选择假设的过程，但是没有在形式上将选择标准直接体现出来，而莱肯（Lycan）则提出了另一个形式，明确地将假设的选择这一环节标示在其中[③]：

溯因 A_8：C 为各数据之和（事实，观察到的现象，给定的情形）

[①] 熊学亮：《认知语用学概论》，上海外语教育出版社 1999 年版，第 178—179 页。

[②] Hanson, N. R. Is there a logic of discovery? In: Feigl, H. and Maxwell, G. (eds.). *Current Issues in the Philosophy of Science.* New York: Holt, Rinehart, and Winston, 1961, pp. 20 – 35.

[③] Josephson, J. R., & Josephson, S. G. *Abductive Inference: Computer, Philosophy, Technology.* Cambridge University Press, 1994.

A 解释 C（如果 A 为真，可解释 C）

没有其他的假设能比 A 更好地解释 C

因此，A 或许为真。

溯因 A_8 虽然在形式上直接表明了溯因是假设的选择过程，但是弱化了溯因的生成过程，溯因会生成一些假设，而非一个假设 A，这一点在这个形式中没有得到体现。同时，溯因 A_7 和溯因 A_8 极力想标示出溯因的选择假设的功能，但是这两个形式仍然没有解决我们上面提到的其他问题。

亨普尔（C. G. Hempel）曾提出了可以将解释（或假设）视作是一个演绎论证，即解释项与普通规律一起逻辑演绎被解释项[1]，这种看法影响很大，"它是一个开始，之后很多关于科学解释（或假设）的工作都间接或直接来自于它[2]"。后来不少人根据亨普尔的这个理念将溯因描述为作为假设集的解释与背景知识一起逻辑蕴含被给的事实，溯因由三部分构成：一是我们的域理论或者背景知识，它能用一致的命题集 T 表示；二是需要解释的观察或事实，它能用命题 C 表示；三是生成的解释或假设，它能用命题集 Δ 表示[3]。这样溯因就能被定义为：

溯因 A_9：一个事实 C 据背景知识 T 的溯因是假设集 Δ，使得：

(1) $T \cup \Delta \vDash C$；

(2) $T \cup \Delta \nvDash \bot$

在这里，符号"∪"表示"并且、一起"的意思，⊨表示语义蕴含，表示语义推出，"⊥"表示不一致。这个定义用演绎的方式定义了溯因，(1) 表示了假设集 Δ 能根据背景知识集 T 一起解释事实 C；而 (2) 表示了得到的假设集 Δ 要与背景知识集 T 一致，也即得到的假设集 Δ 不能与背景知识集 T 不一致。溯因 A_9 的优势在于两点：(1) 它表明了背景知识在溯因中的角色，背景知识与假设一起蕴含事实（观察），并且所得到的假设不能是与背景知识矛盾。(2) 它表明了从一个事实 C 进行的溯因得到是

---

[1] Hempel, C. G. *Aspects of Scientific Explanation and Other Essays in the Philosophy of Science.* New York: The Free Press, 1965, pp. 247-278.

[2] Salmon, W. C. *Four Decades of Scientific Explanation.* Minneapolis University of Minnesota Press, 1989, p. 8.

[3] 转引自廖德明《带有溯因的信念修正》，中国人民大学博士论文，2012 年，第 41 页。

一些假设 Δ，那么就会存在假设的选择问题。但是溯因 A_9 的问题在于，将溯因看作是背景知识与假设集一起逻辑蕴含需要解释的事实，这会使它们三者之间的逻辑关系变得单一，这三者之间的关系实际上不仅仅能看作是语义蕴含关系 $T\cup\Delta\vDash C$ 或语法推导关系 $T\cup\Delta\vdash C$，也可以是一种可能的推理关系 $T\cup\Delta\Rightarrow_{probable} C$，也可以是逻辑编程中的推理关系 $T\cup\Delta\Rightarrow_{prolog} C$，也可以是信念动态中的推理关系 $T\cup\Delta\Rightarrow_{dynamic} C$，而不局限于上面任意一种[①]。这样的话，溯因就应该被定义为：

溯因 A_{10}：一个事实 C 据背景知识 T 的溯因是假设集 Δ，使得：

（1）$T\cup\Delta\Rightarrow C$；

（2）$T\cup\Delta\nvDash\bot$

这里的"⇒"不仅仅局限于语义蕴含关系，它可以是上面的任何一种关系。溯因 A_{10} 只体现了假设的生成，即是如何生成假设集 Δ，而没有体现假设的选择过程。而要体现假设的选择过程，这就需要添加一些额外条件来定义如何从假设集中选择最佳的假设。

那么如何选择最佳的假设呢？这就需要一个选择的标准，目前在形式定义上要求被选择的假设是极小的，极小性有两种表现形式：一是命题包含越少的字符越好，比如在"他会来"和"他会来或他不会来"两个假设中，"他会来"则更受偏好，更容易被选择。二是推导力越弱越好，比如你在街上偶遇我，而我正在吃一个面包，而在这条街上开着两间面包店 A 和 B，于是你可能首先会有两种假设：（1）面包店 A 开着，我在那里买了面包；（2）面包店 B 开着，我在那里买了面包。但在这两种假设中，你无法断定这两种假设哪种具有更高的确定性，但你可以断定第三个假设是存在的：面包店 A 开着或面包店 B 开着并且我买了面包，这个假设就成为你选择的最佳假设，过程如下：

（1）面包店 A 开着，我在那里买了面包

表示为：$(p_A\wedge q_A)$

（2）面包店 B 开着，我在那里买了面包

表示为：$(p_B\wedge q_B)$

[①] 廖德明：《溯因：最佳解释的推理》，《中国人民大学复印报刊资料》（逻辑）2011 年第 2 期。

然后根据演绎规则 P ⊨ P∨Q 可得到：

$(p_A \land q_A) \vDash (p_A \land q_A) \lor (p_B \land q_B)$,

$(p_B \land q_B) \vDash (p_A \land q_A) \lor (p_B \land q_B)$

由于 $(p_A \land q_A)$ 和 $(p_B \land q_B)$ 都能推出 $(p_A \land q_A) \lor (p_B \land q_B)$，这样 $(p_A \land q_A) \lor (p_B \land q_B)$ 推导力比前两个弱，因此，$(p_A \land q_A) \lor (p_B \land q_B)$ 会更受偏好，即"面包店 A 开着或面包店 B 开着并且我买了面包"会更受偏好。

假设的极小性主要是保证假设的句法简单性，但是光有简单性还是不够的，因为一个假设可能以这种形式出现是简单，而以另一种形式出现就可能是复杂的[①]，因此光有简单性还是不够的。安珀提（D. E. Appelt）和伯南克（M. Pollack）曾考虑了另外两个选择标准：一个是整体性标准（global criteria），他的整体性标准是从一个解释与事实整体的协调性来考虑，主要包括基数对比（cardinality comparisons）、最少推定解释（least presumptive explanations）和最小失常性（minimal abnormality）三个标准。二是局部性标准，包括贝叶斯统计法（Bayesian statistical methods）、加权溯因法（weighted abduction）和基于消耗的溯因法（cost-based abduction）[②]。

由于形式刻画的需要，以往在考虑选择解释的标准时常常从句法上来考虑，然而在日常生活中使用溯因时，我们就不应该仅仅从句法上来考虑，也应该从语用上来考虑。从直觉上来看，一个解释必然会与要解释的事实、事实发生的环境、主体的背景知识等发生或多或少的关联。如果一个解释与事实不存在关联性，那么这个解释就不会成为这个事实的解释；如果一个解释与事实的关联性比另一解释与事实的关联性弱，那么我们一般会选择这个具有更强关联性的解释。

综合考虑以上的因素，我们得到溯因如下一个定义：

溯因 A_{11}：< T，Δ，C > 是一个溯因框架，T 是背景知识，C 是一个事

[①] Liptons, P. Inference to the Best Explanation. In W. H. New-Smith (eds.). *A Companion to the Philosophy of Science*, Oxford: Blackwell, 2000, pp. 184 – 193.

[②] Appelt, D. E., & Pollack, M. Weighted Abduction for Plan Ascription. Technical report, Artificial Intelligence Center and Center for the Study of Language and Information, SRI International, Menlo Park, California, 1990.

实，Δ 是可溯的假设集，一个假设 A（$A \in \Delta$）是根据背景知识 T 的溯因，使得：

(1) $T \cup A \Rightarrow C$；

(2) $T \cup A \not\models \bot$；

(3) A 是 Δ 中极小的；

(4) A 是与 C 具有极大关联性；

溯因 A_{11} 不仅仅体现了溯因是生成假设的过程，而且还指出了溯因也是选择最佳假设的过程（一致性、极小性和极大关联性）。同时，溯因 A_{11} 不仅仅适用于科学解释，而且也适用于话语的语用推理。

二 作为认知的溯因

上面主要考虑了溯因的推理形式，但溯因不仅仅是推理的，而且也是认知的，因此溯因的形式刻画还有另一条路径，即将溯因建立在一个主体认知状态的基础上，而一个主体的认知状态能被看作一个一致的且能变化的信念集。对于溯因的认知处理最早开始于莱维斯克（H. J. Levesque）[①]。莱维斯克对溯因做了认知的解释，他认为主体的认知状态可用主体的信念来表征，比如对于事实 A，我们会有两种认知状态：相信 A 或不相信 A。这样一个认知状态 e 就能决定哪一个事实被相信或不相信，如果用 B 来表示主体的相信，那么 $e \models B_A$ 就表示主体在认知状态 e 中相信 A，于是就能够定义一个知识层面的假设：

认知溯因$_1$：一个主体 I 对一个事实 C 根据认知状态的溯因认知是 A，当且仅当：

(1) $e \models B_I (A \to C) \wedge \neg B_I \neg (A)$

(2) A 在认知状态 e 中是极小的

这里的（1）表示主体 I 在认知状态 e 中相信从 A 能得到 C，并且主体 I 不相信非 A，而（2）是一个选择标准，表示 A 在认知状态中最简单。莱维斯克从这个溯因信念出发，讨论了两种形式的信念：一种是隐式信念

[①] Levesque, H. J. A knowledge-level accout of abduction. Proceedings of the eleventh International Joint Confererence on Artificial Intelligence, Detroit, MI, 1989, pp. 1061 – 1067.

(implicit belief);一种是显式信念（explicit belief）。莱维斯克对于溯因的认知刻画还是比较粗糙的，他实质上仅仅对溯因做了一种认知的语义解释，对其进行了信念层次的表示，没有涉及溯因认知的动态变化情况[①]。

巴特勒（C.Boutilier）和皮切尔（V.Becher）认为对事实 C 的认知状态有两种：一种是如果 C 是被主体具有的信念，那么就会要求对 C 的一个事实性的解释，即什么信念可能造成了主体接受 C。另一种假设性的解释，即使 C 不被相信，我们也想对它有一个解释，那么主体就会解释一些能够充分导致 C 的一些新信念。为此，他们将溯因分为两种形式的：

（1）预测的溯因。预测的溯因是指如果一个主体接受解释的信念，那么他将被迫接受那个观察的事实。在事实性的解释情况下，如果事实 C 被相信，我们就需要一个合适的解释 A 也被相信，比如要解释"草地湿了"，一个主体可能在"下雨"和"洒水机洒水"两者之间选择，如果主体相信是洒水机洒水，而不相信是下雨，那么下雨就不是一个合适的解释。这将会导致：如果事实 C 被接受，那么任何解释 A 也会被接受。而在假设性解释情况下，如果事实 C 不被相信，它就可能被拒绝或不确定，当 C 被拒绝，那么任何解释 A 也会被拒绝；如果不是这种情况，那么 A 就会是与主体的当前认知状态一致的，这就意味着接受 A 等于将 A 加入到主体的认知状态中，并且主体还是不相信 C。比如一个主体不相信草地是湿的，他相信洒水机洒水或不洒水，为了解释草地是湿的，根据洒水机在洒水这个信念以及这个草地不被相信是湿的，这个主体就不应当接受洒水机正在洒水。在假设性解释情况下，如果 C 是不确定的，那么任何解释 A 也是不确定的，当解释 A 是在当前认知状态中，很明显，接受 A 不会造成任何信念的变化，不会使 C 被相信。放弃解释 A 则意味着主体在当前状态下主体不相信 A，主体知道 A 是错的，因此主体不会接受 A 作为事实 C 的一个解释。比如一个主体不确定是否草地是湿的，但是相信没有下雨，一旦获知草地是湿的，接受下雨作为一个解释似乎就是不合理的。

认知溯因$_2$：令 M 是一个主体的认知状态，一个认知主体 I 对事实 C 的预测性溯因是 A，使得：

[①] 廖德明：《带有溯因的信念修正》，中国人民大学博士论文，2012 年，第 2 页。

(1) M ⊨ (B_IA↔B_IC) ∧ ($B_I\neg A$↔$B_I\neg C$)

(2) M ⊨ A⇒C

(3) M ⊨ C⇒$\neg$A

(4) A 在 M 中是受偏好的

（2）非预测性溯因。非预测性的溯因是指不预测一个事实，但只是允许它，比如小王去超市购物有三个选择：一个是非常近的超市 A，另两个较远的超市 B 和 C。我们期望他在最近的超市 A 购物，但是我们随后观察他真正的选择却是在超市 C 购物。我们可能通过声称小王不喜欢超市 A 的服务（D）来解释小王的解释，然而解释 D 预测小王将不会选择 C，因为他很可能已经选择 B。这就是说，我们不接受 D⇒C 或 D⇒B，但仅仅接受 D⇒C∨B，在这个意义上，D 允许 C 但不预测 C。

认知溯因$_3$：令 M 是一个主体的认知状态，一个认知主体 I 对事实 C 的非预测性溯因是 A，使得：

(1) M ⊨ (B_IC→B_IA)

(2) M ⊨ A⇸$\neg$C

(3) A 在 M 中是受偏好的

在这里，（1）表示如果主体 I 相信事实 C，那么主体也会相信 A；（2）表示从 A 不可能得到非 C，换句话说，如果主体接受了解释 A，那么事实 C 也会变得与主体的认知状态一致。（3）则是解释的选择标准，他们认为偏好的解释就是那些最合理的解释，即要求在认知状态中极小变化的解释。比如，"下雨"、"洒水机洒水"和"下雨并且洒水机在洒水"每个都能解释"草地湿了"，然而"下雨"和"洒水机洒水"就比"下雨并且洒水机在洒水"更受偏好，虽然我们不知道是否"下雨"或"洒水机洒水"，但是我们知道"在雨中洒水机洒水"是不可能的。

巴特勒和皮切尔对溯因的认知描述建立在这样一个基础上：如果主体相信 A 能够充分地导致信念 C，那么 A 就能解释 C。在这一基础上、采用信念缺省的原则，在主体知道从 A 不会得到与 C 不一致的事实前提下，如果一个事实 C 不被相信，那么它的解释 A 也不能相信，如果一个事实 C 被相信，那么它的解释 A 也会被相信。从这里可以看到，巴特勒和皮切尔刻画了在主体认知状态中溯因是什么样的，将溯因中的事实与解释看作是主体的信念，对其进行了认知状态的描述。但是他们没有关注这种溯因信念的变化情况。信念变化是处理推理当前阶段的一个动态概念，在推理的每个阶段，如果推理是正确的，那么一个信念就会在推理被证实的基础上被持有，而溯因的动态过程正好可以通过信念变化的方式来加以描述。

帕格鲁科（M. Pagnucco）对溯因信念的变化进行了探讨，他认为溯因的信念变化有三种：一是溯因的信念扩张，二是溯因的信念收缩，三是溯因的信念修正[①]。他将溯因的推理形式内嵌于信念变化中，采用信念修正理论来描述溯因。

溯因信念扩张：令 K 是主体的信念集，$K^{\oplus}C$ 是使用信念 C 对信念集 K 的溯因信念扩张，当且仅当：

$$K^{\oplus}C = \begin{cases} K \cup A & \text{对于一些 A 使得 } T \cup A \vdash C \text{ 且 } T \cup A \nvdash \bot \\ K & \text{如果无此 A 存在} \end{cases}$$

溯因信念扩张是将一个事实 C 的解释 A 加入到主体的当前认知状态中，这个事实 C 的解释要满足可解释性与一致性，即 A 与背景知识一起要能解释事实 C，并且这个解释 A 要与主体的背景知识是一致的。如果这个事实 C 的解释不存在或找不到，那么主体不会改变他当前的认知状态。从这里我们可以看到，溯因信念扩张被作为发生于主体的认知过程中，实际上包含两个认知过程：一是寻找作为信念的解释过程，二是将作为信念的解释并入到主体当前认知状态的过程。同时，我们注意到这里主体的信念集 K 和背景知识 T 是不同的，主体的信念集 K 表示主体当前的认知状态，背景知识 T 就是用于解释事实 C 会使用到的相关知识，两者的关系是背景知识 T 属于主体当前认知状态的一部分，即 $T \subset K$。

帕格鲁科还认为溯因能够用来识别那些需要移走的问题信念的原因，比如一个事实 C 出现，主体使用背景知识来寻找这个事实 C 的解释，当找到这个解释时与自己当前的认知状态中的信念不一致时，如果主体要加入这个解释到自己的认知状态中，那么就需要首先移走那些与这个解释不一致的信念，这就是溯因信念收缩（$K^{\ominus}\neg C$）。如果主体在移走了那些与这

[①] Pagnucco, M. *The Role of Abductive Reasoning within the Process of Belief Revision*. PhD Dissertation, University of Sidney, 1996, pp. 99–176.

第五章 话语交流中的溯因动态认知

个解释不一致的信念后,再将这个解释并入到主体的认知状态中,此时就是一个溯因信念修正 $K^{\otimes}C$。溯因信念修正的过程实际上包含两个过程：一个是溯因信念收缩;一个是溯因信念扩张,即 $K^{\otimes}C = (K^{\ominus} \neg C)^{\oplus}C$。

帕格鲁科将溯因视作是主体认知过程的一部分,安利斯塔(A. Aliseda)认为溯因不仅能作为一种信念修正,决定新信念的解释,而且溯因本身造成了主体认知变化。溯因本身是一种行为,溯因行为会引起主体的信念变化[1]。安利斯塔指出溯因与怀疑和信念之间存在转换关系,当信念习惯被打破时怀疑的动机与溯因的动机都是惊奇,溯因对应两种认知状态：(1)事实 C 是新奇的——C 是不确定的;(2)事实 C 是异常的——C 被拒绝。新奇和异常的现象会引起最初理论 T 的一种变化,这种变化就会反映到溯因上：一是溯因扩张,对于新奇的事实 C,如果 C 的一致解释 A 通过 $T \cup A \vdash C$ 的方式进行,那么就可以将 A 并入 T。二是溯因修正,对于异常的事实 C,一致的解释 A 通常以这样的方式进行——理论 T 被修正成 T1,使得 T1 不能解释 $\neg C$,这样的 T1 被获得,一致解释 A 通过 $T1 \cup A \vdash C$ 的方式进行,则将 A 并入 T。从这里可以看到,安利斯塔实质上标示出了从认知到溯因,再从溯因到认知这样一条认知状态的变化之路,他不再将溯因单纯地看作是一种认知,而是由认知(新奇和异常)引起的行为,而这种行为又造成了主体认知的变化(扩张和修正)。将溯因看作是一种认知行为,那么溯因就会变得可操作,操作溯因产生新的假设或新的概念[2]。在思维中主体的行为是中心,行为的特征一开始往往是不明确的,但是行为可以提供一些信息使得主体通过开始和完成一个合适的溯因来解决问题,而这个溯因行为是心灵、身体与外在环境相互作用的过程,也是外在表征向内在表征转化的过程。

溯因不仅仅可以进行一个认知解释,视作大脑中新信念的产生过程,而且溯因还是产生认知变化的行为,是促使外部表征向内部表征转化的行为。那么溯因认知又是如何具体运行的呢?约翰森(T. R. Johnson)和张嘉杰(1995)提出了一个连接模型(connectionist model)来展现溯因认知

---

[1] Aliseda, A. *Abductive Reasoning*. Belin: Springer, 2006, pp. 73-85.
[2] Magnani, L. *Abductive Cognition: The Epistemological and Eco-Cognitive Dimensions of Hypothetical Reasoning*. Belin: Springer, 2009, p. 12.

的机制（如下图）：

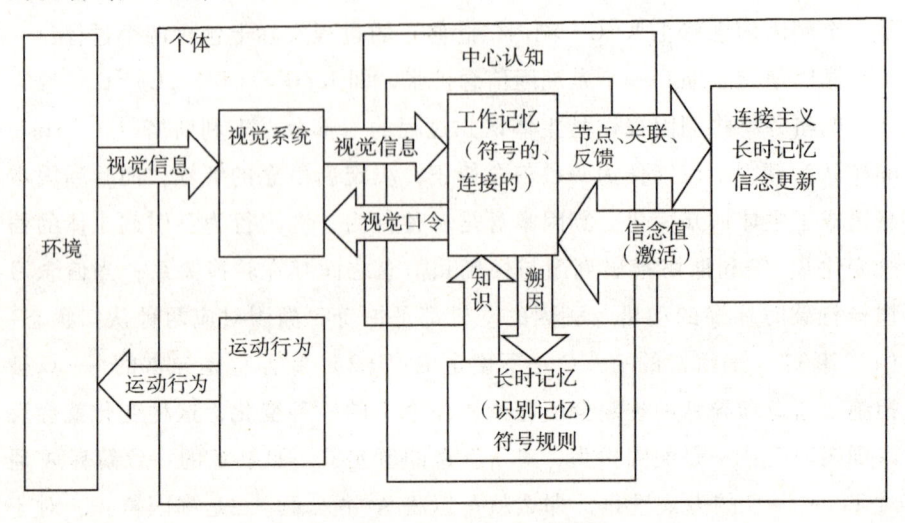

图 22 溯因认知的连接模型

从这个溯因认知的连接模型可以看到，溯因属于个体的中心认知中重要的一部分，它将工作记忆与长时记忆关联起来，"符号部分利用知识编辑来快速地获得生成和改变假设的一般规则，而连接部分则通过获得建立在时间频率基础上的解释力来提供较好的假设评估[①]"。溯因认知的连接机制通过使得工作记忆与长时记忆之间的相互作用，到达主体信念的更新。

第三节 话语交流中的溯因动态认知

一 语言学中溯因使用的三个模糊问题

溯因在语言学中的运用已经引起了许多人的注意，普遍将溯因视为一种语用推理，然而在语言学中溯因的使用存在三个模糊的问题：一是溯因的称呼不规范、不一致；二是溯因形式选用不一致；三是溯因假设的选择标准到底是什么。

---

① Johnson, odd-R. & Zhang Jiajie. A Hybrid Learning Model of Abductive Reasoning. the IJCAI-95 workshop Connectionist-Symbolic Integration: From Unified to Hybrid Approaches, Montreal, Canada, 1995, pp. 91 – 112.

第五章　话语交流中的溯因动态认知

1. Abduction：逆证还是溯因？

"abduction"这一词，在哲学、计算机以及人工智能界一般将其译为"溯因"，但国内语言学界对其的译法则非常不统一，丁尔苏将其译为"不明推理"[①]，沈家煊将其译为"估推"[②]。而熊学亮在对其进行专门研究时，将其译为"逆证"，其译法的理由为：一般逻辑以 P→Q 为推导模式，自 P 可以推出 Q，而逆证逻辑一般先接触 Q 或从 Q 开始思维，然后把 P 能解释 Q 的现象当成是想当然的启动思路，即从 Q "反推"出 P→Q，然而如果发现 Q 就原先所期待的 P→Q 假设而言呈现出异常情况，即原先想当然的 P→Q 无法解释 Q，便会反过来再次考虑 P 的可行性，从而形成能解释异常 Q 的新的 P1→Q 推导模式[③]。熊学亮教授将这一词译为"逆证"仅仅注意到了它是一种逆向论证，而忽视了这一词所蕴含的其他东西。其实，这一词并非如此简单，而是具有复杂的内涵。

从皮尔士的文献描述中，我们可以发现皮尔士在阐述这种推理时曾经使用过三个词："retroduction（逆证）"、"hypothesis（假设）"、"abduction（溯因）"。虽然皮尔士在论述的过程中经常使用这三个词，但是我们对这三个词进行认真梳理后发现，皮尔士在使用这三个词的时候并不是随意的，而是有其内在的逻辑性。皮尔士首先提出推理有三种类型：演绎（Deduction）、归纳（induction）和逆证（retroduction），那么逆证来源于何处呢？皮尔士认为逆证（retroduction）即是亚里士多德三段论中的"apagoge"的形式，这种形式可以通过三段论的第一格转化而来（见后图）：（1）的结论和大前提变为（2）的两前提，而小前提变为（2）的结论，就能得到（2）的形式（CP2.509）。

若用 P′来替换 π′P′，这样就能得到下面的形式（CP2.511）：

A_1：任何 M 是，比如 P′，P″，P‴等

S 是 P′，P″，P‴等

因而，S 可能是 M

[①] 丁尔苏：《语言的符号性》，外语教学与研究出版社 2000 年版，第 93 页。
[②] 沈家煊：《导读》，载 Paul J. Hopper 等 *Grammaticalization*，外语教学与研究出版社 2001 年版，第 28 页。
[③] 熊学亮：《语言使用中的推理》，上海外语教育出版社 2007 年版，第 34—78 页。

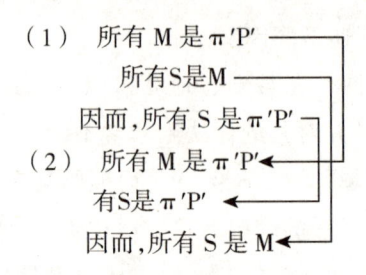

（1）　所有 M 是 π′P′
　　　　所有 S 是 M
　　　　因而，所有 S 是 π′P′
（2）　所有 M 是 π′P′
　　　　有 S 是 π′P′
　　　　因而，所有 S 是 M

然而这个形式中的结论是可能真的，可能真也即意味着这个结论只是一个假设，于是皮尔士在这里就将这种形式称为"假设（hypothesis）"。一个假设不是必然真的，有可能是假的，这就存在如何接受一个假设的问题，那么如何接受一个假设呢？皮尔士认为有三个因素决定一个假设是否有希望：一是它必须是解释的；二是它必须是可验证的；三是它必须是经济的。一个假设能解释事实则是解释的，由于解释性假设在实践中可能有多个，那么需要在这些解释性假设中选择最佳的解释；一个假设要通过验证（特别是实验）来确立它的合理性；花费较少的精力就能得出一个假设就是经济的。接受假设的这些过程就被皮尔士称为溯因（abduction），"接受被事实暗示的一个假设这一步，我称其为溯因（CP7.202）"，"溯因是形成一个解释性假设的过程，它是产生新观念的仅有逻辑运算（CP5.171）"。皮尔士将接受解释性假设的推理称为溯因之后，接着就给出了其形式：

A_3：令人惊奇的事实 C 被观察
　　　如果 A 是真的，那么 C 将会是理所当然的
　　　因而，有理由认为 A 是真的

需要特别提及的是，皮尔士在这里没有将其称为"hypothesis（假设）"或"retroduction（逆证）"，而是将其称为"abduction（溯因）"。而这个形式正是促使皮尔士对溯因的认识由纯粹的推理向推理与本能相融，以及一种科学探究方法转变的开始[①]。

从上面可以看到，"retroduction（逆证）"是源自对亚里士多德三段论中"apagoge"形式的称呼，A_1 的形式明确地被皮尔士称为"hypothesis

---

① 廖德明、李佳源：《皮尔士的溯因之惑》，《自然辩证法研究》2014 年第 5 期。

（假设）"，而 A₃ 的形式则是明确地被皮尔士称为"abduction（溯因）"，对于"abduction"这个词的来源，按照皮尔士的说法是"亚里士多德的 apagoge，但由于错误的文本而被误解，因误解通常被翻译为溯因（abduction）（CP1.65）"。这三种称呼的内在逻辑顺序是：由 retroduction（逆证）得到 hypothesis（假设），再由 hypothesis（假设）得到 abduction（溯因）。如果我们将这三种称呼的内在逻辑顺序与皮尔士的思想变化相关联的话，我们就能很清晰地意识到应该将这三个词区分看待。

皮尔士在前期较多地是在考究亚里士多德的三段论，从亚里士多德的三段论发现一种不同于以往的新的推理形式，使用"retroduction"一词应是针对推理的方向而言的，表明推理的方向是由后向前，"从结果到前提的推理（CP6.469）"，而使用"hypothesis（假设）"一词则是强调这种推理得到的结论是可能的，是不必然的，这种推理是形成解释性假设的过程，是一种提供证据的过程（evidencing process），并且排斥任何心理直觉的（instinct）因素，认为其是纯粹的逻辑推理，"虽然它受逻辑规则的限制非常少，不过它仍然是一种逻辑推理，有问题地（problematically）或猜测性地（conjecturally）断定它的结论，它是真的，但不过有一个完善的可定义的逻辑形式（CP5.188）。"然而随着皮尔士认识的加深，他在中后期则较多地去探讨这种新推理的特征与认识论意义，不断地去阐述溯因的本能因素，强调感知与本能在其中的作用，将其看作是一种猜测本能，"溯因的暗示（The abductive suggestion）像一束闪光（like a flash）来到我们心里，它是一种洞见的（insight）行为，即使可能是一种极其可错的洞见（extremely fallible insight）（CP5.181）"，"溯因（abduction）诉诸直觉（appeal to instinct），除了猜测（guessing）之外，别无他物（CP7.219）"。我们发现，皮尔士在中后期阐述它的猜测本能因素时，他基本上都是使用"溯因（abduction）"这一个词。

皮尔士在使用"retroduction（逆证）"和"hypothesis（假设）"的时候，主要是在显示其鲜明的推理形式，标示其逻辑推理的一面。然而在使用"溯因（abduction）"这一词时，不仅仅在于显示出其逻辑推理的一面，而是借此展现出逻辑推理与猜测直觉两方面的特征。因此，我们需要将这三个词区分开来，这三个词应各有所指，对这三个词的翻译也应该有所不同，要能够体现出这种不同。"retroduction"一词重在体现这种推理方向是从结果到事实，需要将其译为"回溯或逆证"，而"hypothesis"一词重在体现这种推理得到的结论是可能的，或然的，需要将其译为"假设"，而"abduction"一词则包含了更丰富的认识论意义，不仅仅具有前两词的意义，还具有解释的、猜测的、本能的、科学发现的等，在翻译的时候体现出与前两个词的差异性，将其译为"溯因"，取追溯原因进行解释之意，追溯原因进行解释能够使用逻辑的手段，也能使用猜测本能等其他的手段，能够统摄这些方面于内。

　　从上面的分析可以看到，我们能够从皮尔士的描述中梳理出这三个词使用的一些差异性，但皮尔士在文献中又时常替换着使用这三个词，那么我们又应该如何处理呢？如果就皮尔士原始文本的翻译而言，这是一个相当麻烦的事情，我们可以采取两种处理方案：一种是皮尔士原始文本中是哪一个词就用哪一个词，比如皮尔士在某处是使用"retroduction"一词，那么我们就需要用"逆证"来表示，而不是用"溯因"。另一种是在皮尔士提到这种推理时，我们都使用"溯因"来表示，比如皮尔士在某处是使用"retroduction"一词，我们也可以使用"溯因"一词来表示，这样表示的益处在于能保持整体连贯性。但对于语言研究中使用皮尔士的这种推理而言，我们最合适的做法就是使用"溯因"来表示，因为从皮尔士文本的描述来看，"溯因"代表了皮尔士对这种推理比较完整的看法。

　　现代语言学的研究对象广泛地交错于其他学科领域，从而使得语言学具有两个显著的特征：一是一些学科领域，比如哲学、逻辑学，在很大程度上为语言学建立了概念基础；二是对于语言学的研究提出了不少重要的洞见，成为语言学将来概念来源与发展的中心。语言学的这两个特征注定了对于语言学术语的使用具有某些特殊性，预示着将会不断从其他学科吸取新的概念、新的术语，这就要求语言学界的学者在使用这些术语的时候，应该采取更开放、考究的态度：一是要从原始文本中深入地挖掘这些术语所蕴含的丰富思想，考究其变化、发展情况，从而确定合适的用法；二是要积极地参照、引用其他学科合理的用法，而不是仅仅个人封闭自用。其实，"溯因"一词的使用就来自于逻辑学界，这一词的使用很好地将英文术语中"abduction"和"retroduction"两者之间的差异性显示出来

第五章 话语交流中的溯因动态认知

了，如果按语言学界使用"逆证"的话，"abduction"和"retroduction"两者之间的差异性就很难显示出来。

2. 溯因形式的选用

国外语言学者常常使用皮尔士前期的溯因形式（即前面提及的溯因 A_1），安德森（H. Andersen）[①] 和安提拉（R. Anttila）[②] 使用皮尔士的溯因 A_1 来作为一个观察到的语言事实与普遍语法规则相匹配，"在获得语言过程中，一个习得者观察他的长辈的口语活动，建构它作为一个语法输入，猜测这个语法可能是什么，他有一组与所有人共享的规则，这些规则能完全决定语言结构的性质"。即使在国外语言学词典中也常常使用溯因 A_1，马修斯（P. H. Matthews）在《牛津简明语言学词典》中将溯因定义为这样的推理：从所有狗嚎叫和这种动物嚎叫，一个人就可得到：这种动物是狗[③]。特拉斯科（R. L. Trask）在《历史与比较语言学词典》中也将溯因定义为：我们观察到一个结果，激发了能从给予的一个开始之点得到这个结果的一般规则，于是就可得到这个开始之点一定是真的，比如共产党员想禁止手枪，苏姗想禁止手枪，因此苏姗一定是一个共产党员[④]。国内学者沈家煊也使用皮尔士溯因 A_1 的形式，他认为语义演变的语义习得和重新分析都会涉及溯因，他引用了一个日常生活中案例的事例来进行说明：

事理：罪犯会在作案现场留下足迹。

事实：现场有张三的足迹。

推理：张三（很可能）是罪犯。

他将其称为回溯推理，一种基于常识和事理的推理[⑤]。

对于语言学界使用溯因 A_1 的情况，丹特切尔（G. Deutscher）提出了批判，他认为语言学者对于溯因的解释很混乱，许多解释都是从皮尔士前期的著作中抽取出来，是建立在皮尔士自己都放弃了的溯因模型上，因此

[①] Andersen, H. Abductive and deductive change. *Language*, 1973, 49 (4), pp. 765-793.
[②] Anttila, R. *Historical and comparative linguistics*. Amsterdam: John Benjamins, 1989, p. 196.
[③] Matthews, P. H. *Oxford concise dictionary of linguistics*. Oxford: Oxford University Press, 1997.
[④] Trask, R. L. *The dictionary of historical and comparative linguistics*. Edinburgh: Edinburgh University Press, 2000.
[⑤] 沈家煊：《语用原则、语用推理和语义演变》，《外语教学与研究》2004 年第 4 期。

使用皮尔士的前期溯因形式（即溯因 A_1）是错误的，而应该采用他后期的溯因形式（即前面我们提及的溯因 A_3）[①]。他特意举了两个事例来进行说明，第一个事例是使用皮尔士前期的溯因 A_1，第二个是使用皮尔士后期的溯因 A_3。第一个事例是关于单数名词"pea"从早期"peas（e）"变化而来的过程，早期名词"pease"是单数形式，具有一个复数"peasen"或"peses"，然而在 16 世纪期间，复数就缩减为"peas"，接着一个新的单数形式也就出现了，即 pea。这个变化的溯因 A_1 为：

前提　一个众所周知的规则：

　　　名词 + s = 复数

观察到的事实：

　　　"peas"是一个名词，且在结尾处有一个 - s。

结论　与这个事实相匹配的一个众所周知的规则能解释它：

　　　"peas"一定来自于 pea + s

　　　（因而它的单数形式是"pea"）

丹特切尔认为采用溯因 A_1 的形式仅仅能体现语言事实与语言一般规则的匹配，但是在语言中有一种创造性的语言变革，而这种创造性的变革不涉及语言事实与语言一般规则的匹配，因而溯因 A_1 不能对其进行刻画，必须要通过溯因 A_3 的形式才能得到刻画，比如当将一个具有三个尖齿的叉子（a fork with three prongs）呈现在一个小孩面前时，这个小孩称其为"threek"，他的推理需要这样一个规则：一个 N 尖齿的工具被称为 N - k。

前提　一个令人惊奇的事实被观察：

　　　一个工具被称为叉子

但如果它是真的，那么就会有一个规则：

　　　一个 N 尖齿工具被称为 N - k，叉子（fork）的形式将是理所当然的

结论　因而有理由怀疑有如此一个规则：

　　　因此一个三个尖齿的工具是一个"threek"

[①] Deutscher, G. On the misuse of the notion of "abduction" in linguistics. *Journal of Linguistics*, 2002, 38 (3), pp. 469 – 485.

虽然这个小孩的假设是错误的，但是小孩的这个推理却不能通过溯因 A_1 的形式来刻画，因为在这个事例中没有存在已有的众所周知的规则来与这个事实相匹配。

国内学者更多地使用皮尔士溯因 A_3，曾凡桂认为语用推理实际上就是溯因在话语交际中的具体体现，溯因在整个语用推理过程中是提出假设（大前提）的最重要推理，而他对溯因的描绘就来自于皮尔士溯因 A_3 的形式：

$$\frac{C \quad A \rightarrow C}{A}$$

他强调了溯因的目的在于生成假设，在于发现原因和规则，但这个假设的可靠还需要验证，比如他举了一个事例：

例（5.2）：

彼特：你想要一点咖啡吗？

玛丽：咖啡会让我保持清醒。

在这里，玛丽没有直接回答彼特的问题，而是说了仿佛与彼特问话不相关的一句话。这就会促使彼特对玛丽这句话做出解释，来理解玛丽的意图。彼特运用溯因，基于语境与知识溯出"玛丽不想保持清醒"，进而得到玛丽的意图是"不想要咖啡"[①]。

熊学亮也使用皮尔士溯因 A_3 的形式，他认为溯因（他将之称为逆证）从可观察的 Q 和一般规律 P→Q，推导出 P 是 Q 的原因或解释，我们从 Q 去假定 P，是因为它有解释 Q 的能力。而对于这里的假定的 P 可能有许多，依次需要建立评估机制，来评估哪一个更能解释 Q。因此他认为溯因不仅是假定的生成，更是"寻找最佳解释的推理"，是对原有假设的确认、证伪、重建或认可的 Q→P 的反向推导模式[②]。

有意思的是，对于这种使用皮尔士的溯因 A_3 的做法，语言学者毛远眺和曾凡桂又提出了批判，他们认为使用皮尔士的溯因 A_3 不能反映假设与现象的匹配，建议将皮尔士的溯因 A_1 和溯因 A_3 整合[③]。皮尔士前期三

[①] 曾凡桂：《论关联理论语用推理的溯因特征》，《外语与外语教学》2004年第5期。
[②] 熊学亮：《语言使用中的推理》，上海外语教育出版社2007年版，第78—79页。
[③] 毛眺源、曾凡桂：《论溯因逻辑之嬗变及整合的语用学意义》，《外国语》2011年第6期。

段论框架下的溯因的功能是匹配，而后期溯因具有普遍性，于是可以将皮尔士的溯因 A_1 整合成溯因 A_3 的一种特殊形式，整合为：

(θ1) C　　　　　(θ1) C
A′↔C　　　　　 A↔C
A′（匹配）　　　A（生成）

整合的溯因实际上就是将溯因 A_1 统一于溯因 A_3 之中，溯因 A_3 的功能就既有生成假设的功能，又有匹配假设与现象的功能。他们这样的整合实际上意味着皮尔士的溯因 A_1 只具有匹配功能，而皮尔士的溯因 A_3 只具有生成功能，因此才有必要将两者进行整合。

从上面可以看到，国内外语言学者对溯因的使用极其不统一，对于到底是使用皮尔士的溯因 A_1 还是使用溯因 A_3 一直存有争议，那么到底应该如何来看待这一问题呢？要解决这一问题，我们必须要对皮尔士的溯因 A_1 和溯因 A_3 以及两者之间关系进行深入的认识。皮尔士的溯因经历了由前期"纯粹的推理"向后期"推理与本能相融"的转变，皮尔士在前期坚持溯因是与演绎、归纳并列的一种逻辑推理，它从三段论转化而来，否认任何知觉、本能的认知。然而皮尔士在后期却认为溯因不仅是推理的，而且还是本能的、猜测的、洞见的[①]。这也导致了皮尔士的溯因 A_1 向溯因 A_3 的转变，但这种转变是否就意味着皮尔士的溯因 A_1 是错误的、应该抛弃呢？皮尔士自己绝不会这样认为，因为皮尔士无论在前期还是后期都坚持溯因是一种推理，这一点他始终都没有动摇过，而溯因要是推理的，就在于它源自于三段论，而且是三段论的第二格，这是皮尔士想确立溯因推理合法性的根基所在，对于溯因 A_1 皮尔士是绝不会抛弃的，更不会认为其是错误的。其实，溯因 A_3 和溯因 A_1 在皮尔士看来是可以相互转化的，因为皮尔士认为三段论可以进行如下转化：

B 是 A　　　　　　　如果 B，那么 A
C 是 A　　变为　　　但是 A（在 C 下）
C 是 B　　　　　　　因而 B（在 C 下）

这样，皮尔士的溯因 A_3 与溯因 A_1 就可以相互转化：

[①] 廖德明、李佳源：《皮尔士的溯因之惑》，《自然辩证法研究》2014 年第 5 期。

第五章　话语交流中的溯因动态认知

溯因（A3）：
　　令人惊奇的事实 C 被观察　　　　　　B 是 C
　　如果 A 是真的，那么 C 将会是理所当然的 ⇔ A 是 C ⇔
　　因而，有理由认为 A 是真的　　　　　B 是 A

A 是 C　溯因（A1）
B 是 C
B 是 A

　　溯因 A_3 与溯因 A_1 的不同仅仅在于皮尔士在溯因 A_3 中指出了溯因产生的动机，这种动机在于"一些惊奇的事实"，正是对这一"惊奇"动机机制的认识使皮尔士之后对溯因认识产生了两个变化，一是将观察、解释以及假设引入溯因过程中，而观察、解释以及假设是科学探究的前置概念，这样就导致了皮尔士将溯因看作是科学探究的一个阶段；二是明确提及溯因中的猜测因素，使得皮尔士随后将溯因看作不仅是一种推理，而且也是一种本能或洞见。[①]

　　因此，皮尔士溯因 A_1 与溯因 A_3 的不同仅仅在于认识论意义上的不同，皮尔士溯因 A_1 仅仅是推理的，而溯因 A_3 则不仅仅是推理的，还有其他认识论上的意义，比如溯因也是本能的。从形式上来看，皮尔士溯因 A_1 和溯因 A_3 是一致的，是统一的，而从认识论意义上来说，皮尔士溯因 A_1 可以统一于溯因 A_3 中。

　　那么皮尔士的溯因 A_1 是否只有匹配功能呢？其实，语言学者毛远眺和曾凡桂错误地理解了皮尔士前后期的溯因，皮尔士从三段论转化而来的溯因为：

　　　　任何 M 是，比如 P'，P''，P''' 等
　　　　S 是 P'，P''，P''' 等
　　　　因而，S 可能是 M

皮尔士将其称为假设推理，他紧接着提出了一个实例来展现这种假设推理：

所有出自这个袋子的豆子都是白色的————（某种一般规则）

这些豆子是白色的————（令人惊奇的情况）

[①] 廖德明、李佳源：《皮尔士的溯因之惑》，《自然辩证法研究》2014 年第 5 期。

因此，这些豆子出自这个袋子————→（假设）

这个实例化的溯因被皮尔士看作是从一个规则和一个结果得到一个情况的推理，但是皮尔士并没有将其作为是假设与情况的匹配。恰恰相反，皮尔士在这里强调了其是"制造了一个假设（CP2.623）"的推理，"这些惊奇的事实能通过假设它是某种一般规则的一种情况得到解释，于是接受这一假设（CP2.624）"。皮尔士得到的结论是一个假设，这个假设不单纯只是如毛远眺和曾凡桂所说表明了一种"事件匹配"，而更多的是一种解释性假设。皮尔士至少提及了三种类型：（1）在假设产生时还没有被观察到的，但能够被观察到的。（2）不能够被观察的，他特别提到历史事实就属于这种类型的。（3）以当前的知识状态从事实与理论上都不能观察到的，比如说气体动力学理论就是这种类型的[1]。皮尔士的第三种解释性假设就不会是由匹配功能达成，而需要由生成功能达成，比如人们发现"成熟的苹果在这棵苹果树下"这样的事实，在牛顿之前的人们可能会通过溯因得到"苹果是从这棵树上掉下来的"这样的假设，而牛顿则通过溯因得到了万有引力作用造成的。这两种都是解释性的假设，第一种是假设与情况的匹配，可以观察到的，而第二种是生成，是不能够被观察到的。

更为重要的是，在皮尔士看来溯因 A_1 与溯因 A_3 可以相互转化，这样就必然会使得将溯因 A_1 仅仅看成假设与情况相匹配这种看法变得无法成立，因为溯因 A_3 具有生成功能，而溯因 A_3 可以转化为溯因 A_1，那么溯因 A_1 也应该具有生成功能。因此，将皮尔士溯因 A_1 与溯因 A_3 进行匹配与生成两种功能的区分是毫无意义的，也是无法成立的，在形式上是无法区分出两者是否具有匹配与生成功能的。

我们在语言研究中使用溯因往往会追溯到皮尔士那里，皮尔士的两个溯因形式（溯因 A_1 和溯因 A_3）自然就成为两种使用选择，那么到底是应该使用皮尔士的溯因 A_1 还是溯因 A_3 呢？从上面的分析可以看到，在形式上我们无法对其进行区分，那么这是否意味着两个都可使用呢？如果两个都可以，为什么皮尔士又要提出两个形式呢？这仿佛是一个两难的选择，

---

[1] Fann, K. T. *Peirce's Theory of Abduction*. The Hague: Martinus Nijhoff, 1970, p. 21.

然而这样一个两难选择完全可以避免，我们为什么非要在皮尔士的两个溯因形式中做出选择呢？不错，皮尔士是第一个给出溯因形式的人，但是并不意味着他所提出的溯因形式就是完美的，我们就必须要使用他所给出的溯因形式。其实在皮尔士之后，有不少人已经对溯因进行了研究，并且对溯因的形式进行了进一步的发展（见上一节），提出了更加完善的形式，为什么我们在语言研究中不使用在皮尔士溯因基础上发展起来的、更加完善的形式，而非去使用皮尔士的这两个溯因形式呢？

有极少数的语言学者已经意识到了这一点，在使用溯因的时候并没有在皮尔士两个溯因形式中进行非此即彼的选择，语言学者徐盛恒便是一位。徐盛恒认为语用推理与溯因推理可以对应起来，如下图：

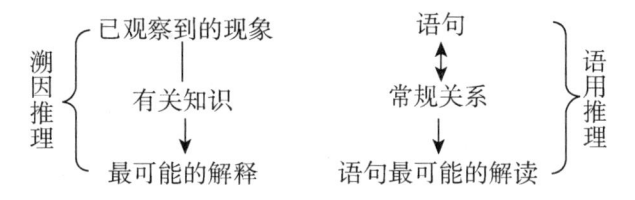

$$\text{溯因推理}\begin{cases}\text{已观察到的现象}\\ \downarrow\\ \text{有关知识}\\ \downarrow\\ \text{最可能的解释}\end{cases} \quad \begin{matrix}\text{语句}\\ \updownarrow\\ \text{常规关系}\\ \downarrow\\ \text{语句最可能的解读}\end{matrix}\bigg\}\text{语用推理}$$

他认为溯因推理的常用形式是合情推理中的"选择式"与"蕴含式"：
选择式：$(p \vee q) \wedge \neg p \to q$
蕴含式：$Kp \wedge (p \to q) \to Kq$
选择式用于几个相似项的选择取舍，而蕴含式用于认知的推理，比如：

（1）衣染莺黄，爱停歌驻拍，劝酒持筋。……知音见说无双，解移官换羽，未怕周郎。

（周邦彦《意难忘》）

在这个事例中，这里的"周郎"就有两种可能性：周邦彦、周瑜，即周邦彦∨周瑜，这就需要使用选择式来进行取舍。

（2）耕人扶耒语林丘，花外时时落一鸥。欲验春来多少雨，野塘漫水可回舟。

（周邦彦《春雨》）

这句话表示"沙鸥喜欢戏水,所到之处常是水塘或积水",则:

p = x 处来鸥

q = x 处有水塘或积水

使用蕴含式则有:(K(林丘来鸥)∧(x 处来鸥→x 处有积水))→K(林丘积水)①。

徐盛恒在这里将溯因的常用形式看作是"选择式"和"蕴含式",将"选择式"看作是溯因的常用形式说得通,因为溯因常常要求在多个假设(或解释)中选择出最佳的假设(或解释)。然而将"蕴含式"作为溯因的常用形式则存在问题:(1)蕴含式 Kp∧(p→q)→Kq 表示"主体知道 p,如果从 p 可以推出 q,那么主体也知道 q",这个蕴含式是不成立的,主体知道 p,并且 p 可以推出 q,是无法得到主体也知道 q。因为如果主体不知道"从 p 可以推出 q",即"从 p 可以推出 q"不存于主体的背景知识,那么主体就可能不会知道 q,比如小明知道小王今天下午来看他,事实上小王今天下午来看他是有事相求,但是对于小明而言,他是不会知道小王有事相求。只有小明也知道"小王今天下午来看他是有事相求",他才会知道 q,也即蕴含式 Kp∧K(p→q)→Kq 才是成立的。(2)溯因和这个蕴含式之间没有任何关系,既然是蕴含式,那么它表示的就应该是一种演绎推理,演绎推理与溯因推理是两种不同的推理形式,因此表达演绎推理的蕴含式不可能作为溯因推理的常用形式。

虽然徐盛恒对溯因的认识存在一些问题,但是他在这里对溯因的使用摆脱了以往使用皮尔士溯因的习惯,他的溯因使用与以往有两个不同:一是他在描述溯因推理时,将有关知识作为溯因过程中的重要部分,这说明有关知识应该成为溯因形式中的一部分。二是他认为溯因得到的是"最可能的解释",这就意味着只要是对观察到的事实的最可能解释,而不管这种解释是与事实匹配还是新生成的。对此,语言学者蒋严也意识到了这一点,他介绍了逻辑和计算机科学中对溯因的处理,特别提及了甘贝(D. Gabbay)②、

---

① 徐盛恒:《常规关系与语句解读研究——语用推理形式化的初步探索》,《现代外语》2003年第 4 期。

② Gabbay, D. Abduction in labelled deductive systems—a conceptual abstract. R. Kruse and P. Siegel. Symbolic and Quantitative Approaches to Uncertainty. Belin: Springer-Verlag, 1991, pp. 1 – 11.

约翰·约瑟夫森和苏姗·约瑟夫森（J. R. Josephson, & S. G. Josephson）[1]以及安利斯塔（A. Aliseda）[2]的溯因。他根据当前对溯因的研究成果，认为用于语言理解的溯因有两种新的形式：一是结构溯因，结构溯因是指"句法现象通过一系列转化得到解释，这些转化从非常弱的初始设定开始（就像语言解释过程中分析器的起始点），然后依次读入后继各词所含有的规定并随时更新，直到构建一个树形结构为有关命题提供解释"。二是语句溯因，语句溯因是指根据句子自身表达的基本命题对额外命题的推算[3]。

由此可见，在语言研究中使用溯因不应该局限于皮尔士所提出的溯因形式，溯因在皮尔士之后已经不断地在发展与完善，我们应该使用目前比较完善的溯因形式作为语言研究的基础。那么哪种溯因形式才是目前比较完善的呢？从前面对溯因形式嬗变的分析可以看到，溯因 A_{11} 是一个相对完善的形式，它不仅仅展现了溯因的过程，而且还涉及溯因的原则（比如一致性、极小性、关联性）。更为重要的是，溯因 A_{11} 从形式上不存在匹配与生成之别，它既可以使假设（解释）与事实的匹配，也可以使得生成新的假设。

> 溯因 A_{11}：$<T, \Delta, C>$ 是一个溯因框架，T 是背景知识，C 是一个事实，Δ 是可溯的假设集，一个假设 A（$A \in \Delta$）是根据背景知识 T 的溯因，使得：
> (1) $T \cup A \Rightarrow C$；
> (2) $T \cup A \not\models \bot$
> (3) A 是 Δ 中极小的
> (4) A 是与 C 具有极大关联性

3. 溯因解释的选择问题

溯因被看作是解释的生成与选择过程，那么必然涉及两个问题：一是

---

[1] Josephson, J. R. & Josephson, S. G. *Abductive Inference: Computation, Philosophy, Technology*. Cambridge University Press, 1994.

[2] Aliseda, A. Seeking Explanations: Abduction in Logic, Philosophy of Science and Artificial Intelligence. Ph. D. dissertation, Stanford University. ILLC Dissertation Series, 1997, p. 4.

[3] 蒋严：《论语用推理的逻辑属性》，《外国语》2002 年第 3 期。

如何生成解释的问题；二是如何选择解释的问题。然而语言学者在使用溯因的时候，往往关注解释的生成过程，而忽视了解释的选择过程，没有去深入地探究如何选择解释的问题，这也是造成许多语言学者常常使用溯因 A_1 或溯因 A_3，因为溯因 A_1 或溯因 A_3 没有体现出解释的选择。其实，如何选择解释是溯因一个重要的过程，溯因就是要得到一个最可能、最佳的解释，那么如何选择最佳的解释呢？

最佳的解释要具有句法简单性，简单性要满足三个条件：一致性（consistency）、极小性（minimality）和非自身性（non-triviality）。如果令 T 是背景知识，Δ 是对于事实 C 的假设集，如果一个假设 A∈Δ 是简单的，当且仅当：

- 一致性：T 与 A 是一致的，不存在矛盾，即 T∪A $\not\models$ ⊥。
- 极小性：对于事实 C 的任意假设 A′ 使得 A→A′ 蕴含 A′ = A。既不存在比 A 更弱推导力的解释，或比 A 更少字符量的解释
- 非自身性：事实 C 本身不能作为自己的解释，即 T∪C $\not\models$ C。

比如，小王这次期中考试考得不好，首先自身不能作为自身的解释，因而需要寻找其他的解释。其他可能的解释有：（1）小王平时一直成绩就不好；（2）小王生病在考试；（3）小王发挥失常。如果在背景知识里小王平时成绩一直都很好，这就会使得（1）与背景知识不一致，（1）这个解释就应该放弃。那么在（2）和（3）这两个解释中，由于小王生病考试会导致其发挥不好，即从（2）可以得到（3），那么（2）这种解释也应该放弃，因而在这三个解释中，最佳的解释就应该是（3）。

但是由于在话语理解过程中，不仅仅涉及句法，而且还会涉及具体话语的使用问题，即语用问题，因此将溯因使用于话语理解中时，仅仅考虑句法简单性是不够的，还需要考虑其他的选择标准。恩格和穆尼（H. T. Ng & Mooney, R. J.）提出了在自然语言理解过程中选择最佳解释时，关联性（maximal coherence）是一个非常重要的标准[①]。比如句子"小王很高兴，这次考试很容易"，对这个句子有两个可能的假设：一个

[①] Ng, H. T., Mooney, R. J. On the Role of Coherence in Abductive Explanation. Proceeding of the 8th National Conference on Artificial Intelligence, 1990, pp. 337–342.

第五章 话语交流中的溯因动态认知

是小王是高兴的，因为他是一个乐观主义者；一个是小王是高兴的，因为他在这次容易的考试中考得好。从字符量来看，第一个假设比第二个假设简单（如下），如果仅从简单来看的话，我们就应该选择第一个假设。

第一个假设： 小王是乐观主义者（p）

第二个假设： 小王在这次容易的考试中考得好（$p_1 \wedge p_2 \wedge p_3$）

这次考试容易（p_1） 小王研究了这次考试（p_2） 小王参加了这次考试（p_3）

但是从直觉上，第二个假设是比第一个更好，因为它与要解释的事实具有更大的关联性，第二个假设将"小王很高兴"与"容易的考试"关联起来了，而第一个假设则没有。这样，假设与要解释的事实之间的关联大小就应成为一个选择的标准，关联越大，则假设越佳。

肯普森、迈耶提琴和甘贝提出了一个用于自然语言理解的加标演绎系统（简称称 LDSNL），他们认为 LDSNL 是用于刻画自然语言理解的溯因机制的很好方式，在 LDSNL 框架下的溯因有两种形式：结构溯因和语句溯因。在这两种溯因形式中关联假定规则（the Rule of Relevant Assumptions）被视为一个基本的溯因原则，而他们这里的关联原则实际上是对关联理论中关联原则的形式化表示[①]。我们知道关联原则是话语理解中一个基本的原则，无论是在格莱斯的会话理论，还是在斯珀波和威尔逊的关联理论中，都将关联原则作为一个必不可少的原则。将关联原则作为话语理解中使用溯因的一个基本原则，将会使得溯因有更强的刻画力。

话语理解中语用推理的运行机制一直以来是语用学家关注的中心。斯珀波和威尔逊将话语理解涉及的推理视作是一个非论证型的推理，而演绎形成假定是非论证型推理的主要过程。"人脑在自发调用的逻辑规则只能是演绎规则，演绎规则在非论证型推理中起着关键作用"，"而在话语理解时，对非论证型推理的描述可以只采用演绎规则，无需借助其他

---

① Kempson, R., Meyer-Viol, W. & Gabbay, D. *Dynamic Syntax: The Flow of Language Understanding.* Oxford: Blackwell, 2001.

的逻辑规则"[1]。但是从斯珀波和威尔逊的描述来看,演绎规则发生作用的阶段是新信息获取之后,"我们确信演绎规则系统在如下操作中是有效的设施:减少必须分别储存在记忆中的多个假定的数量,获取论证的结论,从新获得的概念信息里推出蕴含内容;扩大新信息对既存概念性世界表征的影响[2]"。被置于演绎设施中的有两类信息集:新信息集和旧信息集,而以新信息集与旧信息集为前提进行的演绎即是新信息集在旧信息集中的语境化,新信息集在旧信息集中的语境化可能会得到不能单独从新信息集或旧信息集中推出的新结论。这种语境化得到的新结论就是新信息集在旧信息集中的语境蕴涵。演绎的一个关键作用就是在旧信息构成的语境中,"自发、自动而无意识地推出任何新呈现的信息的语境蕴涵[3]",得到的语境蕴涵越多,所呈现的新信息就越能完善个人既有的语境。而对既有语境的完善会给该语境带来某种效果,即语境效果。语境效果除了语境蕴涵之外,还可能是去除某些假定,或是调整某些假定的力度,然而不管是哪一种语境效果,都是通过演绎过程得到的。而斯珀波和威尔逊的关联就是建立在语境效果基础上的,"语境效果的获得是达成关联的必备条件,语境效果越大,关联就越大[4]"。

由此可见,斯珀波和威尔逊的关联理论的运行应是在演绎规则系统中进行,他们的关联应是演绎的。虽然斯珀波和威尔逊没有明确地提及他们的关联是演绎的,甚至有时还有不一致的说法,比如"非论证性推理更有可能是一种合理性行为,并不具有多少逻辑过程[5]"。之所以会出现这样一种状况,原因在于斯珀波和威尔逊想用关联原则来刻画整个话语理解过程,但是话语过程是一个复杂的过程,他们的关联原则不具备完全刻画整个话语理解的能力。正如他们所说的,话语理解其实涉及两个过程:一是涉及构建有关话语意图的假设;二是涉及证实话语意图的假设。关联原则发生作用的是证实话语意图的假设,"最关联的效果可能是证实受讯者的

---

[1] [法]斯珀波、[英]威尔逊:《关联:交际与认知》,蒋严译,中国社会科学出版社2008年版,第93、154页。
[2] 同上书,第135页。
[3] 同上书,第143页。
[4] 同上书,第161页。
[5] 同上书,第93页。

第五章 话语交流中的溯因动态认知

某个先前的假设①"。但是对于构建话语意图的假设，不仅仅需要关联原则，而且还需要具有创建假设功能的其他设施来完成，具有这种创建假设功能的就是溯因。

溯因本身就涉及假设的生成过程和假设的选择过程，假设的生成过程就是构建新的假设，而假设的选择过程就需要证实假设。我们将关联原则作为溯因的一个选择标准（选择策略），不仅仅给出了一条证实假设的路径，而且使得演绎成了溯因一个不可或缺的部分。我们必须改变我们以往旧的观念，总是将演绎与溯因分离开来，溯因负责假设的生成，演绎负责假设的证实，这种旧的观念会使得溯因变成一个空泛的概念，无法运用到实际的话语理解中。另一方面，将关联原则作为溯因的一个选择标准，演绎成为溯因的一个部分，将会使得话语理解中的语用推理与溯因的关系变得清晰化。

目前对于话语理解中的语用推理与溯因的关系有两种看法：一种是认为语用推理是溯因—演绎—归纳的逻辑整合过程。熊学亮和曾凡桂都认为语用推理是溯因、演绎和归纳的有机结合，溯因得到的假设，假设作为前提进行演绎，演绎推出话语意图，话语意图是否正确通过归纳在进一步的话语交流中进行验证②。这种看法存在两个问题：第一个就是话语意图通过归纳来进行验证，然而他们又没有描述归纳是如何验证话语意图的。我们知道，归纳本身就是或然性的一种推理，得到的结论本身就是需要进一步验证的，话语意图是否正确怎么可能通过归纳来进行验证。第二个就是将溯因仅仅看成是假设的生成过程，这本身就是对溯因的一种错误理解。即使是皮尔士，也一直就将溯因视作是假设的生成与选择两个过程，而没有将溯因仅仅看作假设的生成。将溯因误解为仅仅是假设的生成过程，造成的一个结果就是会将话语理解中的溯因与演绎分离开来，将语用推理看作是溯因与演绎两个过程。

另一种是认为语用推理就是溯因，蒋严就认为语用推理不过是溯因的一种，不需要特意地构建"语言使用中的逻辑"，语用推理中所使用的原

---

① ［法］斯珀波、［英］威尔逊：《关联：交际与认知》，蒋严译，中国社会科学出版社2008年版，第95页。
② 曾凡桂：《论关联理论语用推理的溯因特征》，《外语与外语教学》2004年第5期。

则都是溯因原则在话语交流中的运用①。虽然蒋严指出了格莱斯会话理论中的原则与斯珀波和威尔逊的关联原则都属于溯因原则,并且对于斯珀波和威尔逊的两个关联原则——第一关联原则(认知关联原则)和第二关联原则(交际的关联原则)进行溯因的重述,但问题在于斯珀波和威尔逊的关联理论是演绎机制在驱动运行,那么蒋严对其进行溯因重述之后,这是否意味着其也是演绎机制在驱动运行呢?对于这一点,蒋严也没有摆脱以往旧的观念,将溯因与演绎分离,认为在话语理解过程中,溯因获得的假设为演绎提供前提,话语理解是溯因与演绎的混合。既然已经将关联原则归入到溯因的原则,那么关联原则发生作用的运行机制是演绎,自然而然地,这些溯因原则发生作用的运行机制也应该是演绎的,演绎就应该是溯因运行机制的一部分,怎么会又将溯因与演绎分离开来呢?

因此,将关联原则作为溯因的一个选择策略(选择标准),可以使得演绎自然而然地成为溯因运行机制的一部分,可以使得演绎融入溯因之中,这样可以有效地解决溯因是假设的生成还是假设的证实这样的困境,增强溯因的语用描述力。

另外,将关联原则作为溯因的选择策略,也得到了一些实验证据的支持。鲍曼、曼荷恩和伯克利奇通过反应—激活实验发现:(1)被试对于关联假设的反应比非关联的假设反应更快,相关联的假设会比非关联的假设在大脑记忆中保持更多的激活状态。(2)相关联的假设会随着溯因认知的进行反应会逐渐增强,而非关联的假设随着溯因认知的进行反应会逐渐下降,甚至于消失②。这个心理实验证实了溯因认知会导致关联假设的激活,在溯因认知过程中当更多的确证的证据被加工时这种激活会增加,表明了在溯因认知加工过程中,为了减少溯因认知的复杂性,首先考虑的就是那些具有极大关联的假设。

二 话语交流中作为认知推理的溯因

霍布斯(J. R. Hobbs)认为第一个在话语理解中使用溯因的人是格莱

---

① 蒋严:《论语用推理的逻辑属性》,《外国语》2002 年第 3 期。
② Baumann, M. R. K., Mehlhorn, K., & Bocklisch, F. The Activation of Hypotheses during Abductive Reasoning. In McNamara D. S. & Trafton J. G. (eds.). *Proceedings of the 29th Annual Cognitive Science Society*, Cognitive Science Society, 2007, pp. 803–808.

斯，格莱斯在使用会话含义来处理下面这个事例时：

例（5.3）A：约翰在银行的新工作做得怎么样？

B：相当不错，他喜欢他的同事，他还没有挪用任何钱。

要使这个会话是连贯的，我们必须要假定 A 和 B 都知道约翰是不诚实的，格莱斯在这里是将其作为会话含义来处理的，并没有明确地提及是通过溯因得到的解释[①]。但霍布斯认为一个会话含义能被视作是通过溯因行为来获得最佳的解释，为什么一个会话含义可以视作是溯因得到的最佳解释，霍布斯没有进行论证。不过之后的语言学者熊学亮（2007）对此进行了比较详细的论证，他认为格莱斯的含义推导都可以被重新分析成溯因的过程，会话含义能够被看作是溯因的产物，而且会话含义无法考虑到的其他因素，比如文化、态度、权势、张力等，溯因能够很好地使用这些因素。熊学亮特意举了下面这个格莱斯的话例来进行说明[②]：

例（5.4）A：X 的老婆是个老皮袋。

B：天气不错，不是吗？

熊学亮认为仅仅使用"遵守原则＋违背准则"的方式无法得出其准确的会话含义，因为这个会话会依赖当时的情景，但如果使用溯因，含义的定夺就成了当时情景的验证过程：

说者 A 的溯因推导：

（1）p→X（A 遵守会话准则会得到 B 话的一般含义 X）

（2）X＝Xs（s＝惊奇，然而 X 是令人惊奇的，B 说出意外的话违背关系准则）

（3）¬p（A 遵守合作原则，于是放弃一般含义去寻找特殊含义）

（4）q、r、s……（若干可能的特殊含义）

（5）……（个体相关本能 R＋输入的信息 P＋相关的语境假设 C）

（6）q（最为相关的特殊含义或语境蕴含）

q 的获得，在语境量不是很多的前提下，可能的解释是：

(q) B 对 A 的话没有兴趣或不喜欢 B 这样说 X 的老婆。

[①] Hobbs, J. R. Abduction in Natural Language Understanding. In L. R. Horn & G. Ward (eds.). *The Handbook of Pragmatics*, Oxford: Blackwell, 2004, pp. 724–741.

[②] 熊学亮：《语言使用中的推理》，上海外语教育出版社 2007 年版，第 94—97 页。

(r) B 正好看见 X 过来,因而将话题岔开。

熊学亮这里的分析存在几个问题:(1)他对格莱斯这个话例的解释似乎是溯因与格莱斯会话理论的糅合,溯因的运用必须要在会话原则或会话准则的使用下进行,但是会话原则与会话准则又是独立于溯因之外的。如果是这样,会话含义就不仅仅是溯因的产物,溯因只是含义得出中的一个环节而已。(2)他将溯因看作仅仅是含义的选择验证过程,然而他所谓的一般含义与特殊含义又是如何生成的呢?在他看来,一般含义通过会话准则生成,而特殊含义他没有指明。如果溯因仅仅是含义的定夺,那么在溯因推导中的这些含义的生成又如何解释呢?(3)他陈列说者 A 的溯因推导过程时,在得到 q 是最为相关的特殊含义(或语境蕴含)后,他又对 q 给出了两个可能解释:q 自身和 r,但问题在于,既然 q 已经是最为相关的特殊含义(或语境蕴含)了,怎么还有对 q 的可能解释呢。从整个推导过程来看,这两个可能解释应不是 q 的可能解释,应该是在放弃一般含义而通过溯因生成的可能的特殊含义(可能解释)。(4)在 q 和 r 这两个可能的特殊含义中,为什么就选择 q 是最为相关的特殊含义呢?在这个话例的语境中这两种可能性都存在,这就存在一个选择的标准问题,我们可以通过解释的简单性得到:相对于 r 而言,q 是一个会更受偏好的解释。但他在这里没有考虑到这个问题,而解释的选择问题恰恰是使用溯因的一个非常重要的问题。

另一位语言学者蒋严也认为格莱斯的会话理论可以通过溯因重述,会话含义是通过溯因过程得到的。他认为格莱斯的合作原则和准则只有指导性,仅凭它们无法保证会话含义的得出,还需要一个推导机制,而格莱斯于 1975 年提出的推导机制则完全可以使用溯因重述。

格莱斯的会话含义推导过程:

(1) 说者 S 说了命题 p

(2) 没理由认为说者 S 未遵守合作原则

(3) 只有相信命题 q,说者 S 才可能是合作的

(4) 说者 S 与听者 H 都相信需要 q 才是合作

(5) 说者 S 未向听者 H 传递任何 ¬q 信息

(6) 说者 S 因而意使 H 相信 q

（7）在此语境中，p 蕴含 q。

蒋严的溯因重述：

(1) 目标：给定与说者 S 和听者 H 相关的背景 T，简记为 $T_{(S,H)}$；说者 S 的话语 p，简记为 p_S。要得出 $T\cup A\models C$ 中的 A，其中 T 为 $T_{(S,H)}$，C 为 p_S。目标只有当 A 是命题时才能达成。

(2) 溯因原则之一：合作原则及其诸准则。听者 H 发现说者 S 对准则的违反并相信合作原则仍会得到遵守，这会触发听者 H 对溯因目标的追求，而且 A 的取值范围也会受其限制。

(3) 溯因原则之二：对 q 的共享信念。A 的值应是说者 S 与听者共域中的一个元素。

(4) 溯因原则之三：一致性。说者 S 未向听者 H 传递任何 $\neg q$ 的信息[①]。

蒋严对格莱斯会话含义推导的重述有几点值得重点提及：（1）他将格莱斯的合作原则及其诸准则视作是溯因原则之一，会话交流中的合作原则及其诸准则不仅仅激发溯因，而且对于溯因的范围作出了限制。蒋严指出的这一点对于话语交流中使用溯因非常重要，听者之所以会启动溯因，就是源于说者说出的话令听者感到"意外、惊奇"，而这种"意外、惊奇"的产生就在于听者相信说者会遵守合作原则及其诸准则，但却违反了会话的准则。因此，合作原则及其诸准则理应成为溯因的原则之一。（2）蒋严对格莱斯会话含义推导的重述较完全地展现了使用溯因运行机制是如何推导出说者的话语意图，而不是将会话理论与溯因糅合在一起，是真正体现出了溯因在话语意图理解中的使用。这一点可以从他对与熊学亮分析过的同一个话轮的溯因重述可以看到：

例（5.5）A：X 的老婆是个老皮袋。

B：天气不错，不是吗？

溯因推导过程：

(1) B 的话语是令 A 感到意外、惊奇的话语（A 的话语违反了关系准则）

[①] 蒋严：《论语用推理的逻辑属性》，《外国语》2002 年第 3 期。

(2) A 由此启动溯因，寻找可能的解释（A 相信 B 是遵守合作原则，话语有特殊含义）

　　(3) 几种可能的解释并选择最佳解释：

　　　　(a) B 精神失常，言不由衷（意味着 B 没有遵守合作原则，放弃）

　　　　(b) 我们换个话题吧

　　　　(c) 我们多谈谈这个话题吧（违反关系准则以及一致性规则，放弃）

　　　　(d) 今年夏天一直到现在天气都很好。（违反关系准则，放弃）

　　　　(e) A 先生与 X 的老婆关系很差。（听者会付出较多心力而得不到与之匹配的合理语境效应，放弃）

　　　　(f) 几种可能解释同时存在。（违反实践经验，放弃）

　　(4) A 获得 (b) 是最佳的解释。

　　不过，蒋严这里的分析也有两点不够清晰：(1) 蒋严将对 q 的共享信念作为溯因原则，他的这一原则试图对格莱斯的会话含义推导过程中的"说者 S 与听者 H 都相信需要 q 才是合作"做出刻画。然而将说者与听者的共享信念作为溯因原则之一令人无法信服，在话语交流中使用溯因得到的最佳解释确实应是说者与听者都共享的信念，但是这个共享信念是溯因应得到的结果，怎么可能又是溯因的原则呢？(2) 蒋严在使用溯因来对这个话例进行推导的过程中，他只是简要地陈述了几种可能的解释，但对于听者是如何生成这几种可能解释的却语焉不详，而这恰恰是溯因很重要的认知过程。除此之外，他在对几种可能解释的选择时，采用的选择标准（他称之为溯因原则）还主要是合作原则及其诸准则。但很明显仅仅通过合作原则及其诸准则作为选择标准或溯因原则是不够的，这一点他自己虽然也意识到了，但是并没有展现具体的选择标准。比如对于可能解释 (d) 的选择很明显是非自身性，而对 (f) 的选择，应是极小性。因此，我们可以在蒋严的基础上对于话语交流中使用溯因来理解交流者的意图做出更细致、更完善的描述。

三　溯因的参数

　　在一般的溯因框架中，有三个参数：背景理论 T、令人惊奇的事实或现象 C 和要溯因出的解释 A。在话语交流中使用溯因，这三个参数中两个参数是很明确的：

一是令人惊奇的事实 C 是交流者说出的话语，话语的真实意图不是与话语字面意义表达一致的，而是违反会话准则的，正是话语具有如此特征，才会激发听话者对其进行溯因，比如：

例（5.6）A：今天上午去爬山，好吗？

B：我今天上午要上课。

在这个话例中，说者 B 的话语"我今天上午有课"是令交流者 A 惊奇的事实 C，因为根据关联准则，交流者 B 理应对交流者 A 的话语做出直接的回答：去或者不去。然而交流者却没有，而是说了一句看上去与交流者 A 的话语无关的话语，这句话是出人意料的，必然会激发交流者 A 去寻找解释：为什么交流者会说出这样的话，意图何在，从而启动溯因。溯因本来在两种情况下可以进行：一是我们所说的惊奇事实，这是激发溯因的主要动机；二是非惊奇的事实，在日常生活中这种非惊奇的事实也可能引起溯因，但交流者说出的话语如果是一个非惊奇的事实，那么这个话语常常不会令交流者感到意外，根据会话的合作原则及其诸准则，这个话语只能表现出一般会话含义的特征，因为如果表现出特殊会话含义的特征，它会违反会话中某一准则，会是一个令交流者感到意外的话语。比如：

例（5.7）A：今天上午去爬山，好吗？

B：好啊。

交流者 B 说出的话语"好啊"，由于交流者 B 说出的这一话语遵守了合作原则及其诸准则，说明这个话语只具有一般含义，而无特殊会话含义。而对于一般含义，交流者 A 只需要通过话语的字面意义就可以理解，无须进行溯因。同时这一话语也符合交流者 A 的交流期望，即交流者 A 期望交流者 B 能对"今天上午是否去爬山"做出明确的回答。符合交流者 A 的交流期望，说明这一话语不会令交流者 A 感到意外，无甚惊奇可言。

二是要溯因出的解释 A 就是交流者说出的话语的真实意图，交流者首先溯因出的是可能解释集 Δ，即所有能解释令人惊奇话语的命题，接着交流者通过选择策略（选择标准）找出最佳的解释 $A \in \Delta$，比如在上面的交流事例：

A：今天上午去爬山，好吗？
　　B：我今天整个上午都要上课。

　　当交流者 A 听到交流者 B 说出的话语"我今天整个上午都要上课"时，他会去进行溯因：为什么交流者 B 要说出这句话语。交流者 A 根据自己的背景知识：今天整个上午要上课，那么上课会占用整个上午的时间；而今天上午去爬山，也会占用上午的时间；而上午的时间要么被爬山占用，要么被上课占用。而现在 B 今天整个上午都要上课，因而他就不能去爬山了。于是交流者 A 得到交流者 B 话语"我今天整个上午都要上课"的解释是"他不能去爬山"，而这也是交流者 B 说话的意图。由于这个话语交流受语境的影响很小，所以直接地通过溯因得到解释，并且得到唯一的一个解释。但是一旦语境对话语交流的干扰增大，那么就有在一些可能的解释中选择出最佳解释的问题，比如前面语言学者蒋严分析过的交流事例就是如此。

　　在一般的溯因框架中，背景理论 T 主要是指涉个体已获得的与解释对象相关的知识，也将其称为背景知识或背景信息，它为溯因得到解释提供证据的支持与解释的方向，比如要解释"草地湿了"这一事实，个体需具有"天下雨→草地会湿"、"洒水机洒水→草地会湿"等这样的背景理论。如果没有这样的背景理论，个体会处于无知状态，溯因则无法进行，比如你对你的朋友提及"小王出车祸了"，然而在背景理论中，如果你从来不认识、也不知道谁是小王，更不知道有关他的任何事，那么你无法对此事实进行任何解释。你只有具备了相关的背景，你才可能对此事实做出解释，比如你知道小王，也知道小王开车技术不好、喜欢醉酒驾车，等等，你才可能对"小王出车祸了"这一事实做出解释。那么对于话语交流中的溯因使用是否只依赖于像一般溯因框中那样的背景理论 T 呢？交流中的话语对认知语境敏感，而在前面已经提及认知语境包括背景信息、情景信息和上下文知识，这里的问题就是，话语交流中溯因的使用是仅仅依赖于背景信息，还是依赖于整个认知语境呢？

　　我们可以通过一个话语交流来分析：
　　例（5.8）（A 是妻子，B 是丈夫，对话的当天恰好是 A 的生日，A 回家就发生如下会话）
　　　　A1：亲爱的，有什么东西要送我吗？

第五章　话语交流中的溯因动态认知

B1：什么东西，……，没什么东西啊。(诡秘地笑)

A2：你有什么东西要送我，快说。

B2：哈哈，漂亮的花与精美的礼物在等着你。

在这个话例中，当妻子突然对丈夫说出 A1 时，丈夫会去寻找对此话语的解释（即寻找话语意图）：为什么妻子会说此话语呢？要送东西给她，意味着今天她有喜事，什么喜事呢？升迁，生日……于是，丈夫会在自己的背景信息中进行搜索：她没有升迁之事，今天正好是她的生日，由此确定今天是她的生日。而在这里，丈夫使用的溯因主要依赖其背景信息。当丈夫说出 B1 时，妻子相信丈夫知道今天是自己的生日，丈夫应该有礼物送给自己，然而丈夫却说"没什么东西"。妻子会对此进行溯因解释，当时的情景是丈夫"诡秘地笑"，这一情景表情会使妻子做出一个解释：丈夫是故意撒谎逗着玩，而是有东西。在这里，使用的溯因则主要依赖情景信息。

因此，话语理解中溯因的使用不仅仅依赖于个人的背景信息，而且还会依赖于情景信息与上下文信息，这样在话语理解中作为溯因参数之一的就应该不仅仅局限于听话者的个人的背景信息，而应该涉及情景信息与上下文信息，这样认知语境就自然而然地成了溯因参数之一。一旦认知语境被视作溯因的参数之一，由于在话语交流中，随着交流的不断推进，上下文信息和情景信息在不断地变化更新，那么溯因的这一参数也不断变化更新。以往对于溯因中背景理论 T 的处理策略有两种：

一是将背景理论 T 看作是演绎封闭的信念集（belief set），即对于 T 内的任意信念 α，从 α 演绎得到的任一结论 β 也是 T 内的信念。比如 α ＝ "天下雨"并且 α 是 T 内的一信念，从"天下雨"可以演绎得到"地会湿（β）"，那么"地会湿（β）"也是 T 内的一信念。换句话说，主体知道了 $\{\alpha, \alpha \rightarrow \beta\}$，那么他也一定知道 β。将背景理论 T 看作是一个封闭的信念集会出现一些问题，比如主体 A 相信"小王是个老实人（α）"，而从 α 能够演绎得到 $\alpha \vee \beta$（β 可以为语句表达中的任意句子，比如"小王是个坏人"），这样根据背景理论的封闭性，那么主体 A 也应该相信"小王是个老实人或者小王是个坏人"。但从直觉上来看，主体 A 相信了小王是个老实人，并不一定相信小王是个老实人或小王是个坏人，因为他可能并不知道 $\alpha \vee \beta$。

— 195 —

二是将背景理论 T 看作是非演绎封闭的信念基（belief base）。将背景理论 T 看作是信念基，意味着在背景理论 T 中只存在基本信念，而那些由基本信念演绎出来的信念则排除在外。比如，小王知道"天下雨"这样一个事实，那么在他的信念基里就只包括有这一信念，而不会包括有"地会湿"这一信念，虽然从"天下雨"可以得到"地会湿"。换句话说，小王知道 $\{\alpha, \alpha \rightarrow \beta\}$，但他不一定知道 β。

将背景理论 T 视作是信念集就意味着背景理论 T 要保持演绎封闭并且包含无穷的信念，这就意味着拥有一个背景理论 T 的主体在获得一个新信息时，会将这个新信息演绎得到的所有信息都纳入到自己的背景理论中。虽然这在理论上是可行的，但是对于现实情况中的主体而言，一个主体虽然知道一个新信息，但是他不一定就知道这个新信息演绎得到的所有信息。而话语交流中当一个新信息被交流者接受时，交流者仅仅接受的是这一个新信息，而不会接受这个新信息的所有演绎信息，比如：

例（5.9） A：小王今天出车祸受重伤了。

B：哦。

在这里，交流者 A 宣告了一个新信息，在这个新信息宣告之后，交流者 B 接受了这个信息，会将这个信息纳入到自己的背景知识中来，仅此而已。本来这个新信息会有许多演绎信息，比如小王被送往医院了；小王今天无法正常工作了，等等，但是对于交流者 B 而言他所接受的仅仅是针对这个新信息本身而言，针对的只是这个明示的信息，而不是由这个信息演绎而获得的信息。

因此将交流中的溯因所依赖的背景理论 T 视作信念基是适当的，在交流中的说话者与听话者在交流开始前，都会具有一个固定的信念基。而在交流开始后，听话者在理解说话者的话语时，会从这一固定的信念基中抽取信息来帮助解释话语。同时，对于交流中出现的新信息，比如说话者宣告的新信息、情景信息等，听话者会不断地加入到自己的原有的信念基中。例如：

警察禁止这些人游行，他们害怕暴乱。

当一个听话者听到这句话的时候，他是怎么知道在第二个句子中的"他们"是指警察而不是这些人呢？为了作出解释，听话者将溯因地证实那些描述情景的语词是连贯的话语片段，这就需要证实它们是语法的、可解释的句子，以及它们之间有一种连贯关系。进而就需要溯因地证实警察的存在，禁止妇女的游行，对暴乱的害怕，以及害怕与禁止之间的因果关系，而这就需要听话者具有如下内容的信念基：

如果你害怕某事，那么你将不想它出现

游行引起暴乱

如果你不想结果出现，那么你也不想此结果的原因出现

如果那些人的职责是不想某事出现，那么他们将会禁止它

警察就是这职责

因果关系是传递的

听话者有了这些信念基，听话者就能将害怕之人与警察关联起来，进而确定"他们"就是指警察。如果在听话者的信念基中不包括"游行引起暴乱"，那么听话者将不得不假设暴乱与游行之间的那种因果关系，而在这种假设过程，听话者也可能得到这样的句子"因为他们之前从来没有游行过，他们不知道暴乱能被导致"。在这种情况下，听话者就可能将"他们"看作是"这些人"。

从这里可以看到，作为信念基的背景理论 T 对于交流者理解话语至关重要，如果听话者信念基中有的信念与待理解话语之间具有直接因果关系或演绎关系，那么听话者将会很自然地理解话语。如果听话者信念基中没有与待理解话语具有那样的关系，那么听话者将不得不进行假设，这就会造成几种可能假设的问题。同样，在话语交流中我们将溯因的参数由背景理论扩展到认知语境，在对认知语境进行处理时，也应将其看作是一个信念基。换句话说，一个人在进行话语交流时，在他的心里持有一些基本的信念，随着交流的不断进行，一些新的信息出现，那么这些新的信息可以不断地加入到他已有的信念中。这样将认知语境看作一个信念基，就意味着认知语境是一个可以不断变化、更新、开放的。

四　话语交流中溯因的使用

1. 话语理解中溯因使用的两种方式

在话语交流中常常将溯因作为一种话语解释的理论，话语解释通过两

种形式进行：一是解释话语结构，它通过证实话语的逻辑形式来进行；二是解释话语的意图，它通过解释事实的过程而进行。比如：

例（5.10） A：用万能胶将封口封上！

　　　　　B：什么是万能胶？

　　　　　A：它在我专用的工具箱里。

B 看上去在问万能胶的定义，但是 A 没有告诉 B 一个定义，即万能胶是一种黏性很强的胶水，而是告诉了 B 它在什么地方。在这里，A 已经通过将 B 的话语关联到他的意图来解释了 B 的话语，A 知道 B 会去拿万能胶，去拿万能胶，就不得不知道它在哪里，知道了它在哪里，就知道了它是什么。A 对 B 问题的回答，并不是直接回答，而是直接回答了 B 的意图。因而 A 就已经识别了 B 的话语与他的意图之间的关系，也即识别了话语结构及其意图两个方面。

使用溯因来解释话语结构常常表示为从一个背景信念基到一些新假设的逻辑形式的证实，比如一个电报话语"机油警报器响了"，被指派这样的逻辑形式：

机油（o）∧警报器（a）∧nn（o, a）∧响（e, a）

这个逻辑形式的解释可以图解为：

背景信念基		逻辑形式
机油（o_3）	→	机油（o）
警报器（a_3）	→	警报器（a）
（a_3, o_3），(X, Y) →nn (Y, X)	→	nn (o, a)
	响′(e, a)	

在这里，"→"表示从背景信念基到逻辑合取的推理，最后一个长方框表示一个假设而非演绎获得的结论，机油（o_3）和警报器（a_3）都表示特定量化的事实，（a_3, o_3）是表示警报器（a_3）的功能是监测机油（o_3），证实描述这个警报器的话语 nn（Y, X）的名词—名词变化结构的使用[①]。

[①] Stone, M., & Thomason, R. H. Context in Abductive Interpretation. Proceedings of the sixth workshop on the semantics and pragmatics of dialogue. Edinburgh, UK, 2002, pp. 169 – 176.

第五章 话语交流中的溯因动态认知

使用溯因来处理话语结构能够解决如下几个语用问题：

（1）区分一个句子中的新旧信息，比如"他走进沼泽区，沙锥扑腾一身飞起"，在这个句子中，沙锥是指涉什么呢？如果我们对其进行简单的假定，而不与话语结构联系起来，是不能正确回答的。通过溯因的处理我们就能很快地进行识别，我们假定在我们的信念基里有这样的事实：沼泽区有东西飞起（1），具有翅膀而飞起的东西是沙锥（2）。在句子中已经给出了沼泽区的存在，即沼泽区（A），为了解决句子中沙锥的指称问题，需要证实一个沙锥的存在，而在信念基中的（2）的回溯链中，我们看到需要证实具有翅膀而飞起的东西。而在信念基中的（1）的回溯链中，我们看到又需要证实一个沼泽区的存在，而这个事实已经具有，即已经在沼泽区（A）中具有了。为了完成这个推导，我们假设飞起（b）有翅膀，飞起（b）已经在句子中被给出，而它有翅膀的事实却没有，它是一个新的信息。图例如下：

信念基：

（1）$\forall_a$（沼泽区（a）$\to \exists_b$（在（b, a）$\land$ 飞起（b）））

（2）$\forall_b$（飞起（b）$\land$ 有翅膀（b）$\to$ 沙锥（a））

溯因证实过程如下：

逻辑形式：

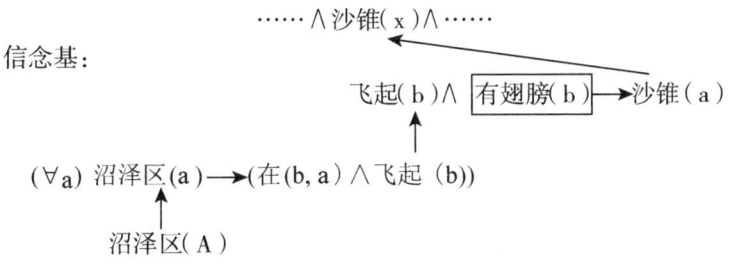

$$\cdots \land 沙锥(x) \land \cdots$$

信念基：

飞起(b) $\land$ 有翅膀(b) $\to$ 沙锥(a)

（$\forall_a$）沼泽区(a) $\to$ （在(b, a) $\land$ 飞起(b)）

沼泽区(A)

（3）解决话语的模糊性，比如"我向树上望去，白头翁正在树上"，假定交流者有如下信念基：

① （$\forall_x$（白头翁$_1$（x）$\to$ 白头翁（x）））

② （$\forall_x$（白头翁$_2$（x）$\to$ 白头翁（x）））

③ （$\forall_y$（树（y）$\to \exists_x$（鸟（x）$\land$ 在（x, y）））

④ （$\forall_x$（鸟（x）$\land$ 鸟$_1$（x）$\to$ 白头翁$_1$（x）））

⑤ ($\forall_z$（白头发的人（z）→$\exists_x$（白头翁$_2$（x）∧有（x, z）））

在信念基中模糊的词"白头翁"有两种情况：一是指称一种鸟，即（1）；一是指称一个白了头发的人，即（2），除此之外，还具有信念：在树上叫的是鸟，即（3）；鸟类中的一种是白头翁，即（4）；有白头发的人是白头翁，即（5）。溯因证实过程如下：

逻辑形式：
$$\cdots\cdots \wedge 白头翁（x）\wedge \cdots\cdots$$

信念基：

白头翁1（x）→白头翁（x）

鸟（x）∧ 鸟1（x） →白头翁1（x）

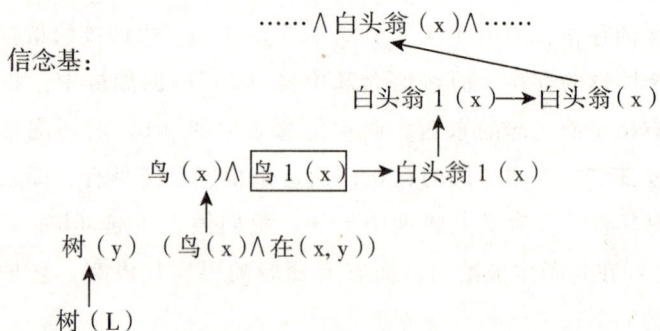

树（y） （鸟（x）∧在（x, y））

树（L）

在溯因的证实过程中，最后需要证实的是树（L），而这个事实已经在第一个句子存在了，而在这个回溯链中。同样，为了完成溯因，我们需要假设鸟$_1$（x）这个信息的存在，这个信息是在句子中没有出现的信息，它是新信息。

（4）解释复合名词，比如对于这个复合名词"松脂瓶"，需要证实的逻辑形式包括三个命题，即每个名词一个命题以及两个名词之间的关系一个命题，如下：

$\exists_{x,y}$（松脂（y）∧瓶（x）∧nn（y, x）

证实 nn（y, x）需要发现这两个名词之间隐含的关系，假定我们的信念基如下：

①$\forall_y$（液体（y）∧液体$_1$（y）（松脂（y））

②$\forall_{e1,x,y}$（功能（e1, x）∧装盛（e1, x, y）∧液体（y）∧装盛$_1$（e1, x, y）→瓶（x））

③$\forall_{e1,x,y}$（装盛（e1, x, y）→nn（y, x））

①表示一种液体是松脂，②表示如果某种东西的功能是装盛液体，那么这种东西就可能是一个瓶子，③表示在复合名词之间的一种可能关系就是装盛关系。逻辑形式的证实过程将液体的松脂视作是瓶中液体，将 nn 关

第五章 话语交流中的溯因动态认知

系视作是装盛关系,如图:

逻辑形式:

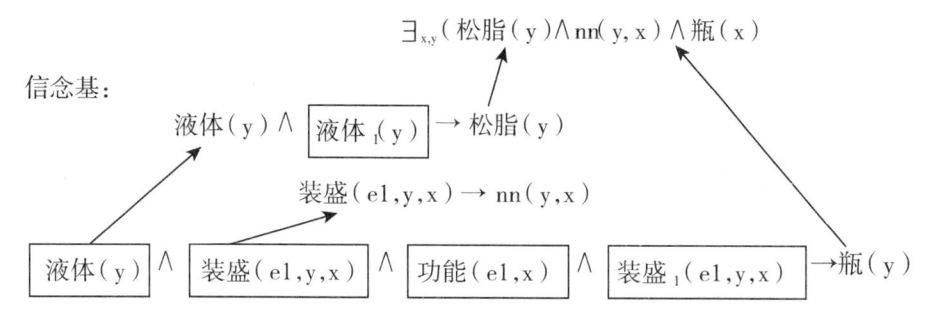

$$\exists_{x,y}(松脂(y) \wedge nn(y,x) \wedge 瓶(x))$$

信念基:

液体(y) ∧ 液体₁(y) → 松脂(y)

装盛(e1,y,x) → nn(y,x)

液体(y) ∧ 装盛(e1,y,x) ∧ 功能(e1,x) ∧ 装盛₁(e1,y,x) → 瓶(y)

这种对话语理解的溯因处理在计算语言学中被称为"结构溯因"[①],结构溯因主要强调在线的选择,比如确定代词所指、复杂的名词解释、歧义解决以及量化结构的逻辑形式关系等,它提供了一套形式化计算话语理解的溯因程序,强调对话语句法结构的处理。然而理解话语结构的目的是更好地理解说话者的意图,说话者说出某些话语一定会带有某种意图,意图不是话语的内容,而是说出此话的目的。因而使用溯因不是证实话语的逻辑形式,而是解释带有特殊意图话语的发生。为此,霍布斯(1996)为证实话语意图形式地提出了六个公理[②],这六个公理依次表示为:

(1) A 说话引起了 B 知道

(2) B 知道被 A 说话引起

(3) 如果 B 知道 A 的意图,那么 B 将会帮助 A 做某事实现此意图

(4) 如果 B 帮助 A 做某事,因为 B 知道做这事是有助于实现 A 的意图

(5) 如果 A 有一意图 e,而 e 是由 e_0 引起的,那么可能 e_0 也是 A 的意图

(6) A 做他意图做的事。

公理(2)是公理(1)的反向,这两个公理表明 A 的意图被知道是被 A 说这一行为引起,公理(4)是公理(3)的反向,是合作的两个公理,这两个公理表明 B 是合作的,知道 A 的意图就会使他完成这个意图,

---

① Kempson, R., Meyer-Viol, W., & Gabbay, D. *Dynamic Syntax: The Flow of Language Understanding*. Oxford: Blackwell, 2001.

② Hobbs, J. R. Intention, Information, and Structure in Discourse: A first draft. *Burning Issues in Discourse*. NATO Advanced Research Workshop, 1993, pp. 41–66.

以及为 A 做某事，而此事有助于实现 A 的意图。公理（5）表明意图的转化，一意图可以是其他的子意图。公理（6）表明如果 A 以完成一些行为作为意图，那么这些行为则会发生，也即人们做他们想做的事。这六个公理一起表明了话语意图可以通过交流者双方的言语行为进行处理，（5）将意图看作其他意图的子意图，（6）将意图归于事件，而（1）—（4）将事件归于说和知道这两个言语行为，这样使用溯因就是为了解释具有特定内容的一个话语的发生，即需要溯因证实的是：

$\exists e_{1,a,b}, e_2, e_3, e_4$ 真实存在（e_1）∧ 说出（e_1, a, b, e_2）∧ 目的（e_2, a, e_3）∧ 知道（e_3, b, e_4）∧ wh（e_4, X）

我们需要解释事件 e_1 的真实存在，而 e_1 是某人 a 对某人 b 说的命题 e_2，而命题 e_2 是 a 知道对象 X 的基本性质 e_4 的意图 e_3，换句话说，我们需要提供如此一个溯因链条：A 告诉 B 他想知道 X，因而 B 知道 A 想知道 X，因此 B 将会告诉 A 这个 X，因此 A 就知道了 X。这样就将解释一个话语发生的问题归约为发现话语意图的问题，接着再归约到解释话语内容的问题，这样话语意图方面的解释最终也就涉及话语结构方面的解释。比如：

例（5.11） B：用万能胶将封口封上！

A：什么是万能胶？

B：它在我专用的工具箱里。

在这个话语交流中，交流者 A 发出了一个疑问"什么是万能胶"，将这个话语行为的发生视作一个事件 e_1，这就是需要解释的真实存在的事件。首先运用公理（6）将意图归于事件 e_1，使用公理（5），假设这个意图是其他意图 e_5 的一个子意图，使用公理（2），假设其他的意图 e_5 是 B 正知道话语内容 e_2，A 说出话语使得 B 将会知道话语内容。再使用公理（5），假设 e_5 又是其他意图 e_6 的一个子意图，使用公理（4），假设 e_6 是 B 正对 A 说 e_4，A 告诉 B 他的意图使得 B 能满足它。再使用公理（5）和（2），假设 e_6 是 e_3 的子意图，e_3 是正知道 e_4，而 e_4 正是万能胶的基本性质，A 想 B 告诉他万能胶是什么，使得 A 将会知道它。

无论是话语结构还是话语意图的溯因使用，都涉及假设的选择问题，而在话语理解加工中，常常需要最小具体假设（the least specific assumption），而非最大具体假设（most specific assumption）。比如我们要解释胸痛，那么假设它的原因是简单的"胸痛"是不够的，我们想要更具体的，比如肺炎，这就是最小具体假设。然而在话语加工中提及一种液体，我们并不去假设它是润滑油，而最好的方式就是简单地假设这个液体的存在，若有确证的证据，也可进行最大具体假设，比如"警报器响了，流体受阻了"，如果知道警报器是为润滑油压力的，这就提供了一个证据，那个流体就不仅仅是液体了，而且是润滑油。我们的假设越具体，我们的解释就越多信息；我们的假设越不具体，假设正确的可能性就越大。

而对于话语理解中假设的选择问题主要建立在假设的成本花费上[①]，即制造一个假设的过程会产生一个花费，比如花费时间、精力等。我们可以将每一个句子的逻辑形式表示成一个荷恩句，即前件是 p_i 的合取而后件是单一 q 的一个蕴涵。

$$p_1 \wedge \cdots \wedge p_n \rightarrow q$$

为每一个前件 p_i 分配一个权重 w_i，这个权重表示一个假设的花费。

$$p_1^{w_1} \wedge \cdots \wedge p_n^{w_n} \rightarrow q$$

通过选择合适的权重因子就能表示不同的溯因策略，比如：

$$p^{w_1} \wedge q^{w_2} \rightarrow r$$

这表示 p 和 q 蕴涵 r，也是说如果假设 r 的花费是 c 的话，那么假设 p 的花费就是 $w_1 c$，而假设 q 的花费就是 $w_2 c$。如果 $w_1 + w_2 c < 1$，最大具体假设被支持，支持 p 和 q 的假设作为 r 的解释，假设 p 和 q 的花费比假设 r 的花费低。如果 $w_1 + w_2 c > 1$，最小具体假设被支持，假设 p 和 q 的花费比假设 r 的花费高。如果 $1 < w_1 + w_2 c < 2$，虽然 p 和 q 不能同时假设来证实 r，但是如果其中一个，比如 p，已经以零或者非常低的花费得到，那么假设另一个，比如 q，就比假设 r 的花费低。因为 p 已经为 r 提供了证据，那么作为 r 必要证据的剩余部分 q 的假设花费就会较低。

在话语理解中，这种权重又是根据什么来进行分配的呢？根据语义贡献来分配权重给每个合取，比如：

$$\forall_x (轿车(x)^{0.8} \wedge 无顶(x)^{0.4} \rightarrow 可改装(x))$$

[①] Hobbs, J. R. Stickel, M., Martin, P., & Edwards, D. Interpretation as Abduction. Proceedings 26th Annual Meeting of the Association for Computational Linguistics, Buffalo, New York, 1986, pp. 95 – 103.

从直觉上看，轿车对于可改装的语义贡献比无顶的大。原则上，权重 w_i 为"p_i 是 q"可能性的函数，然而在实践中，则往往通过这种粗略的、直觉上的语义贡献方式来分配权重。

从以往对话语理解中溯因的处理可以看到：(1) 无论是话语结构的溯因，还是话语意图的溯因，都是从计算的角度来进行处理。要能够实现溯因的可计算，就需要对溯因进行形式化的处理，这就必然要求对溯因的处理以利于能够形式化为目的，但这种可计算的溯因是否捕捉到了日常话语交流中真实的溯因则是一个需要我们考量的问题。溯因是对语境敏感的，这就会使对于假设的评估变得复杂，而这也正是造成在话语意图的溯因中采取直觉上的语义贡献的方式来分配权重。但问题在于，从直觉上的语义贡献来分配权重，如何能够做到准确性。直觉是一个主观、变动的心理概念，将权重的分配建立在这样的一个概念基础上，注定了溯因形式化基础是不坚固的。对于溯因能否形式化地进行计算，一些认知语言学家一直持批判态度，福多就认为原则上允许溯因是可计算的，溯因可由句法完全驱动，但是计算的溯因无法保证溯因既是可靠的又是可行的。溯因的计算要可靠，溯因就必须是信息不封装的，因为溯因是依赖于外在情景的。而溯因的计算要可行，溯因就必须是信息封装的，因为计算过程要求溯因是独立于外在情景的。这样就导致：溯因的计算要可行，仅仅它是不可靠的；溯因的计算要可靠，仅仅它不是可行的。福多相信正是溯因内在的特征决定了溯因是不可计算的，认为"溯因真正地是认知科学中一个可怕的问题[1]"。虽然福多的观点不一定完全成立，但是这在一定程度上说明了溯因的形式化计算很难捕捉到日常真实的溯因。(2) 在话语理解中溯因的处理，主要关注的是假设的证实与解释问题，从话语的逻辑形式出发，用荷恩句表示其逻辑形式，然后将荷恩句前件中每个合取式所表达的内容分解，如果是话语结构溯因，就假设每个合取式表达的内容是存在的，并通过背景信念集来进行证实。如果是话语意图溯因，则需要更进一步将每个合取式所表达的内容视作一个言语行为，而言语行为表示了一个话语事件的

---

[1] Fodor, J. A. The Mind Doesn't Work That Way: The Scope and Limits of Computational Psychology. Cambridge, MA: MIT Press, 2001, p.41.

发生，进而通过背景信念集来进行解释为何这种话语事件会发生。但是我们知道，溯因过程常常被分为两个过程：一个是假设（解释）的生成过程；一个是假设（解释）的选择过程，话语理解中的溯因不仅仅需要关注对假设的证实与解释，而且还需要关注假设的生成，提供出假设的生成机制。

因此下面我们将从语用推理的角度来展现话语理解中的溯因认知，本来溯因认知涉及两个方面：一是在话语理解中的溯因假设的生成机制是怎样的；二是为话语理解中溯因假设的选择提供了一些强力的选择机制，然而我们在前面论述过了话语理解中溯因假设的选择机制，因而我们在下面将重点阐述话语理解中溯因假设的生成机制。

2. 话语理解中溯因假设的生成机制

假设的生成是溯因的一个内在部分，但问题在于假设如何生成。皮尔士将假设的生成归于溯因中的猜测功能，在皮尔士看来，猜测是一种知觉判断，是一种洞见，也是一种本能，是无意识的。如果猜测是无意识的，那么它只能是偶然的猜测，然而猜测是我们有意识进行的一种受控制的行为，它不可能是偶然的猜测[①]。猜测具有心理和逻辑的两个方面，但这两个方面并不相互排斥，它是从不被控制的知觉反应到受控制的推理，这样一个连续过程。同样，对于话语理解中的溯因假设的生成也通过猜测生成，但是这种猜测并非纯粹的偶然猜测，而是一种受控制的行为，正是由于此，才会存在有好坏猜测的区别。比如，一个晚上两个人 A 与 B 在 A 家里聊天，一直聊到晚上 12 点，A 此时说出一句话语："现在 12 点了。"此时，B 就会对 A 这句话的意图进行假设，如何假设呢？B 的假设不可能是任意的，不受控制的，而是需要与此话语内容相关联，比如现在是 12 点了，表明现在是什么时刻了，是在向对方通报时间，于是一个假设就会被生成：A 在向 B 通报时间。也可能是两人聊天，一直聊到了晚上 12 点，晚上 12 点已经很迟了，按照背景信息，晚上很晚了，一般的人都会休息，而要休息了，就需要停止继续聊天，因此一个假设又会被生成：A 想结束谈话。我们从这个实例可以看到，无论是哪一个假设的生成，它都会受到一

---

① Tschaepe, M. Guessing and Abduction. *Transactions of the Charles S. Peirce Society*, 2014, 50(1), p. 13.

些因素有意识的控制，听话者不会是无意识地、随意地进行假设。

那么在话语理解中溯因假设的生成受哪些因素有意识的控制呢？从上面的实例可以看到，它至少受到两个因素的控制：一是关联性的控制，关联性的控制主要体现在待解释的事实与假设的因果关联上，任何一个事实的出现，都存在造成这个事实出现的原因。而对于话语交流中说话者的意图，我们可以通过这样的方式来揭示：说话者意图即是说话者为什么要说出此话语，什么原因造成了说话者说出此话语。比如上面的话语交流事例中的说话者A说出"现在12点了"，那么就存在一因果关联：是什么原因引起了说话者A说出这样的话，通过溯因找到原因是说话者A想休息了，说话者A想休息了引起了他说出这样的话语，而这个原因也正是说话者A的意图。二是听话者背景信息的控制，听话者的背景信息的控制体现在听话者对待解释的事实以及说话者的已有认知水平上，已有认知水平的差异会造成听话者假设的差异。比如上面的话语交流事例中，如果听话者B没有"晚上很晚了，一般人都会休息"以及"要休息了，就需要停止聊天"这样的背景信念，那么听话者是不会得到说话者A想结束谈话的意图。对于这两个控制性因素，我们将会在下面进行详细的阐述。

（1）溯因中的关联性控制

溯因中假设的生成依赖于背景信息里是什么构成了一个解释，在科学哲学和人工智能中有一种显著的观点认为一个解释包括一个演绎论证，在这个演绎论证中事实被解释，比如：

任何一个得了流感的人都会发烧、头疼和咳嗽
你得了流感
因此，你会发烧、头疼和咳嗽

事实上，溯因中假设与待解释的事实之间的关系并不是一种严格的逻辑演绎关系，一个解释可被描述为一个因果图式，而非演绎论证[1]，比如：

---

[1] Thagard, P., & Litt, A. Models of The Cambridge handbook of computational cognitive modeling. Cambridge: Cambridge University Press, 2008.

解释的模式：通常流感造成发烧、头疼和咳嗽。
　　待解释的事实：你有发烧、头疼和咳嗽。
　　　　假设：可能你有流感
　　因果模式描述了原因和结果之间的一种关系，它具备如下的认知结构：
　　解释的目标：为什么人会有这样特别的行为？
　　　解释模式：人有心理表征
　　　　　　　人具有运行在这些心理表征之上的计算过程
　　　　　　　运用于这些表征之上的这个过程产生这个行为

　　将溯因中的假设与待解释的事实之间的关系描述为因果关系，而因果关系不是一种严格的演绎关系，这就决定了溯因中假设与待解释的事实之间不必然是一一对应的映射关系,，而可能是多对一的映射关系。比如我发现他发烧了，这是一个待解释的事实，在背景信息中，解释发烧的原因可能会有几种：一是流感引起发烧；二是肺炎引起发烧；等等。将溯因中的假设与待解释的事实之间的关系描述为因果关系，那么溯因的过程则是从结果到原因的过程，会有两种形式的因果关系发生作用：一种是一个结果具有唯一的一个原因，即结果与原因之间是一一对应的映射关系；另一种是一个结果具有多个原因，即结果与原因之间具有一对多的映射关系。

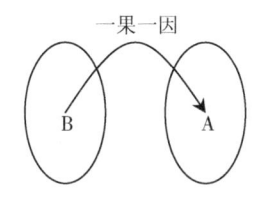

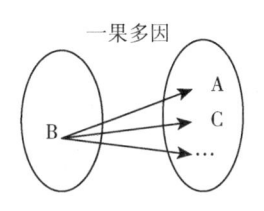

一果一因　　　　　　一果多因

　　如果是一果一因的话，那么通过溯因获得的假设就会是唯一的，比如一个事实"这张纸燃烧起来了"，这一事实发生有唯一的原因，即"纸张的温度达到了燃点"，这样就会得到唯一的解释性假设。如果是一果多因的话，那么通过溯因获得的假设不会是唯一的，会存在几个具有竞争性的假设，比如一天我去小区停车场发现小车不见了，这一个事实的发生就可能有几个原因：小车被偷了；妻子开走了；我记错了小车停车位置，小车并不停在停车场；等等。这种情况溯因得到的解释性假设就会有多个。当然对于结果与原因的关系有一个层级问题，比如对于

"这张纸燃烧起来了"这一事实,如果从燃烧的原理来看,这一事实就只有一个原因,即"纸张的温度达到了燃点",然而从引起这个事件的行为来看,这一事实就可能有几种原因,比如纸张自燃、纸张被点燃;如果更递进一层,纸张自燃是由外部温度太高;而纸张被点燃是由打火机点燃或火柴点燃。

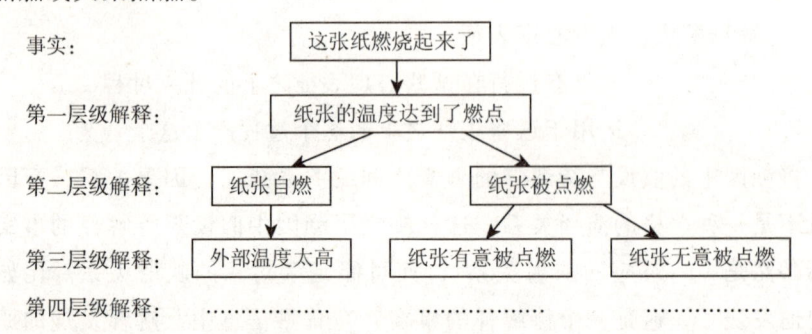

```
事实:              这张纸燃烧起来了
第一层级解释:       纸张的温度达到了燃点
第二层级解释:     纸张自燃        纸张被点燃
第三层级解释:   外部温度太高   纸张有意被点燃   纸张无意被点燃
第四层级解释:   ……           ……            ……
```

在话语交流中,我们只要将交流者的话语作为一个话语行为,说话者的意图则可通过为什么会有这样一个话语行为得到揭示,而为什么会有这样一个话语行为则可以通过溯因过程来实现,溯因过程中的因果关联性直接制约着假设生成的数量,即生成唯一的一个假设,还是生成多个假设。比如 A 打电话给 B,发生如下交流:

例(5.12)   A:我们今天去爬山吧。
            B:我正生病住院呢。

在这一个话语交流实例中,交流者 B 说出了一个话语"我正生病住院呢",为什么交流者 B 会说出这样的话语呢?交流者 A 会在背景信息中进行搜索,如果是真生病住院,那么交流者 B 是无法去爬山的;如果交流者 B 说的是假话,那么交流者 B 不愿意去爬山。因此无论交流者是真生病住院还是假生病住院,在交流者 A 看来,只有一个假设存在,那就是交流者 B 今天不去爬山,而这也正是交流者 B 说出此话的意图。在这个话语交流事例中,生成的假设就是唯一的,在更多的情况下,生成的假设可能并不唯一,比如两个人 A 与 B 正在进行一个话语交流,交流者 A 说了如下话语:

你知道谁会参加这个会议吗?

对于交流者 B 而言,A 为什么会说出这样的话语呢?交流者 B 根据背景信息会生成两个假设：（1）交流者 A 不知道谁会参加这个会议；（2）交流者 A 知道谁会参加这个会议。仅仅依靠现有信息交流者 B 无法确定是哪一个假设，必须通过进一步的交流来加以确认，比如：

例（5.13）：

  A1：你知道谁会参加这个会议吗？

  B1：谁？

  A2：哦，可能王女士和一些教师吧。

交流者 B 通过进一步的话语交流确定交流者 A 的意图是（2），如果交流是如下：

例（5.14）：

  A1：你知道谁会参加这个会议吗？

  B1：谁？

  A2：我不知道。

  B2：哦，可能王女士和一些教师吧。

那么交流者 A 的意图则是（1）。交流者背景信息会影响假设的生成数量的多少，生成的假设是唯一的有两种情况：一种情况就是事实上说这句话的原因只有唯一的一个；另一种情况就是事实上说这句话的原因不是唯一的，但是在交流者的背景信息中搜寻不到其他原因，只搜寻到了一个原因。比如：

例（5.15） A：走，打篮球去。

      B：你没见我正忙着呢。

在这个交流实例中，交流者 B 为什么会说出"你没见我正忙着呢"这样的话语，如果交流者 A 只有这样的背景信息：

如果忙的事会占用很长时间，那么他不能去打篮球

如果忙的事要不了多久就做完了，那么他能去打篮球，但需要等他

那么交流者 A 就会得到两个假设：（1）他不能去打篮球；（2）要等他一会儿。如果交流者 A 具有如下背景信息：

如果忙的事会占用很长时间，那么他不能去打篮球

如果忙的事要不了多久就做完了，那么他能去打篮球，但我需要等他

他忙的事会占用很长时间

那么交流者 A 就只会得到一个假设：他不能去打篮球。从这里我们可以看到，在假设的生成过程中，背景信息扮演者一个十分重要的角色。

溯因的因果关联性不仅仅控制了假设生成的数量，而且还控制了假设生成的路径。听话者在理解说话者的意图时，溯因过程会涉及两个层次的因果关联：一是解释说话者为何会说出这样的话语，即什么原因引起了说话者说出此话语，找到这个原因，就找到了说话者的意图，这是第一个层次的因果关联。二是听话者在寻找这个原因的过程中，话语内容与听话者背景信念之间的关联，话语所表达的情况会引起什么，或者是什么引起了这样的情况。比如前面的一个会话事例：

例（5.16）　A：我们今天去爬山吧。
　　　　　　B：我正生病住院呢。

第一层次的因果关联是：什么原因引起了交流者 B 说出话语"我正在生病住院呢"，交流者 B 的意图就是他为何要说此话语的原因，这就将意图与这个话语行为关联起来。第二个层次的因果关联是：如果交流者 B 所说的话是真的，那么交流者 B 的话语内容表达了"我正生病住院"的事实，这一个事实会造成"生病住院会占用时间"的事实出现，"生病会占用时间"又会引起"今天爬山去不了"的事实出现。这种因果关联是顺向的，即 p 引起 q，q 引起 r，我们称其为顺向因果。如果交流者 B 所说的话是假的，那么是什么原因引起交流者要说假话呢？是由交流者 B 不去爬山引起的，交流者 B 不去又不好直接说，所以找了"我正生病住院呢"这样一个借口。这种因果关联是逆向的，即 p 被 q 引起，q 被 r 引起，我们称其为逆向因果。第二层次的因果关联将话语内容与背景信念关联起来。

从这里可以看到，溯因中的因果关联性通过这两个层次的因果关联来控制假设的生成，假设生成的这一路径最后指向交流者的背景信息，交流者的背景信息中的因果关联控制着假设最后的生成（如后图）。比如夫妻两人 A、B 发生了如下会话：

例（5.17）　A：我现在得出去一下。
　　　　　　B：现在天上乌云密布。

在这个交流事例中，当交流者 A 听见交流者 B 说出的话语时，他会通过一个溯因过程来解释交流者 B 的意图，如果在交流者背景信念中有如下

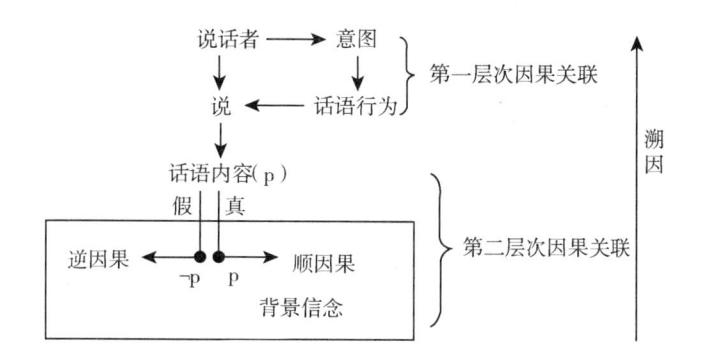

```
说话者 ──→ 意图  ⎫
  │         ↑    ⎬ 第一层次因果关联
  说 ←── 话语行为 ⎭
  │
话语内容(p)                          ⎫
  假 │ 真                            ⎪
┌────┼────────────────┐              ⎪
│逆因果 ←──•──•──→ 顺因果 │          ⎬ 第二层次因果关联
│      ¬p  p           │              ⎪
│       背景信念         │              ⎪
└──────────────────────┘              ⎭
```
⎫ 溯因

顺因果关联：

天上乌云密布⇒天会下雨⇒带伞

⇓

不能出去

那么就会有两个可能假设被生成：一个是现在不能出去；一个是带伞出去。而这两个可能假设则是交流者 B 说此话的意图。

(2) 溯因中背景信息的控制

我们在上面已经看到，背景信息在假设的生成过程中起到重要作用，背景信息是交流者在当前话语认知状态下所持有的与话语认知相关联的信息，交流者所持有的背景信息越完备，越有利于假设的生成，比如：

例（5.18） A：我们去找个酒吧好好聊聊。

B：噢，好啊！

当交流者 B 在说出此话时，交流者 A 使用溯因来揭示 B 说此话的意图时，他会在背景信息里进行一个逆因果的搜索：(1) 当 B 表示同意时，他就会说"噢，好啊！"(2) 当 B 表示不同意时，总是会说"噢，好啊！"(3) B 发火时就会说"噢，好啊！"(4) 自 B 的亲妹妹去世之后，两年以来他就神经质地重复"噢，好啊！"(5) A 是妻管严是无法去的，因而 B 用"噢，好啊！"来进行嘲讽，等等。交流者 B 的意图是去还是不去，交流者 A 需要具备比较完备的背景信息，因为它可能是这些背景信息中的一个或几个的结合。只有交流者 A 具备了较完备的背景信息，才有利于假设的生成。

背景信息对于假设的控制通过因果关联来实现，交流者的话语会表达一定的语义内容，当表达语义内容的话语信息被输入时，就会激活与其因果相关联的背景信息，从而形成假设，比如上面事例中的会话：

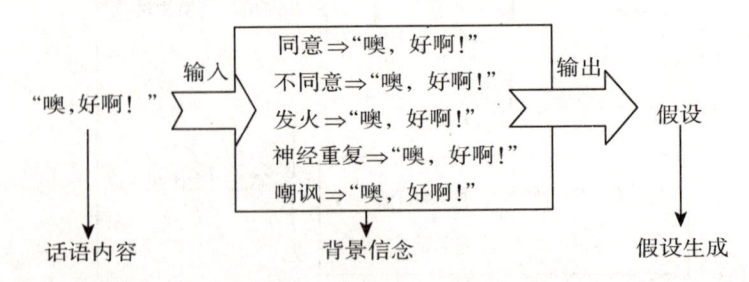

```
                    ┌─同意⇒"噢，好啊！"──┐
                    │ 不同意⇒"噢，好啊！"│
"噢，好啊！"─输入─→│ 发火⇒"噢，好啊！" │─输出─→ 假设
                    │ 神经重复⇒"噢，好啊！"│
                    └─嘲讽⇒"噢，好啊！"─┘
        ↓                   ↓                    ↓
     话语内容             背景信念             假设生成
```

因果关联的信息在背景信息中形成一个网络，每一个信息在背景信息中都会有顺因果或逆因果关联，当一个话语信息 A 被输入时，它会激活背景信息中的因果关联网络，比如 A⇒B（或 B⇒A），或者 A⇒C（或 C⇒A），这是第一层次的因果关联激活；接着激活第二层次的因果关联，比如 B⇒D（或 D⇒B），或者 C⇒E（或 E⇒C）；……，依次类推。每一个关联的节点会生成一个假设，比如与 A 相关联的节点有 B、C，B 和 C 就会是要生成的假设。如果 B 与 C 是不矛盾的，那么由 B 与 C 分叉出去的节点可以是相互因果关联，如图：

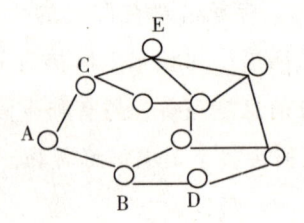

如果 B 与 C 是矛盾的，那么由 B 分叉出去的节点与由 C 分叉出去的节点不可以是相互因果关联，但是由 B 分叉出去的节点之间，以及由 C 分叉出去的节点之间可以是相互因果关联的，如图：

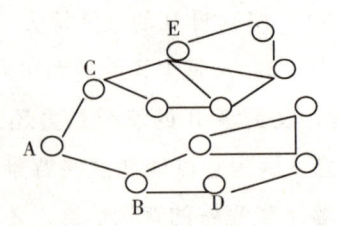

由于背景信息具有个体差异性，有些人具有的背景信息可能多些，而有些人具有的背景信息可能少些，因而背景信息中的关联网络也会有所差

— 212 —

异，生成的假设也会有所差异，即对于同一信息，可能不同节点的人会生成不一样的假设。

在背景信息中除了这些具有因果关联的信息之外，还有一种类型的信息控制着假设的生成，那就是有关会话合作原则的信息，相信对方会是合作的，如果话语交流的双方不合作，那么这个话语交流就将成为一个前言不搭后语、漫无目的、无序的行为。交流者双方在交流时都会持有合作原则的信息，这种合作原则的信息控制假设生成体现在：它会触发溯因的进行，并限制假设的生成。当听话者觉察到说话者的话语字面意义显示出不相关时，仍会相信对方是合作的，这就使得听话者产生惊奇：对方应该是合作的，但为什么要说出表面上不相关的话语呢？这种惊奇导致一个溯因的进行，比如：

例（5.19）A：小王是一个尖酸刻薄的小人。

B：天太热了。

在这个交流事例中，交流者 B 说出了一个与交流者 A 话语不相关联的话语，表面上显示出不合作的态度。但是交流者 A 相信交流者 B 是合作的，那么就会导致一个溯因的进行：交流者 B 应该是合作的，他不会说与交流者 A 无关的话语，他为什么会说出"天太热了"这个违反合作原则的话语，他的目的何在呢？于是交流者 B 会去进行一个溯因，根据因果关联生成假设：（1）他不愿对小王进行评论；（2）小王在场，他想转移话题；等等。

背景信息中的合作原则信息，它控制着溯因的触发，并且引导假设与交流者双方的话语建立因果关联，比如上例中的会话，交流者 A 与交流者 B 的话语不相关，但是通过合作原则的引导，得出一个假设将两者关联起来，如图：

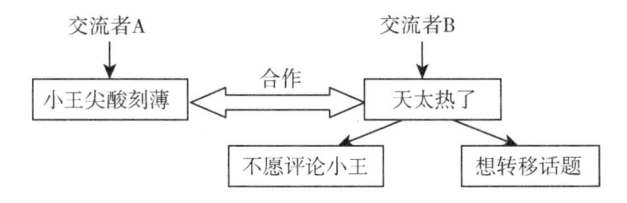

参考文献

Abbott, B. Presuppositions and common ground. *Linguistics and Philosophy*, 2008, 21.

Aliseda. A. *Abductive reasoning*. Springer, 2006.

Aliseda, A. Seeking Explanations: Abduction in Logic, Philosophy of Science and Artificial Intelligence. Ph. D. dissertation, Stanford University. ILLC Dissertation Series, 1997.

Anderson, D. R. Creativity and the Philosophy of C. S. Peirce. Dordrecht: Martinus Nijhoff Publishers, 1987.

Anderson, H. Abductive and deductive change. *Language*, 1973, 49 (4).

Anttila, R. Historical and comparative linguistics (2nd). Amsterdam: John Benjamins, 1989.

Appelt, D. E., & Pollack, M. Weighted Abduction for Plan Ascription. Technical report, Artificial Intelligence Center and Center for the Study of Language and Information, SRI International, Menlo Park, California, 1991.

Argyle, M., & Cook, M. *Gaze and mutual gaze*. Cambridge, England: Cambridge University Press, 1976.

Auer, P. On the prosody and syntax of turn-continuations. In E. Couper-Kuhlen and M. Selting (eds.). Prosody in Conversation: Interactional Studies. Cambridge: Cambridge University Press, 1996.

Austin, J. L. *How to Do Things with Words*. Oxford: Clarendon Press, 1962.

Baumann, M. R. K., Mehlhorn, K., & Bocklisch, F. The Activation of Hypotheses during Abductive Reasoning. In McNamara D. S. & Trafton J. G. (eds.). *Proceedings of the 29th Annual Cognitive Science Society*, 2007.

Beattie, G. W., Cutler, A., & Pearson, M. Why is Mrs. Thatcher interrupted so often? *Nature*, 1982, 300 (23).

Berry, M, Towards layers of exchange structure for directive exchanges. *Network*, 1981, 2.

Berry, M. Systemic linguistics & discourse analysis: a multi-layered approach to exchange structure. In M. Coulthard & M. Montgomery (eds.). *Studies in Discourse Analysis*. London: Boston-Henly: Routledge & Kegan Paul, 1981.

Bezuidenhout, A. The Communication of De Re Thoughts. Noûs, 1997, 31 (2).

Bhatia, V. K., Flowerdew, J., & Jones, R. H. *Advances in Discourse Studies*. London: Routledge, 2008.

Bonanno, G. On the Logic of Common Belief. *Mathematical Logic Quarterly*, 1996, 42 (1).

Brennan, S. E. How conversation is shaped by visual and spoken evidence. In J. Trueswell & M. Tanenhaus (eds.). *World Situated Language Use: Psycholinguistic, Linguistic and Computational Perspectives on Bridging the Product and Action Traditions*. Cambridge, MA: MIT Press, 2004.

Brinton, L. J. Historical Discourse Analysis. In D. Schiffrin, D. Tannen & H. E. Hamilton (eds.). *The Handbook of Discourse Analysis*. Massachusetts: Blackwell, 2001.

Brown, G. *Speakers, listeners and communication: Explorations in discourse analysis*. Cambridge: Cambridge University Press, 1995.

Bunt, H. Context and dialogue control. *THINK Quarterly*, 1994, 3 (1).

Cappelen, H., & Lepore, E. Relevance Theory and Shared Content. In N. Burton-Roberts (ed.). *Advances in Pragmatics*, Palgrave Macmillian, 2007.

Carston, R. Explicature and Semantics. In S. Davis & B. Gillon (eds.). *Semantics: *A Reader*. Oxford: Oxford University Press, 2004.

Chafe, W. *Discourse, Consciousness and Time: The Flow and Displacement of Conscious Experience in Speaking and Writing*. Chicago: University of Chicago Press, 1994.

Chemla, E. An epistemic step for anti-presuppositions. *Journal of Semantics*, 2008, 25 (2).

Chomsky, N. *Language and Mind*. New York: Cambridge University Press, 2006.

Clark, H. H., Schreuder, R., & Buttrick, S. Common ground and the understanding of demonstrative reference. *Journal of Verbal Learning and Verbal Behavior*, 1983, 22 (2).

Clark, H. H., & Brennan, S. E. Grounding in commubication. In L. B. Resnick, J. M. Levine & S. D. Teasley (eds.). *Perspectives on socially shared cognition*. Washington: APA Books, 1991.

Clark, H. H. *Arenas of language use*. Chicago: University of Chicago Press, 1992.

Cohen, J. *An Essay on Belief and Acceptance*. Oxford: Oxford University Press, 1992.

Coulthard, M. Discourse analysis in English—a short review of the literature. *Language Teaching*, 1975, 8 (2).

Dash, N. S. Context and contextual word meaning. *SKASE Journal of Theoretical Linguistics*, 2008, 5 (2).

Deutscher, G. On the misuse of the notion of "abduction" in linguistics. *Journal of Linguistics*, 2002, 38 (3).

Duncan, S. Some signals and rules for taking speaking turns in conversations. *Journal of Personality and Social Psychology*, 1972, 23 (2).

Endsley, M. R. Toward a theory of situation awareness in dynamic systems. *Human Factors*, 1995, 37 (1).

Engel, P. Believing, Holding True, and Accepting. *Philosophical Explorations*, 1998, 1 (2).

Fann, K. T. *Peirce's Theory of Abduction.* The Hague: Martinus Nijhoff, 1970.

Fasold, R. *The Sociolinguistics of Language.* Beijing: Foreign Language Teaching and Research Press, 2000.

Fodor, J. A. *The Mind Doesn't Work That Way: The Scope and Limits of Computational Psychology.* Cambridge, MA: MIT Press, 2001.

Ford, C. E., & Thompson, S. A. Interactional units in conversation: Syntactic, intonational, and pragmatic resources for the management of turns. In E. Ochs, E. Schegloff and S. A. Thompson (eds.). *Interaction and Grammar.* Cambridge: Cambridge University Press, 1996.

Frankfurt, H. G. Peirce's account of inquiry. *The Journal of Philosophy*, 1958, 55 (14).

Gabbay, D. M. Abduction in labelled deductive systems-a conceptual abstract. In R. Kruse & P. Siegel (eds.). *Symbolic and Quantitative Approaches to Uncertainty.* Springer-Verlag, 1991.

Gazdar, G. *Pragmatics: Implicature, presupposition and logical form.* New York: Academics Press, 1979.

Gergle, D., Kraut, R. E., & Fussell, S. R. Action as Language in a Shared Visual Space. In Proceedings of the 2004 ACM conference on Computer supported cooperative work. New York: ACM Press, 2004.

Gettier, E. L. Is justified true belief knowledge? *Analysis*, 1963, 23 (6).

Grice, H. P. Logic and conversation. In P. Cole & J. Morgan (eds.). *Syntax and Semantics: Speech Acts.* New York: Academic Press, 1975.

Hanna, J. E., Tanenhaus, M. K., & Trueswell, J. C. The effects of common ground and perspective on domains of referential interpretation. *Journal of Memory and Language*, 2003, 49 (1).

Hanson, N. R. Is there a logic of discovery? In Feigl, H. and Maxwell, G. (eds.). *Current Issues in the Philosophy of Science.* New York: Holt, Rinehart, and Winston, 1961.

Harris, Z. S. Discourse analysis. *Language*, 1952, 28 (1).

Hasan, R. What's going on: A Dynamic View of Context. In C. Cloran, D. Butt &

G. Williams (eds.). *Ways of saying: Way of Meaning*. London: Cassel, 1996.

Hempel, C. G. *Aspects of Scientific Explanation and Other Essays in the Philosophy of Science*. New York: The Free Press, 1965.

Heylen, D. Head Gestures, Gaze and the Principles of Conversational Structure. *International Journal of Humanoid Robotics*, 2006, 3 (3).

Hinds, J. Misinterpretations and common knowledge in Japanese. *Journal of Pragmatics*, 1985, 9 (1).

Hobbs, J. R. Stickel, M., Martin, P., & Edwards, D. Interpretation as Abduction. Proceedings 26th Annual Meeting of the Association for Computational Linguistics, Buffalo, New York, 1988.

Hobbs, J. R., Stickel, M., Apelt, D., & Martin, P. Interpretation as Abduction. *Artificial Intelligence*, 1993, 63 (1—2).

Hobbs, J. R. Intention, Information, and Structure in Discourse: A first draft. Burning Issues in Discourse. NATO Advanced Research Workshop, 1993.

Hobbs, J. R. Abduction in Natural Language Understanding. In L. R. Horn & G. Ward (eds.). *The Handbook of Pragmatics*, Oxford: Blackwell, 2004.

Hoffmann, M. Problems with Peirce's concept of Abduction, Foundations of Science, 1999, 4 (3).

Hymes, D. Introduction: Toward enthnographies of communication. In J. J. Gumperz & D. Hymes (eds.). *The enthnographies of communication*. American Anthropologist, 1964, 66 (6).

Josephson, J. R., & Josephson, S. G. *Abductive Inference: Computer, Philosophy, Technology*. Cambridge University Press, 1994.

Johnson, odd-R. & Zhang Jiajie. A Hybrid Learning Model of Abductive Reasoning. the IJCAI-95 workshop Connectionist-Symbolic Integration: From Unified to Hybrid Approaches, Montreal, Canada, 1995.

Karttunen, L. & Peters, S. Conventional Implicature in Montague Grammar.

Proceedings of the First Annual Meeting of the Berkeley Linguistics Society. Berkeley, Calif, 1975.

Karttunen, L. Presuppositions and Linguistic Context. *Theoretical Linguistic*, 1974, 1 (1—3).

Kempson, R., Meyer-Viol, W. & Gabbay, D. *Dynamic Syntax: The Flow of Language Understanding.* Oxford: Blackwell, 2001.

Lee, B. P. H. *Establishing common ground in written correspondence.* Ph. D. dissertation, University of Cambridge, 1998.

Lee, B. P. H. Mutual knowledge, background knowledge and shared beliefs: Their roles in establishing common ground. *Journal of Pragmatics*, 2001, 33 (1).

Leech, G. N. & Leech, G. *Principles of Pragmatics.* London: Longman, 1983.

Leech, G. Politeness: Is there an East-West Divide? *Journal of Foreign Languages*, 2005, 6 (3).

Lerner, G. H. On the "semi-permeable" character of grammatical units in conversation: Conditional entry into the turn space of another speaker. In Ochs et al. (eds.). *Interaction and Grammar.* Cambridge University Press, 1996.

Lerner, G. H. Selecting next speaker: The context-sensitive operation of a context-free organization. *Language in Society*, 2003, 32 (2).

Lewis, D. Scorekeeping in a language game. *Journal of Philosophical Logic*, 1979, 8 (1).

Levinson, S. C. *Pragmatics.* New York: Cambridge University Press, 1983.

Levesque, H. J. A knowledge-level accout of abduction, In Proceedings of the eleventh International Joint Confererence on Artificial Intelligence. Detroit, MI, 1989.

Liptons, P. Inference to the Best Explanation. In W. H. New-Smith (eds.). *A Companion to the Philosophy of Science*, Oxford: Blackwell, 2000.

Lismont, L., & Momgin, P. On the logic of common belief and common knowledge. *Theory and Decision*, 1994, 37 (1).

Lyons, C. G. V. The meaning of the English definite article. In Johan Van der

Auwera (eds.). The semantics of determiners, 1980.

Magnani, L. *Abductive Cognition: The Epistemological and Eco-Cognitive Dimensions of Hypothetical Reasoning.* Belin: Springer, 2009.

Mao, L. M. R. Beyond politeness theory: "Face" revisited and renewed. *Journal of Pragmatics*, 1994, 21 (5).

Martin, J. R. Process and Text: two aspects of human semiosis. In J. D. Benson & W. S. Greaves (eds.). *Systemic Perspectives on Discourse*, Norwood: Ablex, 1985.

Matthews, P. H. *Oxford concise dictionary of linguistics.* Oxford: Oxford University Press, 1997.

Meggle, G. Mutual Knowledge and Belief. In G. Meggle (eds.). *Social Facts & Collective Intentionality*, Special Issue of Grazer Philosophical Studies, 2002.

Mey, J. L. *Pragmatics: An Introduction.* Beijing: Foreign Language Teaching and Research Press, 2001.

Ng, H. T., & Mooney, R. J. On the Role of Coherence in Abductive Explanation. In Proceeding of the 8th National Conference on Artificial Intelligence. Boston, MA, 1990.

Nickles, T. Introductory essay: scientific discovery and the future of philosophy of science, In T. Nickles (eds.). *Scientific Discovery, Logic, and Rationality*, Dordrecht: D. Reidel Publishing Company, 1980.

Nubiola, J. Abduction or the Logic of surprise. *Semiotica*, 2005, 153—1/4.

O'Donnell, M. A Dynamic Model of Exchange. *Word*, 1990, 41 (3).

Orléan, A. What is collective belief? In P. Bourgine (eds.). *Cognitive Economics.* Berlin: Springer-Verlag, 2004.

Paavola, S. Peircean abduction: instinct, or inference? *Semiotica*, 2005, 153—1/4.

Pagnucco, M. The Role of Abductive Reasoning within the Process of Belief Revision. PhD Dissertation, University of Sidney, 1996.

Peirce, C. S. Collected Papers of Charles Sanders Peirce. Volumes 1—8 edited by C. Hartshorne, P. weiss. Cambridge, Harvard University Press, 1931—1935.

Percus, O. Antipresuppositions. In A. Ueyama (eds.). *Theoretical and Empirical Studies of Reference and Anaphora: Toward the establishment of generative grammar as an empirical science*, Fukuoka, Japan, Report of the Grant-in-Aid for Scientific Research (B), Project No. 15320052, Japan Society for the Promotion of Science, 2006.

Pomplun, M., Ritter, H., & Velichkovsky, B. Disambiguating complex visual information: Towards communication of personal views of a scene. *Perception*, 1996, 25 (8).

Richardson, D. C., & Dale, R. Looking To Understand: The Coupling Between Speakers' and Listeners' Eye Movements and Its Relationship to Discourse Comprehension. *Cognitive Science*, 2005, 29 (6).

Robert, C. Context in Dynamic Interpretation. In L. R. Horn & G. Ward (eds.). *the Handbook of Pragmatics*, Oxford: Blackwell, 2002.

Sacks, H., Schegloff, E. A., & Jefferson, G. A Simplest Systematies for the Organization of Turn-Taking for conversation. *Language*, 1974, 50 (4).

Salmon, W. C. *Four Decades of Scientific Explanation*. Minneapolis University of Minnesota Press, 1989.

Sauerland, U. Implicated presuppositions. In A. Steube (eds.). *Sentence and Context: Language, Context, and Cognition*, Belin: Mouton de Gruyter, 2007.

Schiffer, S. R. *Meaning*. Oxford: Oxford University Press, 1972.

Schlenker, P. *Maximize presupposition and Gricean reasoning*. Manuscript, UCLA and Institute Jean-Nicod, Paris, 2006.

Schegloff, E. A. Discourse as an interactional achievement: some uses of "uh huh" and other thongs that come between sentences. In D. Tannen (eds.). *Analyzing discourse: Text and talk. Georgetown University Roundtable on languages and linguistics.* Washington, DC: Georgetown University press, 1982.

Searle, J. *Speech Acts.* Cambridge: Cambridge University Press, 1969.

Searle, J. Introductory essay: notes on conversation. In D. Ellis and W. Donohue (eds.). *Contemporary Issues in Language and Discourse Processes.* Hillsdale, NJ: Erlbaum, 1986.

Selting, M. The construction of units in conversational talk. *Language in Society*, 2000, 29 (4).

Shanahan, T. The First Moment of Scientific Inquiry: C. S. Peirce on the Logic of Abduction. *Transactions of the Charles S. Peirce Society*, 1986, 22 (4).

Simon, M. Presupposition and Accommodation: Understanding the Stalnakerian Picture. *Philosophical Studies*, 2003, 112 (3).

Simons, M. *Presupposition without common ground.* Manuscripr, Carnegie Mellon University. http://www.hss.cmu.edu/philosophy/faculty-simons.php, 2006.

Simons, M. Presupposing. In M. Sbisa & K. Turner (eds.). *Speech Actions.* Berlin: de Gruyter, 2010.

Sperber, D., & Wilson, D. *Relevance: communication and cognition.* Oxford: Blackwell, 1995.

Sprague, R. J. Pauses, transition relevance, and speaker change in multiple-party interactions. *Communication Research Reports*, 2004, 21 (4).

Stalnaker, R. C. Pragmatics. *Synthese*, 1970, 22.

Stalnaker, R. C. Pragmatic presuppositions. In M. K. Munitz & P. K. Unger (eds.). *Semantics and philosophy*. New York: New York University Press, 1974.

Stalnaker, R. Common ground. *Linguistics and Philosophy*, 2002, 25 (5).

Stone, M., & Thomason, R. H. Context in Abductive Interpretation. In Proceedings of the sixth workshop on the semantics and pragmatics of dialogue. Edinburgh, UK, 2002.

Taboada, M. Spontaneous and non-spontaneous turn-taking. *Pragmatics*, 2006, 16 (2/3).

Thagard, P., & Litt, A. Models of scientific explanation. In R. Sun (eds.). *The Cambridge handbook of computational cognitive modeling.* Cambridge:

Cambridge University Press, 2008.

Trask, R. L. *The dictionary of historical and comparative linguistics*. Edinburgh: Edinburgh University Press, 2000.

Tschaepe, M. Guessing and Abduction. *Transactions of the Charles S. Peirce Society*, 2014, 50 (1).

Tuomel, R. Belief Versus Acceptance, *Philosophical Explorations*, 2000, 3 (2).

Van Dijk, Teun A. *Discourse and Context*. Cambridge University Press, 2008.

Van-Rooij, R. *Attitudes and Changing context*. Belin: Springer, 2006.

Ventola, E. *The Structure of Social Interaction: A Systemic Approach to the Semiotics of Service Encounters*. London: Frances Printer, 1987.

Von Fintel, K. What is Presupposition Accommodation? Ms, MIT. http://web.mit.edu/fintel/www/accomm.pdf, 2000.

Wennerstrom, A., & Siegel, A. F. Keeping the floor in multiparty conversations: Intonation, syntax, and pause. Discourse Processes, 2003, 36 (2).

Winograd, T. *Language as a Cognitive Process*, Volume 1: Syntax. Reading, MA: Addison-Wesley, 1983.

Woffitt, R. *conversation analysis and discourse analysis*. London: SAGE Publications Ltd., 2005.

柏拉图:《泰阿泰德篇》,商务印书馆1963年版。

陈方:《库恩的"范式"与夏皮尔的"背景信息"的比较》,《华南师范大学学报》1997年第2期。

陈嘉明:《信念与知识》,《厦门大学学报》2002年第6期。

丁尔苏:《语言的符号性》,外语教学与研究出版社2000年版。

付玉成、扬帆:《预设理论中的"背景知识"论析》,《理论界》2011年第11期。

顾曰国:《礼貌,语用与文化》,《外语教学与研究》1992年第4期。

何自然、冉永平:《关联理论:认知语用学的基础》,《现代外语》1998年第3期。

何自然：《语用学与英语学习》，上海外语教育出版社1998年版。

何兆熊、蒋艳梅：《语境的动态研究》，《外国语》1997年第6期。

黄华新、胡霞：《认知语境的建构性探讨》，《现代外语》2004年第3期。

胡壮麟：《语境研究的多元化》，《外语教学与研究》2002年第3期。

蒋严：《论语用推理的逻辑属性》，《外国语》2002年第3期。

赖先刚：《量词是体词吗?》，《四川师范大学学报》2009年第4期。

刘澍心：《认知语境观述评》，《中南大学学报》2006年第1期。

刘运同：《会话分析学派的研究方法及理论基础》，《同济大学学报》（社会科学版）2002年第4期。

刘虹：《话轮、非话轮和半话轮的区分》，《外语教学与研究》1992年第3期。

刘虹：《会话结构分析》，北京大学出版社2004年版。

廖德明：《动态认知逻辑视域下的知识与信念：从动态认知观点看》，《毕节学院学报》2010年第1期。

廖德明：《话语交流中跨语境的共享内容：批判与捍卫》，《中南大学学报》2011年第2期。

廖德明：《溯因：最佳解释的推理》，《中国人民大学复印报刊资料》（逻辑）2011年第2期。

廖德明：《话语交流中的动态语境模型及其认知》，《西华师范大学学报》（哲学社会科学版）2011年第2期。

廖德明：《带有溯因的信念修正》，中国人民大学博士论文，2012年。

廖德明：《话语中的反预设及其触发机制》，《西华师范大学学报》（哲学社会科学版）2014年第3期。

廖德明、李佳源：《皮尔士的溯因之惑》，《自然辩证法研究》2014年第5期。

李明：《试谈言语动词向认知动词的引申》，载吴福祥、洪波《口语法化与语法研究（一）》，商务印书馆2003年版。

吕叔湘：《语文近著》，上海教育出版社1987年版。

毛眺源、曾凡桂：《论溯因逻辑之嬗变及整合的语用学意义》，《外国语》2011年第6期。

冉永平：《语用过程中的认知语境及其语用制约》，《外语与外语教学》2000年第8期。

石应:《交际双方背景信息对话语交际的制约》,《修辞学习》2000 年第 5 期。

[法] 斯珀波、[英] 威尔逊:《关联:交际与认知》,蒋严译,中国社会科学出版社 2008 年版。

王得杏:《会话研究的进展》,《外语教学与研究》1988 年第 4 期。

熊学亮:《认知语用学概论》,上海外语教育出版社 1999 年版。

熊学亮:《语言使用中的推理》,上海外语教育出版社 2007 年版。

熊学亮:《语用学和认知语境》,《外语学刊》1996 年第 3 期。

熊学亮:《单向语境推导初探(上)》,《现代外语》1996 年第 2 期。

许葵花:《语境研究的认知渐进性探源》,《美中外语》2005 年第 1 期。

许力生:《语言学研究的语境理论构建》,《浙江大学学报》(人文社会科学版)2006 年第 4 期。

徐盛恒:《常规关系与语句解读研究——语用推理形式化的初步探索》,《现代外语》2003 年第 4 期。

沈家煊:《语用原则、语用推理和语义演变》,《外语教学与研究》2004 年第 4 期。

沈家煊:《导读》,载 Paul J. Hopper 等 *Grammaticalization*,外语教学与研究出版社 2001 年版。

张廷国:《话轮及话轮转换的交际技巧》,《外语教学》2003 年第 4 期。

张家骅:《"知道"与"认为"句法差异的语义、语用解释》,《当代语言学》2009 年第 3 期。

曾凡桂:《论关联理论语用推理的溯因特征》,《外语与外语教学》2004 年第 5 期。

左岩:《英语会话中的沉默的研究》,《国外语言学》1996 年第 2 期。